[明]湛若水／撰
邢益海／整理

春秋正傳

第三册

湛若水著作選刊

上海古籍出版社

春秋正傳卷之二十七

襄　公

十有九年晋平四年、齊靈二十八年卒、衛獻二十三年、殤五年、蔡景三十八年、鄭簡十二年、曹武公滕元年、陳哀十五年、杞孝十三年、宋平二十二年、秦景二十三年、楚康六年、吴諸樊七年。靈王十八年。

春王正月，諸侯盟于祝柯。

正傳曰：祝柯，齊地。書「諸侯盟于祝柯」，志善盟也。左氏曰：「諸侯還自沂上，盟于督揚，曰：大毋侵小。」據左氏之言，則此盟得以大字小之仁矣。盟非春秋之所善，祝柯之盟則彼善於此者也。

晋人執邾子。

正傳曰：書「晋人執邾子」，著其執之非也。左氏曰：「執邾悼公，以其伐我故。」邾屢伐魯，以小犯大，其罪固可誅矣，然必告于天子，奉辭往問其罪可也，至於擅興繫累其君，則過矣。

公至自伐齊。

正傳曰：書「公至自伐齊」，謹君之出入也。同圍齊而云伐齊者，圍即伐也，公報齊之意也。

取邾田，自漷水。

正傳曰：自漷水者，以漷水爲界也。書「取邾田，自漷水」，著非義也。左氏曰：「遂次于泗上，疆我田。取邾田，自漷水歸之于我。晉侯先歸。公享晉六卿于蒲圃，賜之三命之服。軍尉、司馬、司空、輿尉、候奄皆受一命之服。賄荀偃束錦、加璧、乘馬，先吳壽夢之鼎。」愚謂邾數伐魯，固爲有罪矣，魯仗晉之强而伐之，又仗晉而取其田，所謂非其有而取之，非禮矣。故春秋非之。魯侯乃享六卿而厚賜之以爲德，可謂識見之卑陋矣。

季孫宿如晉。

正傳曰：書「季孫宿如晉」，見其如之非禮也。左氏曰：「季武子如晉拜師，晉侯享之。范宣子爲政，賦黍苗。季武子興，再拜稽首，曰：『小國之仰大國也，如百穀之仰膏雨焉。若常膏之，其天下輯睦，豈唯敝邑？』賦六月。」愚謂邦交之儀、朝聘會同，所以睦鄰也。魯不自治而致邾之數侮，不以告于天子，聲大義以討之，而汲汲乎資晋之强，執其君，取其田，所謂因人成事者，而其勢不得不往拜之，非聘禮之正也，其爲道卑矣。

葬曹成公。

正傳曰：書「葬曹成公」，志鄰國之大事也。來赴，故史書之。

夏，衛孫林父帥師伐齊。

正傳曰：書「衛孫林父伐齊」，著無名之師也。左氏曰：「晋欒魴帥師從衛孫文子伐齊。」愚謂按此，則晋、衛之伐齊無他名義，皆所謂摟諸侯以伐諸侯者，三王之罪人耳。

秋七月辛卯，齊侯環卒。

正傳曰：書「齊侯環卒」，志鄰國之大故也。來赴，則書之。左氏曰：「齊侯娶于魯，曰顔懿姬，無子。其姪鬷聲姬，生光，以爲太子。諸子仲子、戎子，戎子嬖。仲子生牙，屬諸戎子。戎子請以爲太子，許之。仲子曰：『不可。廢常，不祥。間諸侯，難。光之立也，列於諸侯矣。今無故而廢之，是專黜諸侯，而以難犯不祥也。君必悔之。』公曰：『在我而已。』遂東太子光。使高厚傅牙以爲太子，夙沙衛爲少傅。齊侯疾，崔杼微逆光，疾病而立之。光殺戎子，尸諸朝，非禮也。婦人無刑。雖有刑，不在朝市。夏五月壬辰晦，齊靈公卒。莊公即位。執公子牙於句瀆之丘。以夙沙衛易己，衛奔高唐以叛。」愚謂春秋特書其卒，而平生之善惡自見矣。

晉士匄帥師侵齊，至穀，聞齊侯卒，乃還。

正傳曰：穀，齊地。書「晉士匄帥師侵齊，聞齊侯卒，乃還」，善不伐喪也，禮也。左氏曰：「晉士匄侵齊，及穀，聞喪而還，禮也。」公羊曰：「還者何？善辭也。何善爾？大其不伐喪也。此受命於君而伐齊，則何大乎其不伐喪？大夫以君命出，進退在大夫也。」胡氏曰：「古之爲師不伐喪，大夫以君命出境，有可以安國家利社稷者，則專之可也。世衰道微，暴行交作，利人之難以成其私欲者衆矣。士匄乃有惻隱之心，聞齊侯卒而還，不亦善乎！或曰：君不尸小事，臣不專大名，爲士匄者，宜墠帷而歸命乎介。則非矣。使士匄未出晉境，如是焉可也。已至齊地，則進退在士匄矣，猶欲墠帷而歸命乎介，則非。古者命將不從中覆，專制境外之意，而況喪必不可伐，非進退可疑而待請者。故『至穀，聞齊侯卒，乃還』，善之也。」

八月丙辰，仲孫蔑卒。

正傳曰：書「仲孫蔑卒」，志大夫之大故也。

齊殺其大夫高厚。

正傳曰：書「齊殺其大夫高厚」，罪擅殺也。左氏曰：「秋八月，齊崔杼殺高厚於灑藍，而兼其室。書曰『齊殺其大夫』，從君於昏也。」愚謂此崔杼殺之也，而曰「齊殺其大夫高厚」何？聖人據報而書，使人求其故，則罪人斯得矣。

鄭殺其大夫公子嘉。

正傳曰：嘉，字子孔。書「鄭殺其大夫公子嘉」，著擅殺之罪也。左氏曰：「鄭子孔之爲政也專，國人患之，乃討西宮之難與純門之師。子孔當罪，以其甲及子革、子良氏之甲守。甲辰，子展、子西帥國人伐之，殺子孔而分其室。書曰『鄭殺其大夫』，專也。子然、子孔，宋子之子也。士子孔，圭嬀之子也。圭嬀之班亞宋子，而相親也。二子孔亦相親也。僖之四年，子然卒。簡之元年，士子孔卒。司徒孔實相子革、子良之室，三室如一，故及於難。子革、子良出奔楚。子革爲右尹。鄭人使子展當國，子西聽政，立子産爲卿。」愚謂此本傳也。所謂西宮之難者，謂盜殺三卿於西宮之朝，公子嘉知而不言也。所謂純門之師者，言公子嘉不惟不言，又欲起楚師以去諸大夫，楚師伐鄭，至於純門也。嘉既有此二罪，又其爲政之專，則其罪固可殺也，而子展、子西不以告于天子，刑之司寇，乃帥國人伐而殺之，而又分其室焉，擅殺之罪，蓋與之均矣，故春秋誅之。

冬，葬齊靈公。

正傳曰：書「葬齊靈公」，志鄰國之大事也。

城西郛。

正傳曰：書「城西郛」，著其城之非也。左氏曰：「懼齊也。」蓋懼齊人之數見侵伐，故城其西郛以備之耳。然則西郛之外之民，將棄之矣。諸侯有道，守在四鄰，城郭何足賴焉？

叔孫豹會晉士匄于柯。

正傳曰：柯，衛地，後屬晉。書「叔孫豹會晉士匄于柯」，著其會之非也。懼齊而〔一〕援晉之權臣以自固，非禮也。左氏曰：「齊及晉平，盟于大隧。故穆叔會范宣子于柯。穆叔見叔向，賦載馳之四章。叔向曰：『肹敢不承命！』」愚謂觀此傳，則柯之會，豹專以國托晉大夫，叔向專以政許魯大夫。當是之時，政在大夫可見矣。

城武城。

正傳曰：書「城武城」，著謀國之不善也。左氏曰：「穆叔歸，曰：『齊猶未也，不可以不懼。』乃城武城。」夫魯誠懼齊患之未已，當及是時明其政刑，賢能在位，是所謂萬里長城可以自固，居則以守，戰則以勝，誰得而侮之？胡爲區區以一城爲哉？故春秋書之，雖時亦譏也。

靈王十九年。

二十年

晉平五年、齊莊公光元年、衛獻二十四年、殤六年、蔡景三十九年、鄭簡十三年、曹武二年、陳哀十六年、杞孝十四年、宋平二十三年、秦景二十四年、楚康七年、吳諸樊八年。

春王正月辛亥，仲孫速會莒人盟于向。

正傳曰：向舊爲莒邑，魯已取之。書「仲孫速會莒人盟于向」，著其盟之非也。左氏曰：「及莒平。孟莊子會莒人盟于向，督揚之盟故也。」愚謂莒數伐魯，曲在莒也。諸侯前年爲督揚之盟以和解之，已非其道矣。爲莒者宜自悔過，遵諸侯之約，脩事大之禮可也。莒未渝盟而魯大夫乃私會以尋盟，此召侮之道也，故春秋非之。

夏六月庚申，公會晉侯、齊侯、宋公、衛侯、鄭伯、曹伯、莒子、邾子、滕子、薛伯、杞伯、小邾子，盟于澶淵。

正傳曰：書公會諸侯盟于澶淵，善之也。會一也，而有不同。有會而謀人者，有會而平人者。會而平人，則息兵安民，固春秋之所善也。左氏曰：「夏，盟于澶淵，齊成故也。」愚謂成也者，平也，齊之伐魯屢矣，今一旦而與平成焉，盟雖非春秋所取，而此猶爲彼善於此者歟！夫平怨講睦，息兵安民，則天下無事矣，善莫大焉！故春秋與之。

秋，公至自會。

正傳曰：書「公至自會」，謹君之出入也，亦以始終乎會之善焉。

仲孫速帥師伐邾。

正傳曰：書「仲孫速帥師伐邾」，譏非義之兵也。左氏曰：「邾人驟至，以諸侯之事弗能報也。秋，孟莊子伐邾以報之。」愚謂據此則魯之伐邾，以邾驟犯己，所以報之也。然夏六月，邾已與魯會諸侯，盟于澶淵矣。夫以有罪而與之盟，既與盟而復懷宿怨以伐之，皆非義矣，故春秋惡之。

蔡殺其大夫公子燮。蔡公子履出奔楚。

正傳曰：書「蔡殺其大夫公子燮」，著擅殺之罪也。書「公子履出奔楚」，著去國之非也。左氏曰：「蔡公子燮欲以蔡之晋，蔡人殺之。公子履，其母弟也，故出奔楚。」胡氏曰：「按左氏：『初，蔡文侯欲事晋，曰：「先君與於踐土之盟，晋不可棄，且兄弟也。」畏楚，不能行而卒。楚人使蔡無常，公子燮求從先君以利蔡。』謀國之合於義者也，國人乃不順焉而殺燮，此何罪矣？故左氏曰：『書「蔡殺其大夫公子燮」，言不與民同欲也。』」胡氏又曰：「公子履其母弟也，進不能正國，退不能遠害，懼禍而奔，從於夷狄。書者，罪之也。」愚謂觀左氏與胡氏之言，得春秋之旨矣。胡氏又謂：「燮以無罪見殺，故稱國而不去其官。」則泥於義例之惑矣。

陳侯之弟黄出奔楚。

正傳曰：書「陳侯之弟黄出奔楚」，著奔之者之罪也。左氏曰：「陳慶虎、慶寅畏公子黄之偪，愬諸楚曰：『與蔡司馬同謀。』楚人以爲討，公子黄出奔楚。書曰『陳侯之弟黄出奔楚』，言非其罪也。公子黄將出奔，呼於國曰：『慶氏無道，求專陳國，暴蔑其君，而去其親，五年不滅，是無天也。』」愚謂觀此，則公子黄之奔楚，慶虎、慶寅譖逼之也。故左氏以黄之出奔楚言無罪也。書之，所以罪虎、寅也。

叔老如齊。

正傳曰：書「叔老如齊」，志邦交之禮也。左氏曰：「初聘于齊，禮也。」夫齊、魯婚姻之國也，以齊屢加侵伐於魯而絶好矣。今以澶淵之盟會，而魯復使叔老如齊以聘焉，繼好息民，禮之大者也，故春秋取之。

冬十月丙辰朔，日有食之。

正傳曰：書「日有食之」，志天變也。

季孫宿如宋。

正傳曰：書「季孫宿如宋」，志邦交之禮也。左氏曰：「冬，季武子如宋，報向戌之聘也。褚師段逆之以受享，賦常棣之七章以卒。宋人重賄之。歸，復命，公享之，賦魚麗之卒章。公賦南山有臺。武子去所，曰：『臣不堪也。』」愚謂禮尚往來，禮無不答，今魯季孫之如宋，報聘也，禮之正也，故春秋取之。

靈王二十年。**二十有一年**晉平六年、齊莊二年、衛獻二十五年、殤七年、蔡景四十年、鄭簡十四年、曹武三年、陳哀十七年、杞孝十五年、宋平二十四年、秦景二十五年、楚康八年、吴諸樊九年。

春王正月，公如晉。

正傳曰：書「公如晉」，著其如之非禮也。左氏曰：「春，公如晉，拜師及取邾田也。」愚謂朝聘會同，禮有常期，非其期而往，非朝聘會同之正矣。襄公特以附晉之强兵取邾之田而往拜之，是相交以利而不以義矣。

邾庶其以漆、閭丘來奔。

正傳曰：庶其，邾大夫。漆、閭丘，邾二邑也。書「邾庶其以漆、閭丘來奔」，則叛君者與納叛者之罪並見矣。左氏曰：「邾庶其以漆、閭丘來奔，季武子以公姑姊妻之，皆有賜於其從者。於是魯多盜。季孫謂臧武仲曰：『子盍詰盜？』武仲曰：『不可詰也。紇又不能。』季孫曰：『我有四封，而詰其盜，何故不可？子爲司寇，將盜是務去，若之何不能？』武仲曰：『子召外盜而大禮焉，何以止吾盜？子爲正卿，而來外盜，使紇去之，將何以能？庶其竊邑於邾以來，子以姬氏妻之，而與之邑，其從者皆有賜焉。若大盜禮焉以君之姑姊與其大邑，其次皁牧輿馬，其小者衣裳劍帶，是賞盜也。賞而去之，其或難焉。紇也聞之，在上位者洒濯其心，壹以待人，軌度其信，可明徵也，而後可以治人。夫上之所爲，民之歸也。上所不爲，而民或爲之，是以加刑罰焉，而莫敢不懲。若上之所爲，而民亦爲之，乃其所也，又可禁乎？』庶其非卿也，以地來，雖賤，必書，重地也。」愚謂諸侯之土地受之於天子，傳之於先君，人臣之義無所逃於天地之間，況竊其地而逃以與人乎？而魯受其地而賞之，是誨盜，使吾之臣亦竊我也。臧武仲之言善矣，惜乎季武子不能聽，而使魯爲淵藪溝壑也。

夏，公至自晋。

正傳曰：書「公至自晋」，謹君之出入也。

秋，晋欒盈出奔楚。

正傳曰：書「晋欒盈出奔楚」，使人求其故，則奔之者之罪可見矣。左氏曰：「欒桓子娶於范宣子，生懷子。范鞅以其亡也，怨欒氏，故與欒盈爲公族大夫而不相能。欒祁與其老州賓通，幾亡室矣。懷子患之。祁懼其討也，愬諸宣子曰：『盈將爲亂，以范氏爲死桓主而專政矣，曰：「吾父逐鞅也，不怒而以寵報之，又與吾同官而專之。吾父死而益富。死吾父而專於國，有死而已，吾蔑從之矣。」其謀如是，懼害於主，吾不敢不言。』范鞅爲之徵，懷子好施，士多歸之。宣子畏其多士也，信之。懷子爲下卿，宣子使城著而遂逐之。秋，欒盈出奔楚。宣子殺箕遺、黄淵、嘉父、司空靖、邴豫、董叔、邴師、申書、羊舌虎、叔羆，囚伯華、叔向、籍偃。欒盈過於周，周西鄙掠之。辭於行人曰：『天子陪臣盈得罪於王之守臣，將逃罪。罪重於郊甸，無所伏竄，敢布其死。昔陪臣書能輸力於王室，王施惠焉。其子黶不能保任其父之勞。大君若不棄書之力，亡臣猶有所逃。若棄書之力，而思黶之罪，臣，戮餘也，將歸死於尉氏，不敢還矣。敢布四體，唯大君命焉。』王曰：『尤而效之，其又甚焉。』使司徒禁掠欒氏者，歸所取焉，使候出諸轘轅。」愚謂此本傳也。由是觀之，則欒盈之出奔，非自叛其君而去父母之邦也，爲欒祁之譖、宣子之逐，不得已也，夫大夫命之於君者也，無故譖而逐之，則罪在宣子，無君之心、擅專之罪自不可掩矣，故春秋惡之。

九月庚戌朔，日有食之。

正傳曰：何以書？志天變也。

冬十月庚辰朔，日有食之。

正傳曰：何以屢書？志天之屢變也。日主陽也，父道也，君道也。秋九月日食，冬十月又日食，越月之間日食者再焉，則陽衰陰盛，君弱臣强之兆見矣。是時三家專魯，政在大夫，故其兆如此。雖然，滔滔者天下皆是也，獨魯也哉？聖人直書於經，其傷世之情見矣。

曹伯來朝。

正傳曰：書「曹伯來朝」，則禮之得失可考見矣。左氏曰：「冬，曹武公來朝，始見也。」愚謂曹伯即位，三年喪畢而朝宗國，似得禮矣，然而不朝於天子而朝於同列，推類而觀，失禮甚矣。故春秋直書，而得失自見也。

公會晉侯、齊侯、宋公、衛侯、鄭伯、曹伯、莒子、邾子于商任。

正傳曰：書「會諸侯于商任」，著其會之非也。左氏曰：「會于商任，錮欒氏也。知起、中行喜、州綽、邢蒯出奔齊，皆欒氏之黨也。欒王鮒謂范宣子曰：『盍反州綽、邢蒯？勇士也。』宣子曰：『彼欒氏之勇也，余何獲焉？』王鮒曰：『子爲彼欒氏，乃亦子之勇也。』」愚謂觀此，則欒盈之與其黨四子皆勇士之雄也，宣子既以譖而逐之，使出奔齊、楚，是棄雄士以與他國也。而晉侯又會諸侯禁錮之，一何謬乎！記曰：「又極之於其所往，此之謂寇讎。」寇讎何服之有？晉君舉措如此，何以爲盟主乎？故春秋書其會以非之。

靈王二十一年。 **二十有二年** 晉平七年、齊莊三年、衛獻二十六年、殤八年、蔡景四十一年、鄭簡十五年、曹武四年、陳哀十八年、杞孝十六年、宋平二十五年、秦景二十六年、楚康九年、吳諸樊十年。

春王正月，公至自會。

正傳曰：書「公至自會」，謹君之出入也，餘義見前。

夏四月。

正傳曰：無事亦書時月，義見于前。

秋七月辛酉，叔老卒。

正傳曰：叔老，魯大夫子叔齊子也。書卒，志國卿之大故也。

冬，公會晉侯、齊侯、宋公、衛侯、鄭伯、曹伯、莒子、邾子、薛伯、杞伯、小邾子于沙隨。

正傳曰：書公會諸侯于沙隨，志會之非也。左氏曰：「冬會于沙隨，復錮欒氏也。欒盈猶在齊，晏子曰：『禍將作矣。齊將伐晉，不可以不懼。』」愚謂古者君臣相與，以恩義如一體焉，故君之視臣如手足，則臣之視君如腹心。有故而去，則君使人導之出疆，又先之於其所往，豈至禁錮之如商任之會，復錮之如沙隨之會也哉！自是之後，黨錮於漢，再錮於宋，空人之國，其禍皆作俑於此也。胡氏曰：「按左氏：『會于商任，錮欒氏也。會于沙隨，復錮欒氏也。』古者大夫去國，君不掃其社稷，不繫累其子弟，不收其田邑，使人導之出疆，又先之於其所往，敕五典，厚人倫也。今晉不念欒氏世勳而逐盈，又將縛執之，而命諸侯無得納焉，則亦過也。楚逐申公巫臣，子反請以重幣錮之，楚子曰：『止。彼若能利國家，雖重幣，晉將可乎？若無益於晉，晉將棄之，何勞錮焉？』其賢於商任、沙隨之謀遠矣。」

公至自會。

正傳曰：書「公至自會」，謹君之出入也，而非善之會見矣。

楚殺其大夫公子追舒。

正傳曰：追舒，即令尹子南。書「楚殺其大夫公子追舒」，著刑政之失也。左氏曰：「楚觀起有寵於令尹子南，未益祿而有馬數十乘。楚人患之，王將討焉。子南之子棄疾爲王御士，王每見之，必泣。棄疾曰：『君三泣臣矣，敢問誰之罪也？』王曰：『令尹之不能，爾所知也。國將討焉，爾其居乎？』對曰：『父戮子居，君焉用之？洩命重刑，臣亦不爲。』王遂殺子南於朝，轘觀起於四境。子南之臣謂棄疾：『請徙子尸於朝。』曰：『君臣有禮，唯二三子。』三日，棄疾請尸。王許之。既葬，其徒曰：『行乎？』曰：『吾與殺吾父，行將焉入？』曰：『然則臣王乎？』曰：『棄父事讎，吾弗忍也。』遂縊而死。復使薳子馮爲令尹，公子齮爲司馬，屈建爲莫敖。有寵於薳子者八人，皆無祿而多馬。他日朝，與申叔豫言，弗應而退。從之，入於人中。又從之，遂歸。退朝，見之，曰：『子三困我於朝，吾懼，不敢不見。吾過，子姑告我，何疾我也？』對曰：『吾不免是懼，何敢告子？』曰：『何故？』對曰：『昔觀起有寵於子南，子南得罪，觀起車裂，何故不懼？』自御而歸，不能當道。至，謂八人者曰：『吾見申叔，夫子所謂生死而肉骨也。知我者如夫子則可，不然，請止。』辭八人者，而後王安之。」愚謂由是觀之，則子南比寵觀起，不如薳子之知能辭八人，故及於難。然楚子不能素制以禮，使免於刑，又不能制所寵觀起而殺之，刑政非當矣，能逃專殺之罪乎？

靈王二十二年。二十有三年晉平八年、齊莊四年、衛獻二十七年、殤九年、蔡景四十二年、鄭簡十六年、曹武五年、陳哀十九年、杞孝十七年卒、宋平二十六年、秦景二十七年、楚康十年、吳諸樊十一年。

春王二月癸酉朔，日有食之。

正傳曰：書「日有食之」，志天變也。

三月己巳，杞伯匄卒。

正傳曰：匄，杞伯名。書「杞伯匄卒」，志鄰國之大故也。左氏曰：「杞孝公卒，晉悼夫人喪之。平公不徹樂，非禮也。」

夏，邾畀我來奔。

正傳曰：畀我，公羊以爲邾婁大夫，是也。書「邾畀我來奔」，則奔者與受奔者之罪並見矣。夫畀我來奔，叛君之人也。魯受之，則是納叛君之人，而教我臣之叛我也一間耳，安知我之臣不叛我，而他國之君不納叛我者乎？故是年冬，臧紇奔邾，邾亦受之，循環之理也。故春秋前年書「邾庶其以漆、閭丘來奔」，今年書「畀我來奔」，聖人之情見矣。

葬杞孝公。

正傳曰：書「葬杞孝公」，與國之大事也。

陳殺其大夫慶虎及慶寅。

正傳曰：書「陳殺其大夫慶虎及慶寅」，則陳之失刑政可見矣。左氏曰：「陳侯如楚，公子黄愬二慶於楚，楚人召之。使慶樂往，殺之。慶氏以陳叛。夏，屈建從陳侯圍陳。陳人城，板隊而殺人。役人相命，各殺其長，遂殺慶虎、慶寅。楚人納公子黄。君子謂：『慶氏不義，不可肆也。故書曰：「惟命不于常。」』」愚謂慶氏以陳叛，屈建從陳侯圍陳，役人遂殺虎、寅。夫圍之者，楚兵也；殺之者，役人也，而言陳殺之，欲使觀者推其故而知陳失其政刑，不能聲罪致討而假强楚之力、役人之手，然後能殺之也。胡氏曰：「按左氏：『慶虎無道，求專陳國，暴蔑其君，畏公子黄之偪而愬之楚，曰與蔡司馬同謀，楚人以爲討。公子黄奔楚愬之。二慶以陳叛，楚屈建圍陳，殺二慶。』夫人君擅一國之利勢，使權臣暴蔑其身而不能遠，欲去其親而不能保，譖愬之於大國而不能辨，至因夷狄之力然後能克，則非君人之道也。」愚謂是矣。又謂「二慶稱國以殺」爲「譏歸陳侯也」，則鑿於義例矣。

陳侯之弟黄自楚歸于陳。

正傳曰：書「陳侯之弟黄自楚歸于陳」，善其歸也。左氏謂「楚人納公子黄」。黄之奔楚以慶虎、慶寅逼之也。虎、寅誅而楚納黄，歸于陳，小人道消，君子道長，以爲順矣。或謂罪奔夷狄之國，藉夷狄之力以歸，以爲進退不正，則過矣。逆者爲夷狄，順者爲中國。

晉欒盈復入于晉，入于曲沃。

正傳曰：曲沃，晉邑也。書「晉欒盈復入于晉，入于曲沃」，罪其入之非也。夫欒盈雖爲宣子所逐，而晉兩會諸侯以錮之，是又重見絶於君矣。今乃復强入焉，則其逆而不受君命，罪益甚矣。左氏曰：「晉將嫁女于吳，齊侯使析歸父媵之，以藩載欒盈及其士，納諸曲沃。欒盈夜見胥午而告之。對曰：『不可。天之所廢，誰能興之？子必不免。吾非愛死也，知不集也。』盈曰：『雖然，因子而死，吾無悔矣。我實不天，子無咎焉。』許諾。伏之而觴曲沃人，樂作，午言曰：『今也得欒孺子何如？』對曰：『得主而爲之死，猶不死也。』皆嘆，有泣者。爵行，又言。皆曰：『得主，何貳之有！』盈出，徧拜之。四月，欒盈帥曲沃之甲，因魏獻子，以晝入絳。初，欒盈佐魏莊子於下軍，獻子私焉，故因之。趙氏以原、屏之難怨欒氏，韓、趙方睦。中行氏以伐秦之役怨欒氏，而固與范氏和親。知悼子少，而聽於中行氏。程鄭嬖於公。唯魏氏及七輿大夫與之。樂王鮒侍坐於范宣子。或告曰：『欒氏至矣。』宣子懼。桓子曰：『奉君以走固宫，必無害也。』公有姻喪，王鮒使宣子墨縗、冒、絰，二婦人輦以如公，奉公以如固宫。范鞅逆魏舒，則成列既乘，將逆欒氏矣。趨進，曰：『欒氏帥賊以入，鞅之父與二三子在君所矣，使鞅逆吾子。』鞅請驂乘持帶。』遂超乘。右撫劍，左援帶，命驅之出。僕請，鞅曰：『之公。』宣子逆諸階，執其手，賂之以曲沃。范氏之徒在臺後，欒氏乘公門。宣子謂鞅曰：『矢及君屋，死之！』鞅用劍以帥卒，欒氏退。攝車從之，遇欒樂，曰：『樂免之，死將訟女于天。』樂射之，不中；又注，則乘槐本而覆。或以戟鉤之，斷肘而死。欒魴傷。欒盈奔曲沃。晋人圍之。」愚謂觀此，則曲沃之人願爲之死，猶不死也，則國人之心固歸之，似順矣。然而宣子持之於下，晋侯錮之於上，且無所容於天下矣，況能强以入乎！胡氏曰：「欒氏，晋室之世臣，故盈雖出奔，猶繫於晋。『復入』者，甚逆之辭，爲其既絶而復入也。『曲沃』者，所食之地。當是時，權寵之臣各以利誘其下，使爲之用，至於殺身而不避，莫知有君臣之分者也。故聞語欒孺子者，則或泣或嘆，以爲得主而爲之死，猶不死也。盈從之，遂入絳，乘公門。若非天棄欒氏，又有范鞅之謀，晋亦殆矣。原其失在於錮之甚急，使無所容於天地之間，是以至此極。春秋備書之，以見人而不仁，疾之已甚，亂也。其爲後世鑒，豈不深切著明也哉！」愚謂恐春秋之正意不在此，特見其入之非耳，且以復入爲甚逆之詞，泥矣！

秋，齊侯伐衛，遂伐晋。

正傳曰：書「齊侯伐衛，遂伐晋」，甚非義之兵也，而其背同盟、犯盟主之罪並見矣。二十二年冬，沙隨之會，衛侯與焉，主是會者，晋侯也。不踰年間，欒氏之亂，即將伐晋，而先伐衛。犯此二罪而不恤，齊之無道亦既甚矣。左氏曰：「秋，齊侯伐衛。自衛將遂伐晉。晏平仲曰：『君恃勇力，以伐盟主。若不濟，國之福也。不德而有功，憂必及君。』崔杼諫曰：『不可。臣聞之：小國間大國之敗而毁焉，必受其咎。』弗聽。齊侯遂伐晉，取朝歌。爲二隊，入孟門，登大行，張武軍於熒庭，戍郫邵，封少水，以報平陰之役，乃還。」愚謂使齊侯用晏子之言而止焉，則不得罪於春秋矣。

八月，叔孫豹帥師救晉，次于雍榆。

正傳曰：書「救晉，次于雍榆」，著其善而非善也。夫救晉，善矣；而次焉，豈善乎？夫救兵如救焚，然當速趨而往可也。今救盟主之見伐，乃次而逡巡焉，故春秋書以非之，左氏以爲禮，誤矣。

己卯，仲孫速卒。

正傳曰：書「仲孫速卒」，志國卿之大故也。左氏曰：「季武子無適子，公彌長，而愛悼子，欲立之。訪於申豐曰：『彌與紇，吾皆愛之，欲擇才焉而立之。』申豐趨退，歸，盡室將行。他日，又訪焉。對曰：『其然，將具敝車而行。』乃止。訪於臧紇。臧紇曰：『飲我酒，吾爲子立之。』季氏飲大夫酒，臧紇爲客。既獻，臧孫命北面重席，新樽絜之。召悼子，降，逆之。大夫皆起。及旅，而召公鉏，使與之齒。季孫失色。季氏以公鉏爲馬正，愠而不出。

閔子馬見之，曰：『子無然。禍福無門，唯人所召。爲人子者患不孝，不患無所。敬共父命，何常之有？若能孝敬，富倍季氏可也。姦回不軌，禍倍下民可也。』公鉏然之，敬共朝夕，恪居官次。季孫喜，使飲己酒，而以具往，盡舍旃。故公鉏氏富。」愚謂按此，則仲孫速以一念之私溺愛，舍長立少，貽家禍於子孫，則其平生爲人可知矣。書「卒」，使人求其故，以爲後鑒戒也。

冬十月乙亥，臧孫紇出奔邾。

正傳曰：書「臧孫紇出奔邾」，則其罪自見矣。蘧伯玉曰：「不以道事君者，其出乎！」紇之出奔，以阿季氏廢長立少爲之也。邾爲世讎而奔就之，是與讎也，其不以道可知矣。左氏曰：「孟氏閉門，告於季孫曰：『臧氏將爲亂，不使我葬。』季孫不信。臧孫聞之，戒。冬十月，孟氏將辟，藉除於臧氏。臧孫使正夫助之，除於東門，甲從己而視之。孟氏又告季孫。季孫怒，命攻臧氏。乙亥，臧紇斬鹿門之關以出，奔邾。初，臧宣叔娶於鑄，生賈及爲而死。繼室以其姪，穆姜之姨子也，生紇，長於公宮。姜氏愛之，故立之。臧賈、臧爲出在鑄。臧武仲自邾使告臧賈，且致大蔡焉，曰：『紇不佞，失守宗祧，敢告不吊。紇之罪不及不祀，子以大蔡納請，其可。』賈曰：『是家之禍也，非子之過也。賈聞命矣。』再拜受龜，使爲以納請，遂自爲也。臧孫如防，使來告曰：『紇非能害也，知不足也。非敢私請。苟守先祀，無廢二勳，敢不辟邑！』乃立臧爲。臧紇致防而奔齊。其人曰：『其盟我乎？』臧孫曰：『無辭。』將盟臧氏，季孫召外史掌惡臣而問盟首焉。對曰：『盟東門氏也，曰「毋或如東門遂不聽公命，殺嫡立庶。」盟叔孫氏也，曰「毋或如叔孫僑如欲廢國常，蕩覆公室。」』季孫曰：『臧孫之罪皆不及此。』孟椒曰：『盍以其犯門斬關？』季孫用之，乃盟臧氏，曰：『毋或如臧孫紇干國之紀，犯門斬關。』臧孫聞之，曰：『國有人焉，誰居？其孟椒乎！』」愚謂紇既負不道之名而奔，又斬關犯門而出，及聞孟椒之言而嘆國之有人，於是乎始伏其罪矣。仲尼曰：「知之難也。有臧武仲之知，而不容於魯國，抑有由也，作不順而施不恕也。」

晋人殺欒盈。

正傳曰：書「晋人殺欒盈」，伏其罪也。左氏曰：「晋人克欒盈于曲沃，盡殺欒氏之族黨。欒魴出奔宋。書曰『晋人殺欒盈』，不言大夫，言自外也。」愚謂盈之逃君，不受君命，君會諸侯再錮而强入，其見殺乃自取之也。

齊侯襲莒。

正傳曰：書「齊侯襲莒」，則其不義之兵見矣。左氏曰：「齊侯還自晋，不入，遂襲莒。門于且于，傷股而退。明日，將復戰，期于壽舒。杞殖、華還載甲夜入且于之隧，宿于莒郊。

明日，先遇莒子於蒲侯氏。莒子重賂之，使無死，曰：『請有盟。』華周對曰：『貪貨棄命，亦君所惡也。昏而受命，日未中而棄之，何以事君？』莒子親鼓之，從而伐之，獲杞梁。莒人行成。」愚謂古人有言「兵，凶器也。戰，危事也」，豈不信哉！莒無可聲之罪，而齊侯襲之，可謂無義，及傷其股而不已，杞梁又見獲焉，豈非自取之也哉！

靈王二十三年。二十有四年晉平九年、齊莊五年、衛獻二十八年、殤十年、蔡景四十三年、鄭簡十七年、曹武六年、陳哀二十年、杞文公益姑元年、宋平二十七年、秦景二十八年、楚康十一年、吴諸樊十二年。

春，叔孫豹如晉。

正傳曰：書「叔孫豹如晉」，著其如之非也。諸侯邦交之禮，有朝聘會同之期，非其期則謂之非禮矣。杜氏曰：「賀克欒氏也。」夫討曰天討，天之道也。欒氏之不臣，克之乃天討也，而以爲賀焉，豈禮乎？

仲孫羯帥師侵齊。

正傳曰：羯代速爲政，書「仲孫羯帥師侵齊」，著無名之兵也。夫敵侵於己，不得已而應之，名也。彼國有罪，告於天王，帥與國往伐之，名也。按左氏：「孟孝伯侵齊，晉故也」，則知爲前使叔孫豹救齊之伐晉、次于雍榆而無功，故又使羯侵之，爲晉報怨焉耳，何名之有耶？

夏，楚子伐吳。

正傳曰：書「楚子伐吳」，著貪憒之兵也。左氏曰：「夏，楚子爲舟師以伐吳，不爲軍政，無功而還。」

秋七月甲子朔，日有食之，既。

正傳曰：書「日有食之，既」，志天變也。日，陽道也。日食則君弱臣强之象，況食之既乎！其當時諸侯政在大夫之應歟！

齊崔杼帥師伐莒。

正傳曰：書「齊崔杼帥師伐莒」，著無名之師也。左氏曰：「齊侯既伐晋而懼，將欲見楚子。楚子使薳啓彊如齊聘，且請期。齊社，蒐軍實，使客觀之。陳文子曰：『齊將有寇。吾聞之，兵不戢，必取其族。』秋，齊侯聞將有晋師，使陳無宇從薳啓彊如楚，辭，且乞師。崔杼帥師送之，遂伐莒。」

大水。

正傳曰：書「大水」，志災也。

八月癸巳〔二〕朔，日有食之。

正傳曰：書「日有食之」，志天變也。

公會晋侯、宋公、衛侯、鄭伯、曹伯、莒子、邾子、滕子、薛伯、杞伯、小邾子于夷儀。

正傳曰：書公會諸侯于夷儀，著非義也。左氏曰：「會于夷儀，將以伐齊，水，不克。」愚謂古者諸侯之會也，所以脩好；今之諸侯之會也，將以搆怨。魯、晋雖見伐於齊，不以訴于天子，乃摟諸侯以伐之，豈禮義乎？

冬，楚子、蔡侯、陳侯、許男伐鄭。

正傳曰：書「楚子、蔡侯、陳侯、許男伐鄭」，著不義之兵也。左氏曰：「冬，楚子伐鄭以救齊，門于東門，次于棘澤。諸侯還救鄭。楚子自棘澤還，使薳啓彊帥師送陳無宇。吴人爲楚舟師之役故，召舒鳩人，舒鳩人叛楚。楚子師于荒浦，使沈尹壽與師祁犂讓之。舒鳩子敬逆二子，而告無之，且請受盟。二子復命，王欲伐之。薳子曰：『不可。彼告不叛，且請受盟，而又伐之，伐無罪也。姑歸息民，以待其卒。卒而不貳，吾又何求？若猶叛我，無辭，有庸。』乃還。」愚謂楚欲救齊，而乃帥三國以伐鄭。鄭爲無罪，伐之不義矣。

公至自會。

正傳曰：書「公至自會」，義見前。

陳鍼宜咎出奔楚。

正傳曰：宜咎，陳大夫。書「陳鍼宜咎出奔楚」，著其奔之非也。左氏曰：「陳人復討慶氏之黨，鍼宜咎出奔楚。」愚謂鍼宜咎既爲慶氏之黨，棄其宗祧而去父母之邦，又不擇所從而奔楚焉，以中國而變於夷，其罪莫逭矣。

叔孫豹如京師。

正傳曰：書「叔孫豹如京師」，則其善惡皆見矣。左氏曰：「齊人城郟。穆叔如周聘，且賀城。王嘉其有禮也，賜之大路。」愚謂襄公即位，未嘗朝天子，及穀、雒鬭，毁王宫，齊人城郟，乃一使大夫如京師聘且賀焉，似敬王而實慢之也，故曰其善惡皆見矣。王嘉其有禮而賜之大路，過矣。

大饑。

正傳曰：書「大饑」，志災也。穀梁子曰：「五穀不升爲大饑。」又曰：「五穀不升謂之大侵。大侵之禮：君食不兼味，臺榭不塗，弛侯，廷道不除，百官布而不制，鬼神禱而不祀，此大侵之禮也。」胡氏曰：「古者救災之政，若國凶荒，或發廩以賑乏，或移粟以通用，或徙民以就食，或爲粥溢以救餓莩，或興工作以聚失業之人。緩刑舍禁，弛力薄征，索鬼神，除盜賊，弛射侯而不燕，置廷道而不脩，殺禮物而不備，雖有旱乾水溢，民無菜色，所以備之者如此其至。是年秋有陰沴之災，而冬大饑，蓋所以賑業之者有不備矣，故書之以爲戒。」

靈王二十四年。二十有五年晉平十年、齊莊六年弒、衛獻二十九年、殤十一年、蔡景四十四年、鄭簡十八年、曹武七年、陳哀二十一年、杞文二年、宋平二十八年、秦景二十九年、楚康十二年、吳諸樊十三年卒。

春，齊崔杼帥師伐我北鄙。

正傳曰：書「齊崔杼帥師伐我北鄙」，志警也，而陵暴之罪亦可見矣。左氏曰：「以報孝伯之師也。公患之，使告于晉。孟公綽曰：『崔子將有大志，不在病我，必速歸，何患焉？其來也不寇，使民不嚴，異於他日。』齊師徒歸。」

夏五月乙亥，齊崔杼弒其君光。

正傳曰：光，齊莊公名。書「齊崔杼弒其君光」，誅亂賊也。齊太史書之，魯史因報而書之册，使君之昏淫、臣之弒逆者知所以戒焉。左氏曰：「齊棠公之妻，東郭偃之姊也。東郭偃臣崔武子。棠公死，偃御武子以吊焉。見棠姜而美之，使偃取之。偃曰：『男女辨姓，今君出自丁，臣出自桓，不可。』武子遂取之。莊公通焉。崔子因是，又以其間伐晉也，曰：『晉必將報。』欲弒公以説于晉，而不獲間。公鞭侍人賈舉，而又近之，乃爲崔子間公。夏五月，莒爲且于之役故，莒子朝于齊。甲戌，饗諸北郭。崔子稱疾，不視事。乙亥，公問崔子，遂從姜氏。姜入于室，與崔子自側户出。公拊楹而歌。侍人賈舉止衆從者而入，閉門。甲興，公登臺而請，弗許；請盟，弗許；請自刃於廟，弗許。皆曰：『君之臣杼疾病，不能聽命。近於公宮，陪臣干掫有淫者，不知二命。』公踰墻，又射之，中股，反隊，遂弑之。晏子立於崔氏之門外，其人曰：『死乎？』曰：『獨吾君也乎哉，吾死也？』曰：『行乎？』曰：『吾罪也乎哉，吾亡也？』曰：『歸乎？』曰：『君死，安歸？君民者，豈以陵民？社稷是主。臣君者，豈爲其口實，社稷是養。故君爲社稷死，則死之；爲社稷亡，則亡之。若爲己死，而爲己亡，非其私暱，誰敢任之？且人有君而弑之，吾焉得死之？而焉得亡之？將庸何歸？』門啓而入，枕尸股而哭。興，三踊而出。人謂崔子：『必殺之！』崔子曰：『民之望也，舍之，得民。』盧蒲癸奔晋，王何奔莒。叔孫宣伯之在齊也，叔孫還納其女於靈公，嬖，生景公。丁丑，崔杼立而相之，慶封爲左相，盟國人于太宮，曰：『所不與崔、慶者。』晏子仰天嘆曰：『嬰所不唯忠於君、利社稷者是與，有如上帝！』乃歃。太史書曰：『崔杼弑其君。』崔子殺之。其弟嗣書，而死者二人。其弟又書，乃舍之。南史氏聞太史盡死，執簡以往。聞既書矣，乃還。崔氏側莊公于北郭。丁亥，葬諸士孫之里。四翣，不蹕，下車七乘，不以兵甲。」愚謂此實傳也。莊公以淫惡見弑，雖其自取，而崔杼犯君臣之大義，不能逃誅於萬世矣。又按左傳稱：太史書「崔杼弑其君」，兄弟再見殺而不回，南史復繼以往，由是觀之，則今之春秋皆太史之所書也。孟子「其文則史」之言不誣矣，後儒乃謂字字皆出聖人之手，豈不謬哉！胡氏曰：「齊莊公見弑，賈舉、州綽等十人皆死之，而不得以死節稱，何也？所謂死節者，以義事君，責難陳善，有所從違而不苟者是也。雖在屬車後乘，必不肯同入崔氏之宮矣。若此十人者，獨以勇力聞，皆逢君之惡，從於昏亂，而莊公嬖之者，死非其所，比諸匹夫匹婦自經於溝瀆而莫之知者，猶不逮也。晏平仲曰：『君民者，豈以陵民？社稷是主。臣君者，豈爲其口實？社稷是養。故君爲社稷死則死之，爲社稷亡則亡之。若爲己死而爲己亡，非其私暱，誰敢任之？』此十人者，真其私暱，任此宜矣，雖殺身不償責，安得以死節許之哉？」

公會晉侯、宋公、衛侯、鄭伯、曹伯、莒子、邾子、滕子、薛伯、杞伯、小邾子于夷儀。

正傳曰：書公會晉侯、列國于夷儀，則使人考其跡，而其會之失自見矣。左氏曰：「晉侯濟自泮，會于夷儀，伐齊，以報朝歌之役。齊人以莊公說，使隰鉏請成，慶封如師，男女以班。賂晉侯以宗器、樂器。自六正、五吏、三十帥、三軍之大夫、百官之正長、師旅及處守者皆有賂。晉侯許之。使叔向告于諸侯。公使子服惠伯對曰：『君舍有罪，以靖小國，君之惠也。寡君聞命矣。』」愚謂據此傳，則此會乃爲報朝歌之役耳，而齊弒君之賊乃舍其罪而不問，一失也；及晉受齊人之賂而舍之，二失也；而襄公與諸侯皆從之，三失也。又何以服齊而免春秋之誅乎？胡氏曰：「諸侯會于夷儀，將以討齊。齊使隰鉏請成，慶封如師，男女以班，賂晉侯以宗器、樂器。自六正、五吏、三十帥、三軍之大夫、百官之正長、師旅及處守者，皆有賂，晉侯許之。夫晉本爲報朝歌之役來討，及會夷儀，既聞崔杼之弑，則宜下令三軍，建而復旆，聲於齊人，問莊公之故，執崔杼以戮之，謀於齊衆，置君以定其國，示天討之義，則方伯連帥之職脩矣。今乃知賊不討，而受其賂，則是與之同情也，故春秋治之如下文所貶云。」

六月壬子，鄭公孫舍之帥師入陳。

正傳曰：書「鄭公孫舍之帥師入陳」，著貪憤之兵也。左氏曰：「初，陳侯會楚子伐鄭，當陳隧者，井堙、木刊，鄭人怨之。六月，鄭子展、子産帥車七百乘伐陳，宵突陳城，遂入之。陳侯扶其太子偃師奔墓，遇司馬桓子，曰：『載余！』曰：『將巡城。』遇賈獲，載其母妻，下之，而授公車。公曰：『舍而母。』辭曰：『不祥。』與其妻扶其母以奔墓，亦免。子展命師無入公宫，與子産親御諸門。陳侯使司馬桓子賂以宗器。陳侯免，擁社，使其衆男女别而纍，以待於朝。子展執縶而見，再拜稽首，承飲而進獻。子美入，數俘而出。祝祓社，司徒致民，司馬致節，司空致地，乃還。」愚謂據此傳，則鄭以憤怨而入陳，以賄賂而還兵，是貪憤之兵也。故春秋書之，以著其罪。夫鄭之諸臣不足責，有一子産而猶爲非義之舉，又可以見功利之移人，賢者猶不能自免也。

秋八月己巳，諸侯同盟于重丘。

正傳曰：重丘，齊地。書「諸侯同盟于重丘」，病諸侯也，稱諸侯有齊焉。左氏曰：「齊成故也。」愚謂齊崔杼弑其君，有滔天之罪，諸侯不能請討之，晉與諸侯皆受賂而同與之盟焉，是同惡相濟也，故春秋惡之。胡氏曰：「崔杼既弑其君矣，晉侯受其賂而許之成，故盟于重丘，特書曰『同』。」愚謂「同」者，同心於惡也。

公至自會。

正傳曰：書「公至自會」，謹君之出入也，而其非義具見矣。

衛侯入于夷儀。

正傳曰：衛侯，名衎。夷儀，衛邑。書「衛侯入于夷儀」，則其出其入之善惡自見矣。夫衛侯衎蔑其冢卿，失國出奔，是爲君無道，不守其宗社，其惡不可掩矣。然有世叔儀以守，有母弟鱄以出，一撫其内，一營其外，以爲可歸，未絶之道，故其入猶可與也。春秋書之，其義備矣。

楚屈建帥師滅舒鳩。

正傳曰：舒鳩，小國名。書「楚屈建帥師滅舒鳩」，著暴虐之師也。左氏曰：「楚薳子馮卒，屈建爲令尹，屈蕩爲莫敖。舒鳩人卒叛楚，令尹子木伐之，及離城，吴人救之。子木遽以右師先，子彊、息桓、子捷、子駢、子盂帥左師以退。吴人居其間七日。子彊曰：『久將墊隘，隘乃禽也，不如速戰。請以其私卒誘之，簡師，陳以待我。我克則進，奔則亦視之，乃可以免。不然，必爲吴禽。』從之。五人以其私卒先擊吴師，吴師奔。登山以望，見楚師不繼，復逐之，傳諸其軍，簡師會之，吴師大敗。遂圍舒鳩，舒鳩潰。八月，楚滅舒鳩。」

愚按此傳，則楚人無字小恤禍之義，逞其陵弱暴寡之惡，不問叛君之罪，而絶人宗社之祀，其斯以爲夷乎！

冬，鄭公孫夏帥師伐陳。

正傳曰：書「鄭公孫夏帥師伐陳」，著報怨之師也。左氏曰：「鄭子産獻捷于晋，戎服將事。晋人問陳之罪。對曰：『昔虞閼父爲周陶正，以服事我先王。我先王賴其利器用也，與其神明之後也，庸以元女大姬配胡公，而封諸陳，以備三恪。則我周之自出，至于今是賴。桓公之亂，蔡人欲立其出，我先君莊公奉五父而立之，蔡人殺之，我又與蔡人奉戴厲公。至於莊、宣，皆我之自立。夏氏之亂，成公播蕩，又我之自入，君所知也。今陳忘周之大德，蔑我大惠，棄我姻親，介恃楚衆，以馮陵我敝邑，不可億逞，我是以有往年之告。未獲成命，則有我東門之役。當陳隧者，井堙、木刊。敝邑大懼不競而恥大姬，天誘其衷，啓敝邑心。陳知其罪，授手于我。用敢獻功。』晋人曰：『何故侵小？』對曰：『先王之命，唯罪所在，各致其辟。且昔天子之地一圻，列國一同，自是以衰。今大國多數圻矣，若無侵小，何以至焉？』晉人曰：『何故戎服？』對曰：『我先君武、莊爲平、桓卿士。城濮之役，文公布命，曰：「各復舊職。」命我文公戎服輔王，以授楚捷。不敢廢王命故也。』士莊伯不能詰，復於趙文子。文子曰：『其辭順。犯順，不祥。』乃受之。冬十月，子展相鄭伯如晉，拜陳之功。子西復伐陳，陳及鄭平。仲尼曰：『志有之：「言以足志，文以足言。」不言，誰知其志？言之無文，行而不遠。晉爲伯，鄭入陳，非文辭不爲功。慎辭哉！』』愚謂此本傳也。世稱子產有詞，似矣。然以「先王之命，惟罪所在，各致其辟」，晉將詰之曰：「先王之法，天子討而不伐，諸侯伐而不討。今鄭何故不告於天王，會方伯連帥以伐之，而私自擅興大衆，而肆陵弱暴寡之憤，爲報怨之舉乎？」則子產將無詞以對矣，孰謂子產有詞？至於傳所引，非孔子之言也，說士之語也。

十有二月，吴子遏伐楚，門于巢，卒。

正傳曰：巢，南方小國也。遏，公羊作謁，吴子名。書「吴子遏伐楚，門于巢，卒」，罪吴子之自輕而巢人之犯順也。何謂自輕？左氏曰：「吴子諸樊伐楚，以報舟師之役。門于巢。巢牛臣曰：『吴王勇而輕，若啓之，將親門。我獲射之，必殪。是君也死，疆其少安。』從之。吴子門焉，牛臣隱於短牆以射之，卒。」由此觀之，則吴子之自輕而見殺可見矣。何謂犯順？穀梁曰：「古者大國過小邑，小邑必飾城而請罪，禮也。吴子遏伐楚至巢，入其門，門人射吳子。有矢創，反舍而卒。」由是觀之，則巢人之越禮而犯順可見矣。又曰：「非巢之不飾城而請罪，非吳子之自輕也。」愚謂得之矣。

靈王二十五年。二十有六年晉平十一年、齊景公杵臼元年、衛獻三十年、殤十二年弑、蔡景四十五年、鄭簡十九年、曹武八年、陳哀二十二年、杞文三年、宋平二十九年、秦景三十年、楚康十三年、吳餘祭元年。

春王二月辛卯，衛甯喜弑其君剽。

正傳曰：書「甯喜弑其君剽」，正逆罪也。左氏曰：「衛獻公使子鮮〔三〕爲復，辭。敬姒强命之。對曰：『君無信，臣懼不免。』敬姒曰：『雖然，以吾故也。』許諾。初，獻公使與甯喜言，甯喜曰：『必子鮮在。不然，必敗。』故公使子鮮。子鮮不獲命於敬姒，以公命與甯喜言，曰：『苟反，政由甯氏，祭則寡人。』甯喜告蘧伯玉。伯玉曰：『瑗不得聞君之出，敢聞其入？』遂行，從近關出。告右宰穀。右宰穀曰：『不可。獲罪於兩君，天下誰畜之？』悼子〔四〕曰：『吾受命於先人，不可以貳。』穀曰：『我請使焉而觀之。』遂見公於夷儀。反，曰：『君淹恤在外十二年矣，而無憂色，亦無寬言，猶夫人也。若不已，死無日矣。』悼子曰：『子鮮在。』右宰穀曰：『子鮮在，何益？多而能亡，於我何爲？』悼子曰：『雖然，弗可以已。』孫文子〔五〕在戚，孫嘉聘於齊，孫襄〔六〕居守。二月庚寅，甯喜、右宰穀伐孫氏，不克，伯國傷。甯子出舍於郊。伯國死，孫氏夜哭。國人召甯子，甯子復攻孫氏，克之。辛卯，殺子叔及太子角。書曰『甯喜弒其君剽』，言罪之在甯氏也。」愚謂此其實傳也。又按左氏：「衛獻公〔七〕自夷儀使與甯喜言，甯喜許之。太叔文子聞之曰：『烏乎！詩所謂「我躬不說，皇恤我後」者，甯子可謂不恤其後矣。詩曰「夙夜匪解，以事一人」，今甯子視君不如奕棋，其何以免乎！奕者舉棋不定，不勝其耦，而況置君而弗定乎？必不免矣。』」愚謂由是觀之，則喜固許衎以入，而弒剽之罪著矣。胡氏曰：「於衎，則殖也出之，喜也納之；於剽，則殖也立之，喜也弒之。是奕棋之不若也，不思其終亦甚矣。故聖人特正其爲弒君之罪，示天下後世，使知慎於廢立之際而不敢忽也。霍光以大義廢昌邑，立宣帝，猶有言其罪者，而朝廷加肅，況私意邪？范粲、桓彝之徒，殺身不顧，君子所以深取之者，知春秋之旨矣。」

衛孫林父入于戚以叛。

正傳曰：戚，衛邑名。書「衛孫林父入于戚以叛」，誅逆臣也。左氏曰：「孫林父以戚如晉。書曰『入于戚以叛』，罪孫氏也。臣之祿，君實有之。義則進，否則奉身而退。專祿以周旋，戮也。」

甲午，衛侯衎復歸于衛。

正傳曰：衎，衛獻公名。書「衛侯衎復歸于衛」，則出之者、入之者之罪皆著，而衛侯君國之義不白，其罪均矣。夫衎之出也以殖，其入也以喜，未有天子連帥聲大義於天下而復之，特出入於權臣之手耳，其將何以自立於天下乎！左氏曰：「甲午，衞侯入。書曰『復歸』，國納之也。大夫逆於竟者，執其手而與之言。道逆者，自車揖之；逆於門者，頷之而已。公至，使讓大叔文子曰：『寡人淹恤在外，二三子皆使寡人朝夕聞衞國之言，吾子獨不在寡人。古人有言曰：「非所怨勿怨。」寡人怨矣。』對曰：『臣知罪矣。臣不佞，不能負羈絏以從扞牧圉，臣之罪一也。有出者，有居者，臣不能貳，通外內之言以事君，臣之罪二也。有二罪，敢忘其死？』乃行，從近關出。公使止之。」愚謂由是觀之，則衎之始歸，恩怨分明，畧無悔過遷善之意矣。春秋書之，竊取之義使人深繹之也，不在乎書名書日與否，而其意獨至矣。胡氏曰：「按左氏：『孫林父以戚如晉。書曰「入于戚以叛」者，著其據土背君之罪也。臣之祿，君實有焉。專祿以周旋，戮也。』衞侯出奔齊，入于夷儀，皆以爵稱。今既復歸而得國矣，乃書其名，何也？人之有德慧術知者，常存乎疢疾。衞侯淹恤在外十有二年，困於心、衡於慮久矣，此生於憂患之時，而一旦得國，失信無刑，猶夫人也，則是困而弗革，雖復得國，猶非其國也。此見春秋俟人改過之深，而責人自棄之重，欲其强於爲善之意也。」

夏，晉侯使荀吴來聘。

正傳曰：書「晉侯使荀吴來聘」，非其聘也，著非禮也。左氏曰：「晉人爲孫氏故，召諸侯，將以討衛也。夏，中行穆子來聘，召公也。」由是觀之，則荀吴之來非聘也，召公以討衛也。故聘，禮也；假聘以召諸侯，非禮也。夫衛林父據戚以叛，而晋人戍之，黨逆也。至於衛伐戚，戍卒見殺者三百，乃召諸侯伐衛，其不直甚矣，焉能以令諸侯乎？故春秋惡之。

公會晋人、鄭良霄、宋人、曹人于澶淵。

正傳曰：澶淵，衛地，近戚。書「公會晋、鄭、宋、曹之人于澶淵」，著其會之非也，此晋志也，爲晋討衛也。左氏曰：「六月，公會晋趙武、宋向戌、鄭良霄、曹人于澶淵，以討衛，疆戚田。取衛西鄙懿氏六十以與孫氏。趙武不書，尊公也。向戌不書，後也。鄭先宋，不失所也。於是衛侯會之。晋人執甯喜、北宫遺，使女齊以先歸。衛侯如晋，晋人執而囚之於士弱氏。秋七月，齊侯、鄭伯爲衛侯故如晋，晋侯兼享之。晋侯賦嘉樂。國景子相齊侯，賦蓼蕭。子展相鄭伯，賦緇衣。叔向命晋侯拜二君，曰：『寡君敢拜齊君之安我先君之宗祧也，敢拜鄭君之不貳也。』國子使晏平仲私於叔向，曰：『晋君宣其明德於諸侯，恤其患而補其闕，正其違而治其煩，所以爲盟主也。今爲臣執君，若之何？』叔向告趙文子，文子以告晋侯。晋侯言衛侯之罪，使叔向告二君。國子賦轡之柔矣，子展賦將仲子兮，晋侯乃許歸衛侯。」愚謂晋以黨叛戍戚，而見敗於衛，乃其自取，猶爲此會，以勤列國之衆而不知自咎，春秋所深惡也。

秋，宋公殺其世子痤。

正傳曰：痤，宋太子名。書「宋公殺其世子痤」，兩傷父子之大倫也。左氏曰：「初，宋芮司徒生女子，赤而毛，棄諸堤下，共姬之妾取以入，名之曰棄。長而美。平公入夕，共姬與之食。公見棄也，而視之，尤。姬納諸御，嬖，生佐，惡而婉。太子痤美而狠，合左師畏而惡之。寺人惠牆伊戾爲太子內師而無寵。秋，楚客聘於晋，過宋。太子知之，請野享之，公使往，伊戾請從之。公曰：『夫不惡女乎？』對曰：『小人之事君子也，惡之不敢遠，好之不敢近，敬以待命，敢有貳心乎？縱有共其外，莫共其內，臣請往也。』遣之。至，則欿，用牲，加書，徵之，而騁告公，曰：『太子將爲亂，既與楚客盟矣。』公曰：『爲我子，又何求？』對曰：『欲速。』公使視之，則信有焉。問諸夫人與左師，則皆曰：『固聞之。』公囚太子。太子曰：『唯佐也能免我。』召而使請，曰：『日中不來，吾知死矣。』左師聞之，聒而與之語。過期，乃縊而死。佐爲太子。公徐聞其無罪也，乃亨伊戾。左師見夫人之步馬者，問之。對曰：『君夫人氏也。』左師曰：『誰爲君夫人？余胡弗知？』圉人歸，以告夫人。夫人使饋之錦與馬，先之以玉，曰：『君之妾棄使某獻。』左師改命曰：『君夫人』，而後再拜稽首受之。」愚謂據此則世子之見疑於其父也，以外交；宋公之殺世子也，以聽讒。天性之愛一旦而移，遂至相賊，父固不仁矣，子亦非孝也。胡氏曰：「殺世子母弟直書君者，甚之也。宋寺人伊戾爲太子内師，無寵，譖於宋公而殺之。則賊世子痤者，寺人矣，而獨甚宋公，何哉？譖言之得行也，必有嬖妾配嫡以惑其心，又有小人欲結内援者以爲之助，然後愛惡一移，父子、夫婦之間，不能相保者衆矣。尸此者，其誰乎？晉獻之殺申生，宋公之殺痤，直稱君者，春秋正其本之意。」

晉人執衛甯喜。

正傳曰：書「晉人執衛甯喜」，著執之者與見執者之罪也。夫甯喜弑君之罪已書在諸侯之策矣，晉人不以此罪聞之天王，歸之司寇，而徒怨其殺戚戍之故以執之，所謂舍斬關之盜而問穿踰者，故公羊曰：「此執有罪，何以不得爲伯討？不以其罪執之也。」

八月壬午，許男甯卒于楚。

正傳曰：書「許男甯卒于楚」，不正其卒也。左氏曰：「許靈公如楚，請伐鄭，曰：『師不興，孤不歸矣。』八月，卒于楚。」夫諸侯卒于正寢，正也。許男徒爲區區報怨之舉，而身死夷國，可謂不正之甚矣，故春秋書之。

冬，楚子、蔡侯、陳侯伐鄭。

正傳曰：書「楚子、蔡侯、陳侯伐鄭」，著貪憤之師也。左氏曰：「楚子曰：『不伐鄭，何以求諸侯？』冬十月，楚子伐鄭，鄭人將禦之。子産曰：『晉、楚將平，諸侯將和，楚王是故昧於一來。不如使逞而歸，乃易成也。夫小人之性，釁於勇、嗇於禍，以足其性而求名焉者，非國家之利也，若何從之？』子展説，不禦寇。十二月乙酉，入南里，墮其城。涉於樂氏，門于師之梁。縣門發，獲九人焉。涉于汜而歸。而後葬許靈公。」愚謂觀此，則子産之深謀可見矣。語曰：「柔能勝剛，弱能勝强。」豈不然乎！春秋書之，見陳、蔡淪於夷狄，其罪同也。

葬許靈公。

正傳曰：書「葬許靈公」，以時也，禮也，見諸侯同盟畢至之義焉。

校記：

〔一〕「而」，原作「以」，據嘉靖本改。
〔二〕「已」，原作「酉」，據嘉靖本改。
〔三〕「子鮮」下，嘉靖本有小字注：「即公子鮮。」
〔四〕「悼子」下，嘉靖本有小字注：「即甯喜。」
〔五〕「孫文子」下，嘉靖本有小字注：「林父。」
〔六〕「孫襄」下，嘉靖本有小字注：「嘉、襄皆林父子。」
〔七〕「衛獻公」下，嘉靖本有小字注：「衛衎。」

春秋正傳卷之二十八

襄　公

二十有七年晉平十二年、齊景二年、衛獻三十一年、蔡景四十六年、鄭簡二十年、曹武九年、陳哀二十三年、杞文四年、宋平三十年、秦景三十一年、楚康十四年、吴餘祭二年。靈王二十六年。

春，齊侯使慶封來聘。

正傳曰：書「齊侯使慶封來聘」，志邦交之禮也。左氏曰：「齊慶封來聘，其車美。孟孫謂叔孫曰：『慶季之車，不亦美乎！』叔孫曰：『豹聞之：「服美不稱，必以惡終。」美車何爲？』叔孫與慶封食，不敬。爲賦相鼠，亦不知也。」

夏，叔孫豹會晉趙武、楚屈建、蔡公孫歸生、衛石惡、陳孔奂、鄭良霄、許人、曹人于宋。

正傳曰：書叔孫豹會諸侯之大夫于宋，聖人憂喜之情見矣。弭兵息民，固聖人之所喜；混夷夏而召外侮，亦聖人之所甚憂也。左氏曰：「宋向戌善於趙文子，又善於令尹子木，欲弭諸侯之兵以爲名。如晉，告趙孟。趙孟謀於諸大夫。韓宣子曰：『兵，民之殘也，財用之蠹，小國之大菑也。將或弭之，雖曰不可，必將許之。弗許，楚將許之，以召諸侯，則我失爲盟主矣。』晉人許之。如楚，楚亦許之。如齊，齊人難之。陳文子曰：『晉、楚許之，我焉得已？且人曰「弭兵」，而我弗許，則固攜吾民矣，將焉用之？』齊人許之。告於秦，秦亦許之。皆告於小國，爲會于宋。五月甲辰，晉趙武至於宋。丙午，鄭良霄至。六月丁未朔，宋人享趙文子，叔向爲介。司馬置折俎，禮也。仲尼使舉是禮也，以爲多文辭。戊申，叔孫豹、齊慶封、陳須無、衛石惡至。甲寅，晉荀盈從趙武至。丙辰，邾悼公至。壬戌，楚公子黑肱先至，成言於晉。丁卯，宋向戌如陳，從子木成言於楚。戊辰，滕成公至。子木謂向戌，請晉、楚之從交相見也。庚午，向戌復於趙孟。趙孟曰：『晉、楚、齊、秦匹也，晉之不能於齊，猶楚之不能於秦也。楚君若能使秦君辱於敝邑，寡君敢不固請於齊？』壬申，左師復言於子木，子木使馹謁諸王。王曰：『釋齊、秦，他國請相見也。』秋七月戊寅，左師至。是夜也，趙孟及子皙盟以齊言。庚辰，子木至自陳。陳孔奐、蔡公孫歸生至，曹、許之大夫皆至。以藩爲軍。晉、楚各處其偏。伯夙謂趙孟曰：『楚氛甚惡，懼難。』趙孟曰：『吾左還，入于宋，若我何？』」愚謂觀此則斯會楚反主之，以外齊、秦，而晉、楚各處其偏，趙孟知楚氛之甚惡，則此會雖以弭兵爲名，而兵甲藏於其間。楚勢益張，不但混華夷之分，爲可憂已也！

衛殺其大夫甯喜。

正傳曰：書「衛殺其大夫甯喜」，著失刑也，衛國不能正弒君之罪也。左氏曰：「衛甯喜專，公患之，公孫免餘請殺之。公曰：『微甯子不及此，吾與之言矣。事未可知，祇成惡名，止也。』對曰：『臣殺之，君勿與知。』乃與公孫無地、公孫臣謀，使攻甯氏，弗克，皆死。公曰：『臣也無罪，父子死余矣！』夏，免餘復攻甯氏，殺甯喜及右宰穀，尸諸朝。石惡將會宋之盟，受命而出，衣其尸，枕之股而哭之。欲歛以亡，懼不免，且曰：『受命矣。』乃行。」愚謂甯喜弒其君剽已書在諸侯之策矣，鄰國不能問其罪，國人不能正其誅，特以公患其專而免餘請殺之耳，故魯史因衛國之報而直書之，而其不能名正其罪之意，春秋有遺憾矣。胡氏曰：「甯喜既坐弒君之罪矣，不以討賊之詞，何也？初，衛侯使與喜言：『苟反，政由甯氏，祭則寡人。』甯氏納之。衛侯復國，患甯喜之專也，公孫免餘請殺之，曰：『微甯子不及此，吾與之言矣。』對曰：『臣殺之，君勿與知。』乃攻甯氏，殺喜，尸諸朝。子鮮曰：『逐我者出，納我者死。賞罰無章，何以勸沮？君失其信，而國無刑，不亦難乎？』」

衛侯之弟鱄出奔晉。

正傳曰：書「衛侯之弟鱄出奔晉」，則衛君不能安其弟而弟之賢並可見矣。穀梁子曰：「鱄出奔晉，織約邯鄲，終身不言衛，其去合乎春秋。」夫弟，同氣也。方衛君衎之出也，鱄亦出，經營于外，以爲歸道。今衛侯既歸，而使其弟之賢不能自安以出奔晉，窮約以終身，於同氣且然，而況他人乎？左氏曰：「子鮮曰：『逐我者出，納我者死。賞罰無章，何以沮勸？君失其信，而國無刑，不亦難乎？且鱄實使之。』遂出奔晉。公使止之，不可。及河，又使止之，止使者而盟於河。托於木門，不鄉衛國而坐。木門大夫勸之仕，不可，曰：『仕而廢其事，罪也；從之，昭吾所以出也。將誰愬乎？吾不可以立於人之朝矣。』終身不仕。公喪之如税服終身。」愚謂觀此則甯喜之見殺，衛國刑政之不章，此鱄之所以出奔，實衛衎爲之也。公羊曰：「衛殺其大夫甯喜，則衛侯之弟鱄曷爲出奔晉？爲殺甯喜出奔也。曷爲爲殺甯喜出奔？衛甯殖與孫林父逐衛侯而立公孫剽。甯殖病將死，謂喜曰：『黜公者非吾意也，孫氏爲之。我即死，女能固納公乎？』喜曰：『諾！』甯殖死，喜立爲大夫，使人謂獻公曰：『黜公者非甯氏也，孫氏爲之。吾欲納公，何如？』獻公曰：『子苟納我，吾請與子盟。』喜曰：『無所用盟，請使公子鱄約之。』獻公謂公子鱄曰：『甯氏將納我，吾欲與之盟，其言曰：「無所用盟，請使公子鱄約之。」子固爲我與之約矣！』公子鱄辭曰：『夫負羈縶，執鈇鑕，從君東西南北，則是臣僕庶孽之事也。若夫約言爲信，則非臣僕庶孽之所敢與也。』獻公怒，曰：『黜我者非甯氏與孫氏，凡在爾！』公子鱄不得已而與之約。已約，歸至，殺甯喜。公子鱄挈其妻子而去之，將濟于河，攜其妻子而與之盟曰：『苟有履衛地、食衛粟者，昧雉彼視！』」

秋七月辛巳，豹及諸侯之大夫盟于宋。

正傳曰：諸侯之大夫即前晉、楚、蔡、衛、陳、鄭、許、曹之大夫也。書「豹及諸侯之大夫盟于宋」，著其盟之非也。何非也？瀆也。夏既會于宋，趙孟既以楚氛之惡是懼矣，今又盟焉，宜中國之不競也。左氏曰：「辛巳，將盟于宋西門之外。楚人衷甲。伯州犂曰：『合諸侯之師，以爲不信，無乃不可乎？夫諸侯望信於楚，是以來服。若不信，是棄其所以服諸侯也。』固請釋甲。子木曰：『晉、楚無信久矣，事利而已。苟得志焉，焉用有信？』大宰退，告人曰：『令尹將死矣，不及三年。求逞志而棄信，志將逞乎？志以發言，言以出信，信以立志，參以定之。信亡，何以及三？』趙孟患楚衷甲，以告叔向。叔向曰：『何害也？匹夫一爲不信，猶不可，單斃其死。若合諸侯之卿，以爲不信，必不捷矣。食言者不病，非子之患也。夫以信召人，而以僭濟之，必莫之與也，安能害我？且吾因宋以守病，則夫能致死。與宋致死，雖倍楚可也，子何懼焉？又不及是。曰弭兵以召諸侯，而稱兵以害我，吾庸多矣，非所患也。』季武子使謂叔孫以公命，曰：『視邾、滕。』既而齊人請邾，宋人請滕，皆不與盟。叔孫曰：『邾、滕，人之私也。我，列國也，何故視之？宋、衛，吾匹也。』乃盟。故不書其族，言違命也。晉、楚爭先。晉人曰：『晉固爲諸侯盟主，未有先晉者也。』楚人曰：『子言晉、楚匹也，若晉常先，是楚弱也。且晉、楚狎主諸侯之盟也久矣，豈專在晉？』叔向謂趙孟曰：『諸侯歸晉之德只，非歸其尸盟也。子務德，無爭先。且諸侯盟，小國固必有尸盟者，楚爲晉細，不亦可乎？』乃先楚人。乙酉，宋公及諸侯之大夫盟于蒙門之外。」愚謂此會蓋合諸侯大夫以弭兵，其名則善矣，而楚衷甲以會，而又爭先焉，其信安在？晉既以德讓而楚勢益張，中國諸侯自茲有北面之勢矣。夫盡中國諸侯之大夫而與楚會盟，僅閱時而再至于宋。紊華夷之辨，失中國之尊而瀆大信者，必自此盟矣。胡氏曰：「宋之盟，合左師欲弭諸侯之兵以爲名，而楚屈建請晉、楚之從交相見，自是中國諸侯南向而朝楚。及申之會，蠻夷之君，簒弑之賊，大合十有一國之衆，而用齊桓召陵之禮。宋左師、鄭子產皆獻禮焉，宋世子佐以後至，遂辭而不見，伐吳滅賴，無敢違者。聖人至是哀人倫之滅，傷中國之衰，而其事自宋之盟始也。或者乃以宋之盟，中國不出，夷狄不入，玉帛之使交乎天下，以尊周室，爲晉趙武、楚屈建之力而善此盟也，其説誤矣。」

冬十有二月乙亥朔，日有食之。

正傳曰：書「乙亥朔，日有食之」，義見前。

二十有八年

晋平十三年、齊景三年、衛獻三十二年、蔡景四十七年、鄭簡二十一年、曹武十年、陳哀二十四年、杞文五年、宋平三十一年、秦〔一〕景三十二年、楚康十五年卒、吴餘祭三年。靈王二十七年崩。

春，無冰。

正傳曰：書「春無冰」，志災異也。夏之春，寅、卯、辰月也。周之春，子、丑、寅月也。夏之春無冰，時之燠，不足異也。子、丑之月，氣方寒固，正鑿冰之時，而乃無冰，則爲災異矣。左氏曰：「梓慎曰：『今兹宋、鄭其饑乎！歲在星紀，而淫於玄枵。以有時菑，陰不堪陽。蛇乘龍，龍，宋、鄭之星也。宋、鄭必饑。玄枵，虚中也。枵，耗名也。土虚而民耗，不饑何爲？』」愚謂天時地理，人事之相應，固有是理，然分野之説，非天之所以普天下之義也。且古者列國未分，宋、鄭之名未有，而已有此天地四時之氣運矣，又將何所分屬乎？其説謬矣。

夏，衛石惡出奔晋。

正傳曰：書「衛石惡出奔晋」，志惡黨之逸罪也。夫石惡，甯喜之黨也。按免餘既殺甯喜，尸諸朝，石惡將會宋之盟，受命而出，衣其尸，枕之股而哭之，欲斂以亡，懼不免，且曰「受命矣」，乃行。是惡既行而遂奔者也。春秋書「甯喜弑其君剽」，則惡與乎弑君者也。

天子、諸侯、國人不能誅，春秋書之，有遺憾矣。左氏曰：「衛人討甯氏之黨，故石惡出奔晉。衛人立其從子圃，以守石氏之祀，禮也。」

邾子來朝。

正傳曰：書「邾子來朝」，志事大之禮也。左氏曰：「邾悼公來朝，時事也。」夫小國之事大國，朝聘有時。邾以晉執其君，魯取其田，不以憾於大國而益脩時聘焉，有改過遷善之心，得以小事大之禮矣。故左氏曰：「時事也。」

秋八月，大雩。

正傳曰：書「秋八月，大雩」，志非禮也。左氏曰：「旱也。」夫大雩者，天子祭天禱雨之祀也。魯僭郊禘故，因旱而舉大雩，非禮矣。又行之不以其時，又非禮矣。故春秋因其事而直書之，而其非禮自見矣。聖人之感深矣乎！

仲孫羯如晉。

正傳曰：書「仲孫羯如晉」，譏失如也。左氏曰：「孟孝伯如晉，告將爲宋之盟故如楚也。」愚謂宋之盟雖以弭諸侯之兵爲名，其羯如晉，蓋告晉將爲宋之盟故如楚。如楚者，强夷狄、弱中國之幾也。中國諸侯皆將朝楚以聽命焉，華夷之紊亂，冠履之倒置，未有甚於此時者也！故春秋書其如，譏其失，其感深矣。

冬，齊慶封來奔。

正傳曰：書「齊慶封來奔」，譏納叛也。左氏曰：「齊慶封好田而耆酒，與慶舍政，則以其內實遷于盧蒲嫳氏，易內而飲酒。數日，國遷朝焉。使諸亡人得賊者，以告而反之，故反盧蒲癸。癸臣子之，有寵，妻之。慶舍之士謂盧蒲癸曰：『男女辨姓，子不辟宗，何也？』曰：『宗不余辟，余獨焉辟之？賦詩斷章，余取所求焉，惡識宗？』癸言王何而反之，二人皆嬖，使執寢戈而先後之。公膳，日雙雞，饔人竊更之以鶩。御者知之，則去其肉，而以其洎饋。子雅、子尾怒。慶封告盧蒲嫳。盧蒲嫳曰：『譬之如禽獸，吾寢處之矣。』使析歸父告晏平仲。平仲曰：『嬰之衆不足用也，知無能謀也。言弗敢出，有盟可也。』子家曰：『子之言云，又焉用盟？』告北郭子車。子車曰：『人各有以事君，非佐之所能也。』陳文子謂桓子曰：『禍將作矣，吾其何得？』對曰：『得慶氏之木百車於莊。』文子曰：『可慎守也已。』盧蒲癸、王何卜攻慶氏，示子之兆，曰：『或卜攻讎，敢獻其兆。』子之曰：『克，見血。』冬十月，慶封田于萊，陳無宇從。丙辰，文子使召之，請曰：『無宇之母疾病，請歸。』慶季卜之，示之兆，曰：『死。』奉龜而泣，乃使歸。慶嗣聞之，曰：『禍將作矣。』謂子家：『速歸，禍作必於嘗，歸猶可及也。』子家弗聽，亦無悛志。子息曰：『亡矣！幸而獲在吳、越。』陳無宇濟水，而戕舟發梁。盧蒲姜謂癸曰：『有事而不告我，必不捷矣。』癸告之。姜曰：『夫子愎，莫之止，將不出。我請止之。』癸曰：『諾。』十一月乙亥，嘗于太公之廟，慶舍涖事。盧蒲姜告之，且止之，弗聽，曰：『誰敢者？』遂如公。麻嬰爲尸，慶奊爲上獻。盧蒲癸、王何執寢戈，慶氏以其甲環公宮。陳氏、鮑氏之圉人爲優。慶氏之馬善驚，士皆釋甲束馬而飲酒，且觀優，至於魚里。欒、高、陳、鮑之徒介慶氏之甲。子尾抽桷，擊扉三，盧蒲癸自後刺子之，王何以戈擊之，解其左肩。猶援廟桷，動於甍。以俎壺投，殺人而後死。遂殺慶繩、麻嬰。公懼，鮑國曰：『羣臣爲君故也。』陳須無以公歸，稅服而如內宮。慶封歸，遇告亂者。丁亥，伐西門，不克。還伐北門，克之。入，伐內宮，弗克。反，陳于嶽，請戰，弗許，遂來奔。獻車於季武子，美澤可以鑑。展莊叔見之，曰：『車甚澤，人必瘁，宜其亡也。』叔孫穆子食慶封，慶封汜祭。穆子不說，使工爲之誦茅鴟，亦不知。既而齊人來讓，奔吴。吴句餘予之朱方，聚其族焉而居之，富於其舊。子服惠伯謂叔孫曰：『天殆富淫人，慶封又富矣。』穆子曰：『善人富謂之賞，淫人富謂之殃。天其殃之也，其將聚而殲旃。』」愚謂此本傳也。由是觀之，則慶封之惡逆無所容於天地之間矣。魯爲望國，乃納享之，宜齊人來讓也已。春秋書之册，所以病魯也。

十有一月，公如楚。

正傳曰：書「公如楚」，志中國諸侯之失道也。左氏曰：「爲宋之盟故，公及宋公、陳侯、鄭伯、許男如楚。公過鄭，鄭伯不在，伯有迋勞於黃崖，不敬。穆叔曰：『伯有無戾於鄭，鄭必有大咎。敬，民之主也，而棄之，何以承守？鄭人不討，必受其辜。濟澤之阿，行潦之蘋藻，寘諸宗室，季蘭尸之，敬也。敬可棄乎？』」愚按此傳，則公率中國之諸侯以朝夷狄矣。前仲孫羯之如晉以告，正爲此也。夫天地之大分，人道之大防，諸侯皆隳之矣。乃穆叔責伯有之不敬，是舍己而求人，舍肩背而求其一指也，豈不惑哉！

十有二月甲寅，天王崩。

正傳曰：書「天王崩」，志天下之大變也，天下如喪考妣，諸侯皆有奔赴會葬之禮焉，故書之。按左氏，冬記「癸巳，天王崩。未來赴，亦未書，禮也」，則是十月癸巳也。今書以「十有二月甲寅」者何？左氏曰：「王人來告喪，問崩日，以甲寅告，故書之，以徵過也。」愚謂天王崩，天下大變，天下之事莫有大於此，而赴不以時日，使失其真，天下諸侯之失道可知矣。

乙未，楚子昭卒。

正傳曰：昭，楚子名。書「楚子昭卒」，志與國之大故也。楚來赴，則史書之。左氏：「公如楚。及漢，楚康王卒。公欲反。叔仲昭伯曰：『我楚國之爲，豈爲一人？行也！』子服惠伯曰：『君子有遠慮，小人從邇。饑寒之不恤，誰遑其後？不如姑歸也。』叔孫穆子曰：

『叔仲子專之矣，子服子始學者也。』榮成伯曰：『遠圖者，忠也。』公遂行。宋向戌曰：『我一人之爲，非爲楚也。饑寒之不恤，誰能恤楚？姑歸而息民，待其立君而爲之備。』宋公遂反。」胡氏曰：「甲寅，天王崩。乙未，楚子昭卒。相距四十二日，則閏月之驗也。然不以閏書，見喪服之不數閏也。齊景公葬，書閏月，明殺恩之非禮也。」

景王元年。二十有九年晉平十四年、齊景四年、衛獻三十三年卒、蔡景四十八年、鄭簡二十二年、曹武十一年、陳哀二十五年、杞文六年、宋平三十二年、秦景三十三年、楚郟敖麇元年、吴餘祭四年弑。

春王正月，公在楚。

正傳曰：書「春王正月，公在楚」，謹君也，而魯侯之非道見矣。左氏曰：「釋不朝正于廟也。楚人使公親襚，公患之。穆叔曰：『祓殯而襚，則布幣也。』乃使巫以桃、茢先祓殯。楚人弗禁，既而悔之。」愚謂書「公在楚」，繫於春王正月之下，則公内不朝廟、外不朝王，不忠不孝之罪著矣，宜其召親襚之辱也。故穀梁曰：「閔〔二〕公也。」愚按左氏，自是而後，「夏四月，公及陳侯、鄭伯、許男送葬，至于西門之外，諸侯之大夫皆至于墓。」則列國禮楚如臣禮君然，蓋爲强力所制而不得歸者六月。中間天王之崩曾不見奔，春秋治襄公之罪深矣。胡氏曰：「歲之首月，公在他國者有矣，此特書『公在楚』者，外爲夷狄所制，以俟其葬而不得歸；内爲强臣所逼，欲擅其國而不敢入，故特書所在以存君也。按左氏：『楚人使公親襚。夏四月，送楚子葬，至于西門之外。還，及方城。季武子取卞以自封，使公冶告曰：「聞守卞者將叛，臣帥師徒以討，既得之矣。」公曰：「欲而言叛，衹見疏也。吾不可以入矣。」將適諸侯，有賦式微者，乃歸。』故特於歲首朝正之時，而書曰『公在楚』，使後世臣子戴天履地，視君父之危且困者，必有天威不違顔咫尺，食坐見於羹牆之意，而不以頃刻忘也。此義一行，豈敢有顧其身與妻子與其家而不恤國，朋附權臣以圖富貴而背其君者乎？」

夏五月，公至自楚。

正傳曰：書「夏五月，公至自楚」，謹君之出入也，使人考其時，斯病之矣。蓋襄公在楚者六月矣，一不謹於始，遂爲强楚所制，使之親襚，使之送葬，中國諸侯臣於夷狄，自此行也。春秋書之，其憾深矣。左氏曰：「公還，及方城。季武子取卞，使公冶問，璽書追而與之，曰：『聞守卞者將叛，臣帥師徒以討之，既得之矣。敢告。』公冶致使而退，及舍，而後聞取卞。公曰：『欲之而言叛，衹見疏也。』公問公冶曰：『吾可以入乎？』對曰：『君實有國，誰敢違君？』公與公冶冕服，固辭，强之而後受。公欲無入。榮成伯賦式微，乃歸。五月，公至自楚。公冶致其邑於季氏，而終不入焉。曰：『欺其君，何必使余？』季孫見之，則言季氏如他日。不見，則終不言季氏。及疾，聚其臣，曰：『我死，必無以冕服斂，非德賞也。

且無使季氏葬我。』」愚謂觀此則襄公一失此行，外爲强楚所制，内爲季氏所拒，春秋書至之深意可見矣。公冶其亦賢矣，世之欺君以圖富貴利達者，猶將意氣揚揚以誇耀於人，其視公冶致邑不入、冕服不斂以爲非德賞者，得無厚顔乎？穀梁曰：「喜之也。致君者，殆其往而喜其反，此致君之意義也。」

庚午，衛侯衎卒。

正傳曰：書「衛侯衎卒」，書赴也。

閽弑吴子餘祭。

正傳曰：書「閽弑吴子餘祭」，誅弑賊也。何以不名賊？魯史以遠而畧之，故逸其名而書其事，以爲近刑人之戒也。左氏曰：「吴人伐越，獲俘焉，以爲閽，使守舟。吴子餘祭觀舟，閽以刀弑之。」公羊曰：「閽者何？門人也，刑人也。刑人則曷爲謂之閽？刑人非其人也，君子不近刑人，近刑人則輕死之道也。」穀梁曰：「禮，君不使無恥，不近刑人，不狎敵，不邇怨。賤人，非所貴也。貴人，非所刑也。刑人，非所近也。舉至賤而加之吴子，吴子近刑人也。『閽弑吴子餘祭』，仇之也。」

仲孫羯會晋荀盈、齊高止、宋華定、衛世叔儀、鄭公孫段、曹人、莒人、滕人、薛人、小邾人城杞。

正傳曰：書仲孫羯會諸侯之大夫城杞，從晉志也，而其非義見矣。左氏曰：「晉平公，杞出也，故治杞。六月，知悼子合諸侯之大夫以城杞，孟孝伯會之，鄭子大叔與伯石往。子大叔見大叔文子，與之語。文子曰：『甚乎其城杞也！』子大叔曰：『若之何哉！晉國不恤周宗之闕，而夏肄是屏，其棄諸姬，亦可知也已。諸姬是棄，其誰歸之？吉也聞之，棄同即異，是謂離德。詩曰：「協比其鄰，婚姻孔云。」晉不鄰矣，其誰云之？』」穀梁曰：「古者天子封諸侯，其地足以容其民，其民足以滿城以自守也。杞危而不能自守，故諸侯之大夫相帥以城之，此變之正也。」愚謂觀左、穀二傳，則晉主於城杞而合諸侯以爲之也，文子「甚哉」之嘆爲是，則穀梁「變正」之語爲非，而其城杞之失可知矣。胡氏曰：「晉平公，杞出也，故合諸侯之大夫以城杞。古之建國立家者，必親九族，然有父族而後及母族，有母族而後及妻族，此葛藟之詩所爲次也。晉主夏盟，令行中國，平公不能脩文、襄、悼公之業，尊獎王室，恤宗周之闕，而夏肄是屏，輕棄諸姬，可謂知本乎？平王惟不撫其民而遠屯戍于母家，周人怨思焉，揚之水所以降爲國風，不得列于雅也。城杞之役，亦不待貶絶而可見矣。」愚謂棄同而即異，厚母而忘君，此晉之失一事耳。至於非有戡定禍亂、尊獎王室之大義，而擅興十國之衆，使暴露於遠外，棄天之民，失地之利，其罪大矣，何以爲盟主乎？

晉侯使士鞅來聘。

正傳曰：書「晉侯使士鞅來聘」，著其聘之失也。左氏曰：「范獻子來聘，拜城杞也。公享之，展莊叔執幣。射者三耦，公臣不足，取於家臣。家臣，展瑕、展玉父爲一耦；公臣，公巫召伯、仲顔莊叔爲一耦，鄫鼓父、黨叔爲一耦。」愚謂觀此則士鞅之聘無乃拜城杞之私耳，非朝聘會同之典也，其失不待貶而自見矣。又觀三耦、公私之説，則君弱臣强可見，而城杞之失，亦强臣成之耳。

杞子來盟。

正傳曰：書「杞子來盟」，則其盟之非禮可見矣。左氏曰：「晉侯使司馬女叔侯來治杞田，弗盡歸也。晉悼夫人愠曰：『齊也取貨，先君若有知也，不尚取之。』公告叔侯。叔侯曰：『虞、虢、焦、滑、霍、揚、韓、魏，皆姬姓也，晉是以大。若非侵小，將何所取？武、獻以下，兼國多矣，誰得治之？杞，夏餘也，而即東夷。魯，周公之後也，而睦於晉。以杞封魯猶可，而何有焉？魯之於晉也，職貢不乏，玩好時至，公卿大夫相繼於朝，史不絶書，府無虚月。如是可矣，何必瘠魯以肥杞？且先君而有知也，毋寧夫人，而焉用老臣？』杞文公來盟，書曰『子』，賤之也。」愚謂觀此則杞子來盟蓋爲晉治魯之侵田而遂要盟，恃晉之强以陵魯耳，豈誠心與直道哉？春秋書之，惡其非禮也，蓋不待書「子」以賤之矣。

吴子使札來聘。

正傳曰：札，吴公子名。名之，無他義。書「吴子使札來聘」，善其聘也，通嗣君也，正也，善其慕華夏而來也。左氏曰：「吴公子札來聘，見叔孫穆子，説之。謂穆子曰：『子其不得死乎！好善而不能擇人。吾聞君子務在擇人。吾子爲魯宗卿，而任其大政，不慎舉，何以堪之？禍必及子。』請觀於周樂。使工爲之歌周南、召南，曰：『美哉！始基之矣，猶未也，然勤而不怨矣。』爲之歌邶、鄘、衛，曰：『美哉！淵乎！憂而不困者也。吾聞衛康叔、武公之德如是，是其衛風乎！』爲之歌王，曰：『美哉！思而不懼，其周之東乎！』爲之歌鄭，曰：『美哉！其細已甚，民弗堪也。是其先亡乎！』爲之歌齊，曰：『美哉，泱泱乎大風也哉！表東海者，其太公乎！國未可量也。』爲之歌豳，曰：『美哉，蕩乎！樂而不淫，其周公之東乎！』爲之歌秦，曰：『此之謂夏聲。夫能夏則大，大之至也，其周之舊乎！』爲之歌魏，曰：『美哉，渢渢乎！大而婉，險而易行，以德輔此，則明主也。』爲之歌唐，曰：『思深哉！其有陶唐氏之遺民乎！不然，何憂之遠也？非令德之後，誰能若是？』爲之歌陳，曰：『國無主，其能久乎？』自鄶以下無譏焉。爲之歌小雅，曰：『美哉！思而不貳，怨而不言，其周德之衰乎？猶有先王之遺民焉。』爲之歌大雅，曰：『廣哉，熙熙乎！曲而有直體，其文王之德乎！』爲之歌頌，曰：『至矣哉！直而不倨，曲而不屈，邇而不逼，遠而不攜，遷而不淫，復而不厭，哀而不愁，樂而不荒，用而不匱，廣而不宣，施而不費，取而不貪，處而不底，行而不流。五聲和，八風平，節有度，守有序，盛德之所同也。』見舞象箾、南籥者，曰：『美哉！猶有憾。』見舞大武者，曰：『美哉！周之盛也，其若此乎！』見舞韶濩者，曰：『聖人之弘也，而猶有慙德，聖人之難也。』見舞大夏者，曰：『美哉！勤而不德，非禹，其誰能脩之？』見舞韶箾者，曰：『德至矣哉，大矣！如天之無不幬也，如地之無不載也。雖甚盛德，其蔑以加於此矣，觀止矣。若有他樂，吾不敢請已。』其出聘也，通嗣君也。」愚謂夫子昔固以延陵季子爲知禮矣，及觀此傳，則季子聞歷代之樂而知其德之盛衰，蓋又知道者也，其知慕中國之盛而使吴之用夏變夷，此其所以爲賢公子也。仲尼書之春秋，蓋喜其來而著其善也。公羊以爲以讓國爲賢而書之，胡氏又以爲以辭國生亂而貶之，皆非聖人灑然大公、無意必固我之心矣。夫不立長而欲致位乎季之幼者，謂貽謀之未善也。季子不受亂弑之讓，守正之道也。季子何與焉？公羊之所謂賢季子之讓國，胡氏之所謂貶季子辭國以生亂，皆非矣。其稱吴子、稱札，國史畧遠人而聖人因之耳，故曰「其文則史」也。

秋九月，葬衛獻公。

正傳曰：書「葬衛獻公」，志鄰國之大事也。諸侯之葬，有同盟皆至之禮焉。

齊高止出奔北燕。

正傳曰：書「齊高止出奔北燕」，著奔者與奔之者之罪也。左氏曰：「秋九月，齊公孫蠆、公孫竈放其大夫高止於北燕。乙未，出。書曰『出奔』，罪高止也。高止好以事自爲功，且專，故難及之。」穀梁曰：「其曰『北燕』，從史文也。」愚謂觀此二傳，則高止、公孫之罪，與春秋之文，皆可得之矣。夫高止不知以臣道自處，好事自專，至於身不見容，去父母之邦而宗祧不守，此其罪也。至於蠆與竈，擅放大夫，是無上蔑君，其罪均耳。穀梁以「曰『北燕』，從史文」，則春秋之文，皆從史者矣。蓋燕則一燕耳，何有南北？以燕在魯北，故史謂北燕，聖人從之，竊取之義有不繫焉，「其文則史」之語，豈欺我哉？

冬，仲孫羯如晉。

正傳曰：書「仲孫羯如晉」，志邦交之禮也。左氏曰：「冬，孟孝伯如晉，報范叔也。」愚謂禮尚往來，范獻子夏來聘，故冬使羯報之，得施報往來之宜矣，故春秋書之。

景王二年。三十年晉平十五年、齊景五年、衛襄公惡元年、蔡景四十九年弑、鄭簡二十三年、曹武十二年、陳哀二十六年、杞文七年、宋平三十三年、秦景三十四年、楚郟敖二年、吳夷昧元年。

春王正月，楚子使薳罷來聘。

正傳曰：書「楚子使薳罷來聘」，志禮也。左氏曰：「通嗣君也。穆叔問王子之爲政何如。

對曰：『吾儕小人，食而聽事，猶懼不給命，而不免於戾，焉與知政？』固問焉，不告。穆叔告大夫曰：『楚令尹將有大事，子蕩將與焉，助之匿其情矣。』」愚謂凡諸侯新立，則使大夫相通聘，邦交之禮也。再觀此傳，則聘問之使，國之輕重安危繫焉，不可假於匪人也。薳罷與穆叔一問答之際，而楚之亂已見，可不慎哉！

夏四月，蔡世子般弑其君固。

正傳曰：書「蔡世子般弑其君固」，誅弑逆之賊也。左氏曰：「蔡景侯爲太子般娶于楚，通焉。太子弑景侯。」愚謂觀此傳，則般不但有弑君之罪，而且有弑父之罪矣。孟子謂春秋之時，臣弑其君者有之，子弑其父者有之。今般兼二罪而有焉，而春秋獨書弑君者何？臣子一道，特書其大者耳。其不日者，外事畧也。穀梁以爲「其不日，子奪父政，是謂夷之」，非也。

五月甲午，宋災，宋伯姬卒。

正傳曰：書「五月甲午，宋災，宋伯姬卒」，卒于災也，詳卒之，賢伯姬也。左氏曰：「或叫于宋太廟，曰：『譆譆，出出。』鳥鳴于亳〔三〕社，如曰『譆譆』。甲午，宋大災。宋伯姬卒，待姆也。君子謂宋共姬：『女而不婦。女待人，婦義事也。』」穀梁曰：「取卒之日，加之『災』上者，見以災卒也。其見以災卒奈何？伯姬之舍失火，左右曰：『夫人少辟火乎？』

伯姬曰：『婦人之義，傅母不在，宵不下堂。』左右又曰：『夫人少辟火乎？』伯姬曰：『婦人之義，保母不在，宵不下堂。』遂逮乎火而死。婦人以貞爲行者也，伯姬之婦道盡矣。詳其事，賢伯姬也。」胡氏曰：「易曰：『恒其德，貞，婦人吉，夫子凶。』而或以爲共姬女而不婦，非也。世衰道微，暴行交作，女德不貞，婦道不明，能全其節，守死不回，見於春秋者，宋伯姬耳。聖人冠以夫謚，書於春秋，曰『葬宋共姬』，以著其賢行，勵天下之婦道也。」

天王殺其弟佞夫。

正傳曰：書「天王殺其弟佞夫」，罪歸王也。王有殺之之道也。左氏曰：「初，王儋季卒，其子括將見王，而嘆。單公子愆期爲靈王御士，過諸庭，聞其嘆而言曰：『烏乎！必有此夫！』入以告王，且曰：『必殺之！不感而願大，視躁而足高，心在他矣。不殺，必害。』王曰：『童子何知！』及靈王崩，儋括欲立王子佞夫，佞夫弗知。戊子，儋括圍蔿，逐成愆。成愆奔平時。五月癸巳，尹言多、劉毅、單蔑、甘過、鞏成殺佞夫。括、瑕、廖奔晋。書曰『天王殺其弟佞夫』，罪在王也。」穀梁曰：「傳曰：諸侯且不首惡，况於天子乎？君無忍親之義。天子、諸侯所親者，惟長子、母弟耳。『天王殺其弟佞夫』，甚之也。」愚謂天王者，天下彝倫之攸叙。王有弟佞夫，既不能教之於平素，又不能保全之於危疑，而明其不知儋括之謀，乃聽其見殺於尹、劉、單、甘諸人之手，是王殺之也。春秋書之，左氏、穀梁以爲「罪在王也」，「甚之也」，宜矣。

王子瑕奔晉。

正傳曰：瑕，景王之弟。書「王子瑕奔晉」，交譏之也，罪瑕之逃王，而王不能存之也。吴氏曰：「瑕蓋亦與聞乎儋括之謀，括事敗而佞夫見殺，瑕懼及禍而奔晉。」愚謂君臣父子之義，無所逃於天地之間者也。瑕不能明忠孝之道，而自比於逆亂之黨，奔以免死，爲自絶於君父矣。雖然，景王不能庇其同氣，使佞夫見殺於尹、劉之黨，而瑕懼以出奔，則瑕固有罪矣，王獨無罪乎？春秋書之，譏及王也。

秋七月，叔弓如宋，葬宋共姬。

正傳曰：叔弓，叔老之子。共姬，從夫謚也。書「叔弓如宋，葬宋共姬」，親之也，賢之也。公羊曰：「宋災，伯姬卒焉。其稱謚何？賢也。何賢爾？宋災，伯姬存焉，有司復曰：『火至矣，請出。』伯姬曰：『不可。吾聞之也：婦人夜出，不見傅母不下堂。』逮乎火而死。」

鄭良霄出奔許，自許入于鄭，鄭人殺良霄。

正傳曰：良霄，鄭大夫，伯有其字。書「鄭良霄出奔許，自許入于鄭，鄭人殺良霄」，罪惡逆也。左氏曰：「鄭伯有耆酒，爲窟室，而夜飲酒，繫鐘焉。朝至，未已。朝者曰：『公焉在？』其人曰：『吾公在壑谷。』皆自朝布路而罷。既而朝，則又將使子皙如楚，歸而飲酒。

庚子，子晳以駟氏之甲伐而焚之。伯有奔雍梁，醒而後知之，遂奔許。大夫聚謀。子皮曰：『仲虺之志云：「亂者取之，亡者侮之。推亡固存，國之利也。」罕、駟、豐同生，伯有汰侈，故不免。』人謂子産就直助彊。子産曰：『豈爲我徒？國之禍難，誰知所敝？或主彊直，難乃不生。姑成吾所。』辛丑，子産斂伯有氏之死者而殯之，不及謀而遂行。印段從之，子皮止之。衆曰：『人不我順，何止焉？』子皮曰：『夫子禮於死者，況生者乎？』遂自止之。壬寅，子産入。癸卯，子石入。皆受盟于子晳氏。乙巳，鄭伯及其大夫盟于大宫，盟國人于師之梁之外。伯有聞鄭人之盟己也，怒。聞子皮之甲不與攻己也，喜。曰：『子皮與我矣。』癸丑晨，自墓門之瀆入，因馬師頡介于襄庫，以伐舊北門。駟帶帥國人以伐之。皆召子産。子産曰：『兄弟而及此，吾從天所與。』伯有死於羊肆。子産襚之，枕之股而哭之，斂而殯諸伯有之臣在市側者，既而葬諸斗城。子駟氏欲攻子産。子皮怒之，曰：『禮，國之幹也。殺有禮，禍莫大焉。』乃止。於是游吉如晋還，聞難，不入，復命于介。八月甲子，奔晋。駟帶追之，及酸棗。與子上盟，用兩珪質于河。使公孫肹入盟大夫。己巳，復歸。書曰『鄭人殺良霄』，不稱大夫，言自外入也。」胡氏曰：「按左氏，良霄汰侈嗜酒，諸大夫皆惡之。而與公孫黑争，黑因其醉伐之。良霄奔許，自許襲鄭，以伐公門，弗勝，死于羊肆。不言『復入』者，其位未絶也。」

冬十月，葬蔡景公。

正傳曰：書「葬蔡景公」，志鄰國之大事也，使人求其所以死、所以葬之故，而其罪惡自見矣。鄰國諸侯不討弒君之賊，而乃公然會葬，諸侯之罪與般罪均矣。

晉人、齊人、宋人、衛人、鄭人、曹人、莒人、邾人、滕人、薛人、杞人、小邾人會于澶淵，宋災故。

正傳曰：書諸侯之大夫會于澶淵，宋災故，則其善惡並見矣。左氏曰：「爲宋災故，諸侯之大夫會，以謀歸宋財。冬十月，叔孫豹會晉趙武、齊公孫蠆、宋向戌、衛北宮佗、鄭罕虎及小邾之大夫會于澶淵。既而無歸于宋，故不書其人。君子曰：『信其不可不慎乎！澶淵之會，卿不書，不信也。夫諸侯之上卿，會而不信，寵、名皆棄，不信之不可也如是。』書曰『某人某人會于澶淵，宋災故』，尤之也。」公羊曰：「宋災故者何？諸侯會于澶淵，凡爲宋災故也。諸侯相聚而更宋之所喪，曰：『死者不可復生，爾財復矣！』」愚謂以二傳觀之，澶淵之會，諸侯之大夫謀歸宋財，曰「爾財復矣」，於此得救患恤災之義矣。諸侯不會而大夫會，政在大夫矣。既而無歸于宋，是又失信矣。失信者必忘義。忘義失信其可乎？故曰其善惡並見矣。或以不書卿爲諱，稱人爲貶者，非竊取之義也。胡氏曰：「春秋大法，君弒而賊不討，則不書葬，況世子之於君父乎？蔡景公何以獨書葬？遍刺天下之諸侯也。葬送之禮，在春秋時，視人情之疎密而爲之者也。有嘗同盟，卒而不赴者；有雖同姓，赴而不會者，則以哀死而致禭爲輕，吊生而歸賻爲重必矣。今蔡世子般弒其君，藏在諸侯之策，而往會其葬，是恩義情禮之篤於世子般，不以爲賊而討之也。人之所以異於禽獸，中國之所以貴於夷狄，以其有父子之親、君臣之義耳。世子弒君，是夷狄、禽獸之不若也，而不知討，豈不廢人倫、滅天理乎？故春秋大法，君弒，賊不討則不書葬。而蔡景公特書葬者，聖人深痛其所爲，遍刺天下之諸侯也。魯隱、宋殤之賊不討則不書葬，蔡景公賊亦不討而特書葬，猶閔、僖二公不承國於先君，則不書『即位』，桓、宣篡弒以立而反書之也。何以知聖人罪諸侯之意如此乎？以下文書『會于澶淵，宋災故』，而貶其大夫，則知之矣。二百四十二年之間，列會亦衆，而未有言其所爲者，此獨言其所爲何？遍刺天下之大夫也。大夫以智帥人者也，智者無不知當務之爲急。不能三年之喪，而緦小功之察；放飯流歠，而問無齒決，是之謂不知務。蔡世子般弒其君，天下之大變，人理所不容也，則會其葬而不討。宋國有災，小事也，則合十二國之大夫更宋之所喪而歸其財，則可謂知務乎？陳恒弒簡公，孔子沐浴而朝，告於哀公請討之，公曰：『告夫三子者！』子曰：『以吾從大夫之後，不敢不告也。』之三子告，不可，子曰：『以吾從大夫之後，不敢不告也。』叔孫豹、晉趙武而下，皆諸侯上卿，執國之政者也。三綱，國政之本，至於淪絶，無父與君，是禽獸也。禽獸逼人，雖得天下，弗能一朝處矣。昔者伯禹過門而不入，放龍蛇也；周公坐而俟旦，驅猛獸也。今世子弑君，三綱淪絶，禽獸逼人，則與之同羣而不恤；有國者不戒于火，自亡其財，苟其來告，吊之可也，則合十二國之大夫駐于澶淵，而謀更其所喪，尚爲知類也乎？夫蔡之亂，其猶人身有腹心之疾，而宋之災譬諸桐梓與鷄犬也。謀宋災而不恤蔡之亂，奚啻於養桐梓求鷄犬，不顧其身有腹心危疾而不知療者哉？以爲未之察也，可謂〔四〕不智。苟察此而不謀，則亦不仁矣。是故諸國之大夫貶而稱『人』，魯卿諱而不書，又特言會之所爲，以垂戒後世，其欲人之自別於禽獸之害也，可謂深切著明矣。或曰：夫穆叔、趙孟、向戌、子皮，皆諸侯之良也，而所謀若是，何也？世衰道微，邪説交作，以利害謀國家而不知本於仁義也久矣，是以至此極。孔子所爲懼，春秋所以作乎！」愚謂胡氏此篇誠多確論，但能超然去其義例之蔽，則甚善矣。

景王三年。　三十有一年晉平十六年、齊景六年、衛襄二年、蔡靈公般元年、鄭簡二十四年、曹武十三年、陳哀二十七年、杞文八年、宋平三十四年、秦景三十五年、楚郟敖三年、吴夷昧二年。

春王正月。

正傳曰：無事亦書時月，義見于前。

夏六月辛巳，公薨于楚宮。

正傳曰：書「公薨于楚宮」，穀梁曰：「楚宮，非正也。諸侯卒于正寢，禮也。于楚宮，是不以正終矣。」左氏曰：「公作楚宮。穆叔曰：『太誓云：「民之所欲，天必從之。」君欲楚也夫，故作其宮。若不復適楚，必死是宮也。』六月辛巳，公薨于楚宮。叔仲帶竊其拱璧，以與御人，納諸其懷，而從取之，由是得罪。」

秋九月癸巳，子野卒。

正傳曰：子野，胡女敬歸之出，襄公子也。書「秋九月癸巳，子野卒」，志君嗣之大故也，且閔其傷於孝也。左氏曰：「立胡女敬歸之子子野，次于季氏。秋九月癸巳，卒，毁也。立敬歸之娣齊歸之子公子稠。穆叔不欲，曰：『太子死，有母弟，則立之。無，則立長。年鈞擇賢，義鈞則卜，古之道也。非適嗣，何必娣之子？且是人也，居喪而不哀，在慼而有嘉容，是謂不度。不度之人，鮮不爲患。若果立之，必爲季氏憂。』武子不聽，卒立之。比及葬，三易衰，衰衽如故衰。於是昭公十九年矣，猶有童心，君子是以知其不能終也。」愚按左氏，以子野之卒爲毁，則知其卒爲哀毁之過矣。汪氏曰：「居喪，毁瘠不形者，先王之禮也。毁不滅性者，先王之教也。故不勝喪者，比於不慈不孝。子野過毁瘠以至滅性，亦爲不子矣。」愚謂汪氏之言正矣，然當春秋之時，臣弑其君，子弑其父者，相尋於天下，而視野之傷孝何如也？春秋書之，聖人之感深矣。

己亥，仲孫羯卒。

正傳曰：書「仲孫羯卒」，志國卿之大故也。

冬十月，滕子來會葬。

正傳曰：書「滕子來會葬」，志非禮也。天子七月而葬，同軌畢至；諸侯五月而葬，同盟至，禮也。然所謂至者，諸侯則吊以士、葬以大夫，天子則諸侯親奔也。夫國君以守宗社爲重者也，諸侯會葬親往，則自輕其宗社，且卑甚矣，故非禮也。左氏曰：「滕成公來會葬，惰而多涕。子服惠伯曰：『滕君將死矣。怠於其位，而哀已甚，兆於死所矣，能無從乎？』」

癸酉，葬我君襄公。

正傳曰：書「癸酉，葬我君襄公」，志國之大事也。

十有一月，莒人弑其君密州。

正傳曰：密州，莒子名。書「莒人弑其君密州」，誅逆賊也。左氏曰：「莒犂比公生去疾及展輿。既立展輿，又廢之。犂比公虐，國人患之。十一月，展輿因國人以攻莒子，弑之，乃立。去疾奔齊，齊出也。展輿，吴出也。書曰『莒人弑其君買朱鉏』，言罪之在也。」程子曰：「莒子虐，國人弒之而立展輿。展輿非親弒也，故書國人。」愚謂弒父與君，天下之大惡。左氏稱展輿因國人弒父，春秋何以不書其名而誅之？宜從程子之說爲正也。胡氏曰：「經以傳爲案。傳有乖繆，則信經而棄傳可也。若密州之事是矣。左氏稱：『莒子生去疾及展輿，既立展輿，又廢之。莒子虐，國人患焉。展輿因國人以攻莒子，弒之，乃立。』信斯言，則子弒其父也，而春秋有不書乎？故趙匡謂：『其文當曰「展輿因國人之攻莒子，弒之，乃立」，而後來傳寫誤爲「以」字爾。』左氏博通諸史，叙事尤詳，能令後人得見本末，因以求意經文可知。而門弟子轉相傳受，日月既久，浸失本真。如書晉趙盾、許世子止等事，詳考傳之所載，以求經之大義可也，而傳不可疑。如莒人弒其君密州，獨依經之所言以證傳之繆誤可也，而傳不可信。盡以爲可疑而廢傳，則無以知其事之本末；盡以爲可信而任傳，則經之弘意大旨或泥而不通矣。要在學者詳考而精擇之，可也。」愚謂據此言，則胡氏所謂因傳之本末以求意經文可知，此正愚今之説也。若使胡氏盡以此説求之，則與孟子所謂「其文則史，其義則丘竊取之」意合，而春秋之本旨明矣，惜乎其他不如此也！

校記：

〔一〕「秦」，原作「蔡」，據上下文改。

〔二〕「閔」，原作「罪」，據嘉靖本改。
〔三〕「亳」，原作「毫」，據嘉靖本及左傳改。
〔四〕「謂」，原作「爲」，據嘉靖本改。

春秋正傳卷之二十九

昭公

名裯，襄公妾齊歸之子，二十歲即位，在位二十五年。孫于齊，在外八年，凡三十二年，薨于乾侯。

景王四年。元年晉平十七年、齊景七年、衛襄三年、蔡靈二年、鄭簡二十五年、曹武十四年、陳哀二十八年、杞文九年、宋平三十五年、秦景三十六年、楚郟敖四年卒、吴夷昧三年。

春王正月，公即位。

正傳曰：書「公即位」，正始也。正始，人君之大事也。未有不正于始，而能正于終者也。

穀梁曰：「繼正即位，正也。」

叔孫豹會晉趙武、楚公子圍、齊國弱、宋向戌、衛齊惡、陳公子招、蔡公孫歸生、鄭罕虎、許人、曹人于虢。

正傳曰：書叔孫豹會諸侯之大夫于虢，著非禮也。左氏曰：「春，楚公子圍聘于鄭，且娶于公孫段氏，伍舉爲介。將入館，鄭人惡之，使行人子羽與之言，乃館于外。既聘，將以衆逆。子產患之，使子羽辭」云云。「請垂櫜而入。許之。正月乙未，入，逆而出。遂會于虢，尋宋之盟也。祁午謂趙文子曰：『宋之盟，楚人得志於晉。今令尹之不信，諸侯之所聞也。子弗戒，懼又如宋。子木之信稱於諸侯，猶詐晉而駕焉，況不信之尤者乎？楚重得志於晉，晉之恥也。子相晉國，以爲盟主，於今七年矣。再合諸侯，三合大夫，服齊、狄，寧東夏，平秦亂，城淳于，師徒不頓，國家不罷，民無謗讟，諸侯無怨，天無大災，子之力也。有令名矣，而終之以恥，午也是懼，吾子其不可以不戒。』文子曰：『武受賜矣。然宋之盟，子木有禍人之心，武有仁人之心，是楚所以駕於晉也。今武猶是心也，楚又行僭，非所害也。武將信以爲本，循而行之。譬如農夫，是穮是蔉，雖有饑饉，必有豐年。且吾聞之，能信不爲人下。吾未能也。詩曰「不僭不賊，鮮不爲則」，信也。能爲人則者，不爲人下矣。吾不能是難，楚不爲患。』楚令尹圍請用牲，讀舊書加于牲上而已，晉人許之。三月甲辰，盟。」愚謂此本傳也。左氏謂此會于虢，尋宋之盟也。夫宋之盟，楚人得志於晉。今公子圍之尋盟，諸侯之大夫已不信之矣，是何益於盟乎？且君子將事，主一無二，圍將逆親于鄭，又假之以聘，聘則又包藏禍心而使鄭疑之，一行而三失焉。書曰「一人三失」，其圍之謂乎！春秋因其會而書之，而楚之衆惡且著。趙武惟能獨仗忠信，所謂自周有終，其亦賢矣哉！胡氏曰：「會于虢，尋宋之盟，于經何以不書？在宋之盟，楚人先歃，若曰狎主諸侯，則懼晉之先也，故圍請讀舊書加于牲上，而晉人許之。觀其事，雖若楚重得志，晉少懦矣，然春秋不貴脩盟，晉人以信爲本，故每書必先趙武。」

三月，取鄆。

正傳曰：鄆，莒邑。書「三月，取鄆」，則魯貪暴背盟之罪自見矣。左氏曰：「季武子伐莒，取鄆。莒人告於會。楚告於晉曰：『尋盟未退，而魯伐莒，瀆齊盟，請戮其使。』樂桓子相趙文子，欲求貨於叔孫，而爲之請。使請帶焉，弗與。梁其踁曰：『貨以藩身，子何愛焉？』叔孫曰：『諸侯之會，衛社稷也。我以貨免，魯必受師，是禍之也，何衛之爲？人之有牆，以蔽惡也。牆之隙壞，誰之咎也？衛而惡之，吾又甚焉。雖怨季孫，魯國何罪？叔出季處，有自來矣，吾又誰怨？然鮒也賄，弗與，不已。』召使者，裂裳帛而與之，曰：『帶其褊矣。』趙孟聞之，曰：『臨患不忘國，忠也；思難不越官，信也；圖國忘死，貞也；謀主三者，義也。有是四者，又可戮乎？』乃請諸楚曰：『魯雖有罪，其執事不辟難，畏威而敬命矣。子若免之，以勸左右，可也。疆場之邑，一彼一此，何常之有？莒、魯爭鄆，爲日久矣。苟無大害於其社稷，可無亢也。去煩宥善，莫不競勸。子其圖之。』固請諸楚，楚人許之，乃免叔孫。」程子曰：「乘莒之亂而取之，故隱其辭。」胡氏曰：「其不曰『伐莒取鄆』者，乘莒亂而取邑，故不悉書，爲内諱也。」愚謂當此之時，魯政在大夫，故征伐自大夫出。取鄆之事，季武子爲之也。故叔孫曰：「雖怨季孫，魯國何罪？」是季氏乘莒之亂而取之，不足爲内隱而諱之矣。春秋直書「取鄆」，則貪殘之心，非其有而取也，與其君之弱、其臣之專，皆並著矣。

夏，秦伯之弟鍼出奔晉。

正傳曰：鍼，秦公子名，即所謂后子。書「秦伯之弟鍼出奔晉」，罪不友也。左氏曰：「秦后子有寵於桓，如二君於景。其母曰：『弗去，懼選。』癸卯，鍼適晉，其車千乘。書曰『秦伯之弟鍼出奔晉』，罪秦伯也。后子享晉侯，造舟于河，十里舍車，自雍及絳。歸取酬幣，終事八反。司馬侯問焉，曰：『子之車盡於此而已乎？』對曰：『此之謂多矣。若能少此，吾何以得見？』女叔齊以告公，且曰：『秦公子必歸。臣聞君子能知其過，必有令圖。令圖，天所贊也。』后子見趙孟。趙孟曰：『吾子其曷歸？』對曰：『鍼懼選於寡君，是以在此，將待嗣君。』」公羊曰：「有千乘之國而不能容其母弟，故君子謂之出奔也。」穀梁曰：「其『弟』云者，親之也。親而奔之，惡也。」愚謂父之愛子、兄之愛弟，與子弟之所以自愛，凡以禮而已矣。鍼之寵愛如二君，奔晉之日，車猶千乘，造舟于河，十里舍車，終事八反。其侈如此，在父母非所以愛之，宜乎其不見容於兄也。及其對司馬侯、叔齊曰：「若車能少，吾何以得見？」夫然後能知其過也。胡氏曰：「書此見人君寵愛其子，不差以禮，是禍之也。叔齊曰：『秦公子必歸。能知其過，必有令圖。令圖，天所贊也。』後五年，秦伯卒，后子歸。書曰『弟』者，罪秦伯也。夫后子出奔，其父禍之，而罪秦伯，何也？春秋以均愛望人父，以能友責人兄。父母有愛妾，猶沒身敬之不衰，況兄弟乎？兄弟翕而後父母順矣，故不曰『公子』而特稱『秦伯之弟』云。」

六月丁巳，邾子華卒。

正傳曰：華，邾子名，謚悼公。書「邾子華卒」，與國之大故也，有相恤之義，故來赴，則書之。

晉荀吳帥師敗狄于大鹵。

正傳曰：大鹵，晉地，即太原也。書「晉荀吳帥師敗狄于大鹵」，善禦侮也。左氏曰：「晉中行穆子敗無終及羣狄於太原，崇卒也。將戰，魏舒曰：『彼徒我車，所遇又阨，以什共車，必克。困諸阨，又克。請皆卒，自我始。』乃毀車以爲行，五乘爲三伍。荀吳之嬖人不肯即卒，斬以徇。爲五陳以相離，兩於前，伍於後，專爲右角，參爲左角，偏爲前拒，以誘之。狄人笑之。未陳而薄之，大敗之。」愚謂據此傳，則狄來侵太原，而晉禦之於境，得禦侮之道矣。或者又病其毀車崇卒，以詐誘而敗之，則過矣。夫戰，危事也，國之存亡於是乎在。孔子曰：『我戰則克，非欲不克也。』又曰：『好謀而成，非欲不成也。』縱使晉荀吴察其地理，臨機制變，禦之於境内，而不遠追以保國家，不失敵來侵已不得已而應之之義矣。春秋書此，蓋取之也，非譏之也。胡氏曰：「按六月宣王北伐之詩，其詞曰：『薄伐玁狁，至于太原。』而詩人美之者，謂不窮追遠討，及封境而止也。然則太原在禹服之内，而狄人來侵，攘斥宜矣。其過在毁車崇卒，以詐誘狄人而敗之，非王者之師耳。使後世車戰法亡，崇尚步卒，争以變詐相高，日趨苟簡，皆此等啓之矣。書『敗狄』，譏之也。」

秋，莒去疾自齊入于莒。

正傳曰：書「莒去疾自齊入于莒」，則其入之善可考見矣。左氏曰：「莒展輿立，而奪羣公子秩。公子召去疾于齊。秋，齊公子鉏納去疾。」愚謂展輿爲弑君者所立，則是與乎弑也。又奪羣公子秩，是無道之甚矣。去疾在齊，羣公子召之，假齊之力以入，而展輿出，得討賊之義焉，善也。故程子曰：「去疾假齊之力以入莒，討展輿之罪，正也。」故春秋書以與之。

莒展輿出奔吴。

正傳曰：展輿，莒子名。書「莒展輿出奔吴」，志逸賊也。展輿爲弑君者所立，是弑君之賊也。春秋書之，罪諸侯之不能討也。去疾之入，展輿之出，春秋皆稱莒，自他國之史稱之之詞耳。先儒於去疾之入而稱莒，則云以國氏與去疾之討有罪也；於展輿之出而稱莒，則云罪諸侯之與立也，是自相矛盾，泥詞之過矣。

叔弓帥師疆鄆田。

正傳曰：書「叔弓帥師疆鄆田」，著非義也。夫諸侯土地，受之天子，傳之先君，各有疆界，魯取莒之邑而疆之，春秋直書其事，而非之之義自見矣。左氏曰：「因莒亂也。於是莒務婁、瞀胡及公子滅明以大厖與常儀靡奔齊。君子曰：『莒展之不立，棄人也夫！人可棄乎？詩曰「無競維人」，善矣。』」公羊曰：「疆鄆田者何？與莒爲竟也。與莒爲竟，則曷爲帥師而往？畏莒也。」愚謂魯既因莒之亂而疆之，又帥師動衆以畏之，觀傳證經而聖人竊取之義得矣。

葬邾悼公。

正傳曰：書「葬邾悼公」，志與國之大事也。恤災會葬，與國之義也。

冬十有一月己酉，楚子麇卒。

正傳曰：麇，楚子名。書「楚子麇卒」，志變也，而弑君之賊可得矣。左氏曰：「楚公子圍使公子黑肱、伯州犂城犫、櫟、郟。鄭人懼。子産曰：『不害。令尹將行大事，而先除二子也。禍不及鄭，何患焉？』冬，楚公子圍將聘於鄭，伍舉爲介。未出竟，聞王有疾而還。

伍舉遂聘。十一月己酉，公子圍至，入問王疾，縊而弒之，遂殺其二子幕及平夏。右尹子干出奔晉，宮厩尹子晳出奔鄭。殺太宰伯州犁于郟。葬王于郟，謂之郟敖。使赴于鄭，伍舉問應爲後之辭焉，對曰：『寡大夫圍。』伍舉更之曰：『共王之子圍爲長。』」愚謂觀此，楚子之卒，實圍弒之也，而春秋書卒者何？伍舉之更詞，赴者之僞詞，四馳於諸侯之國，諸侯之史，孰從而知之？故使者以僞而赴之，史氏因赴而書之，聖人因史之文而存之，而其弒逆之實，則不可掩也。故曰「其文則史，其義則丘竊取之」矣。或又不得其説而曲爲之詞，而聖人之心愈晦矣。胡氏曰：「按左氏：『楚令尹圍將聘於鄭，未出竟，聞王有疾而還。入問王疾，縊而弒之。』使赴於諸侯，應爲後之詞曰：『共王之子圍爲長。』初，圍之未動於惡，入預夏盟，緝蒲爲宮，設服離衛，中國大夫莫不知其有無君之心矣。雖以疾赴，曷爲承僞藏在諸侯之策乎？當是時，仲尼已生，將志于學，乃所見之世，非祖之所逮聞也，又曷爲因之而不革乎？曰：此春秋之所以爲春秋，非聖人莫能脩之者也。薨則書薨，卒則書卒，弒則書弒，葬則書葬，各紀其實，載於簡策，國史掌之，此史官之所同，而凡爲史者皆可及也。或薨或不薨，或卒或不卒，或弒或不弒，或葬或不葬，筆削因革，裁自聖心，以達王事，此仲尼之所獨而游、夏亦不能與焉者也。然則郟敖實弒而書『卒』，何歟？令尹圍弒君以立，中國力所不加而莫能致討，則亦已矣。至大合諸侯于申，與會者凡十有三國，其臣舉六王二公之事，其君用齊桓召陵之禮，而宋向戌、鄭子産皆諸侯之良也，而皆有獻焉，不亦傷乎？若革其僞赴，而正以弑君，將恐天下後世以篡弑之賊，非獨不必致討，又可從之以主會盟，而無惡矣。聖人至此，憫之甚，懼之甚。憫之甚者，憫中國之衰微而不能振也；懼之甚者，懼人欲之横流而不能遏也。是故察微顯，權輕重，而畧其篡弑以扶中國，制人欲，存天理，其義微矣。」愚謂此皆他執於義例而此不類，不得其説而爲之詞者也。豈有篡弑之罪可畧，而天理反可存者耶？

楚公子比出奔晉。

正傳曰：書「楚公子比出奔晉」，則圍篡弑之罪益著矣。

景王五年。二年晉平十八年、齊景八年、衛襄四年、蔡靈三年、鄭簡二十六年、曹武十五年、陳哀二十九年、杞文十年、宋平三十六年、秦景三十七年、楚靈王虔元年、吴夷眛四年。

春，晉侯使韓起來聘。

正傳曰：書「晉侯使韓起來聘」，志邦交之禮也。左氏曰：「春，晉侯使韓宣子來聘，且告爲政而來見，禮也。觀書于太史氏，見易象與魯春秋，曰：『周禮盡在魯矣，吾乃今知周公之德與周之所以王也。』公享之。季武子賦緜之卒章。韓子賦角弓。季武子拜，曰：『敢拜子之彌縫敝邑，寡君有望矣。』武子賦節之卒章。既享，宴于季氏。有嘉樹焉，宣子譽之。武子曰：『宿敢不封殖此樹，以無忘角弓。』遂賦甘棠。宣子曰：『起不堪也，無以及召公。』」

夏，叔弓如晉。

正傳曰：書「叔弓如晉」，志邦交之禮也。左氏曰：「叔弓聘於晉，報宣子也。晉侯使郊勞，辭曰：『寡君使弓來繼舊好，固曰「女無敢爲賓」，徹命於執事，敝邑弘矣，敢辱郊使？請辭。』致館，辭曰：『寡君命下臣來繼舊好，好合使成，臣之禄也，敢辱大館！』叔向曰：『子叔子知禮哉！吾聞之曰：「忠信，禮之器也；卑讓，禮之宗也。」辭不忘國，忠信也；先國後己，卑讓也。詩曰：「敬慎威儀，以近有德。」夫子近德矣。』」愚謂觀此傳，則叔弓之如晉，報宣子之來聘也。一來一往，禮無不答，得邦交之正矣，況又有忠信、卑讓以重其國乎！

秋，鄭殺其大夫公孫黑。

正傳曰：書「鄭殺其大夫公孫黑」，不待去其官而誅罪彌亂之義見矣。胡氏又云：「稱國以殺，累乎上」，則惑於例而贅於詞矣。左氏曰：「秋，鄭公孫黑將作亂，欲去游氏而代其位，傷疾作而不果。駟氏與諸大夫欲殺之。子産在鄙，聞之，懼弗及，乘遽而至。使吏數之，曰：『伯有之亂，以大國之事，而未爾討也。爾有亂心，無厭，國不女堪。專伐伯有，而罪一也；昆弟争室，而罪二也，薰隧之盟，女矯君位，而罪三也。有死罪三，何以堪之？不速死，大刑將至。』再拜稽首，辭曰：『死在朝夕，無助天爲虐。』子産曰：『人誰不死？凶人不終，命也。作凶事，爲凶人。不助天，其助凶人乎！』請以印爲褚師。子産曰：『印也若才，君將任之。不才，將朝夕從女。女罪之不恤，而又何請焉？不速死，司寇將至。』七月壬寅，縊。尸諸周氏之衢，加木焉。」愚謂觀其傳，則經之取義著矣。

冬，公如晉，至河乃復。季孫宿如晉。

正傳曰：書「公如晉，至河乃復。季孫宿如晉」，著其如之非禮也，耻之也。左氏曰：「晉少姜卒，公如晉，及河，晉侯使士文伯來辭，曰：『非伉儷也，請君無辱。』公還，季孫宿遂致服焉。」愚謂諸侯薨，諸侯使士吊，使大夫賻，禮也。少姜氏之卒，魯公親往，可耻也。又爲晉以非伉儷拒之於河，又可耻也。季孫宿以大夫往吊而不以士，爲非禮，又可耻也。孔子曰：「恭近於禮，遠耻辱也。」魯三失禮，其能免耻辱乎？胡氏曰：「舉動，人君之大節，賢哲量之以行藏其道，姦邪窺之以作止其惡，四鄰視之以厚薄其情，故有國者必謹於禮而後動。此守身之本，保國之基也。禮雖自卑而尊人，亦不妄悦人以自辱。昭公既不能據經守正，失禮而妄動，又不能從權適變，無故而輕復，終復失國出奔，客死他境，蓋始諸此行矣。或曰：禮者明微，正於未動之前可也。已至於河而見卻，雖欲勿反，將得已乎？曰：

以周公之胄，千乘之國，輕身以脩鄰好，乃卻而不納，夫何敢？若曰：『敝邑褊小，敬事大國，惟恐獲戾。聞陳無宇見執於中都，謂少姜之數於守適，信也。用是不遑寧處，跋履山川，來脩吊事。今若不獲進見，翦爲仇讎，他國誰敢朝夕在廷，脩事大之禮乎？夫小國之去就從違，聽大國之令也。若非伉儷，齊人請陳無宇之罪，何以令之也？苟有二命，又何以爲盟主？』如此，晉人其將謝過之不暇，敢不納乎？昭公習儀以亟，而不明乎禮，其及也宜。經書『公如晉，至河乃復。季孫宿如晉』，而昭公失國之因，季氏逐君之漸，晉人下比之迹，不待貶絶而皆見矣。」愚謂昭公之過不在於至河見卻之時，而在於輕身妄動之始。夫諸侯奔喪，事天子之禮也；使士大夫吊賻，葬恤同列之禮也。奔吊之禮，諸侯施之於同列且不可，況其夫人乎！夫人且不可，而況其非伉儷乎？故其失在於初矣。初之既失，至河見卻，乃爲正言如胡氏之云者，則亦飾辭〔一〕耳矣，則亦遁辭耳矣，文過耳矣，惡能服晉乎？

景王六年。

三年

晉平十九年、齊景九年、衛襄五年、蔡靈四年、鄭簡二十七年、曹武十六年、陳哀三十年、杞文十一年、宋平三十七年、秦景三十八年、楚靈二年、吴夷昧五年。

春王正月丁未，滕子原卒。

正傳曰：書「滕子原卒」，志與國之大故也。左氏曰：「同盟，故書名。」愚謂亦因其以名來赴也，故書之。

夏，叔弓如滕。五月，葬滕成公。

正傳曰：書「夏，叔弓如滕。五月，葬滕成公」，志禮也。諸侯五月而葬，同盟至，使卿送葬，禮也。左氏曰：「五月，叔弓如滕，葬滕成公，子服椒爲介。及郊，遇懿伯之忌，敬子不入。惠伯曰：『公事有公利，無私忌。椒請先入。』乃先受館。敬子從之。」

秋，小邾子來朝。

正傳曰：書「小邾子來朝」，志禮也。左氏曰：「小邾穆公來朝，季武子欲卑之。穆叔曰：『不可。曹、滕、二邾實不忘我好，敬以逆之，猶懼其貳，又卑一睦焉，逆羣好也。其如舊而加敬焉。志曰：「能敬無災。」又曰：「敬逆來者，天所福也。」』季孫從之。」愚謂觀此，則小邾子來朝，脩事大之禮，故曰敬也。惟敬，故能使大國不卑而禮之。春秋書于册，與之也。

八月，大雩。

正傳曰：左氏曰「旱也」。周八月即夏之六月，正苗憂旱之時也，故大雩，然而魯之僭禮於此並見矣。故書之。

冬，大雨雹。

正傳曰：書「冬大雨雹」，志災異也。雹非陰陽之正氣也，況大雹乎！

北燕伯款出奔齊。

正傳曰：款，北燕伯名。書「北燕伯款出奔齊」，使人求其故而自奔之罪見矣。左氏曰：「燕簡公多嬖寵，欲去諸大夫而立其寵人。冬，燕大夫比以殺公之外嬖。公懼，奔齊。書曰『北燕伯款出奔齊』，罪之也。」愚謂然則燕伯之奔乃自奔也，去社稷而失宗祧，其罪大矣。胡氏曰：「君雖不君，臣不可以不臣。燕伯欲去諸大夫，固不君矣，而大夫相與比以殺其外嬖，是威脅其主而出之也，與鬻拳之以兵諫無異，而獨罪燕伯何哉？大夫，國君之陪貳，以公心選之而不可私也，以誠意委之而不可疑也，以隆禮待之而不可輕也，以直道馭之而不可辱也，否則是忽其陪貳以自危矣。晉厲公殺三郤立胥童，而弑於麗氏。漢隱帝殺楊史立郭允明，而弑於趙村。衛獻公蔑冢卿而信其左右，亦奔夷儀，久而後復也。故人主不尊陪貳，而與賤臣圖柄臣者，事成則失身而見弑，事不成則失國而出奔，此有國之大戒也。春秋凡見逐於臣者，皆以自奔爲文，正其本之意也，而垂戒遠矣。」

景王七年。四年晉平二十年、齊景十年、衛襄六年、蔡靈五年、鄭簡二十八年、曹武十七年、陳哀三十一年、杞文十二年、宋平三十八年、秦景三十九年、楚靈三年、吳夷昧六年。

春王正月，大雨雹。

正傳曰：春正月，子月也，正閉固藏冰之時，而雨雹，則是陽不藏而陰不固，況大雹乎！書

「春王正月，大雨雹」，志不時也。左氏曰：「季武子問於申豐曰：『雹可禦乎？』對曰：『聖人在上，無雹。雖有，不爲災。古者日在北陸而藏冰，西陸朝覿而出之。其藏冰也，深山窮谷，固陰沍寒，於是乎取之。其出之也，朝之禄位，賓、食、喪、祭，於是乎用之。其藏之也，黑牡、秬黍以享司寒。其出之也，桃弧、棘矢以除其災。其出入也時。食肉之禄，冰皆與焉。大夫命婦喪浴用冰。祭寒而藏之，獻羔而啓之，公始用之，火出而畢賦，自命夫命婦至於老疾，無不受冰。山人取之，縣人傳之，輿人納之，隸人藏之。夫冰以風壯，而以風出。其藏之也周，其用之也偏，則冬無愆陽，夏無伏陰，春無凄風，秋無苦雨，雷出不震，無菑霜雹，癘疾不降，民不夭札。今藏川池之冰棄而不用，風不越而殺，雷不發而震。雹之爲菑，誰能禦之？七月之卒章，藏冰之道也。』」愚謂古者三公論道，燮理陰陽，則時宜冰而冰，不宜雹而不雹矣。胡氏曰：「陰陽之氣，和而散則爲雪霜雨露，不和而散則爲戾氣曀霾。雹，戾氣也，陰脅陽、臣侵君之象。當是時，季孫宿襲位世卿，將毁中軍，專執兵權，以弱公室，故數月之間再有大變。申豐者，季氏之宰也。不肯端言其事，故暴揚於朝，歸咎藏冰之失。夫山谷之冰，藏之也周，用之也偏，亦古者本末備舉燮調之一事耳。謂能使四時無愆伏凄苦之變，雷出不震，無菑霜雹，則亦誣矣。意者昭公遇災而懼，以禮爲國，行其政令，無失其民，雹之災也，庶可禦也。不然，雖得藏冰之道，合於豳風七月之詩，其將能乎？」

夏，楚子、蔡侯、陳侯、鄭伯、許男、徐子、滕子、頓子、胡子、沈子、小邾子、宋世子佐、淮夷會于申。

正傳曰：書楚子、諸侯世子、淮夷會于申，志諸夏之從狄也。左氏曰：「夏，諸侯如楚，魯、衛、曹、邾不會。曹、邾辭以難，公辭以時祭，衛侯辭以疾，鄭伯先待於申。六月丙午，楚子合諸侯於申。椒舉言於楚子曰：『臣聞諸侯無歸，禮以爲歸。今君始得諸侯，其慎禮矣。霸之濟否，在此會也。夏啓有鈞臺之享，商湯有景亳之命，周武有孟津之誓，成有岐陽之蒐，康有酆宮之朝，穆有塗山之會，齊桓有召陵之師，晋文有踐土之盟。君其何用？宋向戌、鄭公孫僑在，諸侯之良也，君其選焉。』王曰：『吾用齊桓。』王使問禮於左師與子產。左師曰：『小國習之，大國用之，敢不薦聞？』獻公合諸侯之禮六。子產曰：『小國共職，敢不薦守？』獻伯、子、男會公之禮六。君子謂合左師善守先代，子產善相小國。王使椒舉侍於後以規過。卒事，不規。王問其故，對曰：『禮，吾所未見者有六焉，又何以規？』宋太子佐後至，王田於武城，久而弗見。椒舉請辭焉。王使往，曰：『屬有宗祧之事於武城，寡君將墮幣焉，敢謝後見。』徐子，吴出也，以爲貳焉，故執諸申。楚子示諸侯侈。椒舉曰：『夫六王、二公之事，皆所以示諸侯禮也，諸侯所由用命也。夏桀爲仍之會，有緡叛之。商紂爲黎之蒐，東夷叛之。周幽爲大室之盟，戎狄叛之。皆所以示諸侯汰也，諸侯所由棄命也。今君以汰，無乃不濟乎！』王弗聽。子産見左師曰：『吾不患楚矣。汰而愎諫，不過十年。』左師曰：『然。不十年侈，其惡不遠。遠惡而後棄。善亦如之，德遠而後興。』」程子曰：「晋平公不在諸侯，楚於是强，爲霸者之事。」胡氏曰：「申之會，楚子爲主，而不殊淮夷，是在會之諸侯皆狄也。其意也何？楚虔弑麇以立，而求諸侯於晋，晋人許之，中國從之，執徐子，圍朱方，遷賴於鄢，城竟莫校。畏其强盛，則曰『晋、楚唯天所相，不可與争』；滅陳不能救，則曰『陳亡而楚克有之，天道也』；滅蔡而又不能救，則曰『天將棄蔡以壅楚，盈而降之罰也』。致使窮凶極惡，師潰於訾梁，身竄於棘里，而縊於申亥。人不致討而天自討之，是責命於天，而以人事爲無益而弗爲也，而可乎？弑君之賊，在春秋時有臣子討之，則衛人殺州吁是也；有四鄰討之，則蔡人殺陳佗是也。臣子不能討之於内，四鄰不能討之於外，有與之會以定其位，則齊侯及魯宣公會于平州是也；有受其賂以免於討，則晋侯及諸國會于扈是也。然至此極矣，則未有不以爲賊而又推爲盟主，相與朝事之，以聽順其所爲而不敢忤者也。故申之會不殊淮夷者，以在會諸侯皆爲夷狄之行，皆王法之所當斥，而不使夏變於夷之意也。」愚謂申之會，諸侯同淮夷以從篡弑之楚，是甘心於夷狄之歸矣。宋、鄭之君皆在，而子産、向戌之賢必從君以往，而亦甘心變於夷者，豈其智之不及乎？蓋其明道正義之學不講於素，而不勝其謀利計功之心，以至於此耳。惜哉！

楚人執徐子。

正傳曰：書「楚人執徐子」，著夷狄之無信義也。夫徐子，諸國相率從夷，而夷執之，乃其自取，不能無罪。然楚乃執之於會，則夷狄無信義而不可親，亦可見矣。聖人書之，所以爲世戒也。

秋七月，楚子、蔡侯、陳侯、許男、頓子、胡子、沈子、淮夷伐吳。

正傳曰：書楚子以諸侯伐吳，著以逆伐逆之罪也。夫楚與諸侯伐吳，爲齊討慶封也。慶封負弑逆之罪而奔吳，封之鍾離，故爲齊討之。討之，誠是也。楚圍負篡弑之罪，諸侯不能討而乃從之以討吳，吳將無詞乎？是以逆伐逆。逆義之兵也，其能以服人乎？左氏曰：「秋七月，楚子以諸侯伐吳，宋太子、鄭伯先歸，宋華費遂、鄭大夫從。」

執齊慶封，殺之。

正傳曰：書「執齊慶封，殺之」，罪專殺也，以逆伐逆也。左氏曰：「使屈申圍朱方，八月甲申，克之，執齊慶封而盡滅其族。將戮慶封，椒舉曰：『臣聞無瑕者可以戮人。慶封唯逆命，是以在此，其肯從於戮乎？播於諸侯，焉用之？』王弗聽，負之斧鉞，以徇於諸侯，使言曰：『無或如齊慶封弑其君，弱其孤，以盟其大夫！』慶封曰：『無或如楚共王之庶子圍弑其君兄之子麇，而代之，以盟諸侯！』王使速殺之。」愚謂慶封固有罪也，然惟天吏則可殺之。圍負弑君之罪而殺之，不以歸之司寇，則是以賊殺賊也，宜慶封反唇以相稽矣。公羊曰：「此伐吳也，其言執齊慶封何？爲齊誅也。其爲齊誅奈何？慶封走之吳，吳封之於防。然則曷爲不言伐防？不與諸侯專封也。慶封之罪何？脅齊君而亂齊國也。」

遂滅賴。

正傳曰：賴，小國。遂者，繼事之詞。言既伐吳又滅賴也。書「遂滅賴」，著暴虐之甚也。左氏曰：「遂以諸侯滅賴。賴子面縛銜璧，士袒，輿櫬從之，造於中軍。王問諸椒舉，對曰：『成王克許，許僖公如是。王親釋其縛，受其璧，焚其櫬。』王從之。遷賴於鄢。楚子欲遷許於賴，使鬬韋龜與公子棄疾城之而還。申無宇曰：『楚禍之首將在此矣。召諸侯而來，伐國而克，城竟莫校。王心不違，民其居乎？民之不處，其誰堪之？不堪王命，乃禍亂也。』」愚謂楚子欲爲盟主以令諸夏，乃爲滅賴之舉，失繼滅之義矣，此楚子所以爲夷乎！

九月，取鄫。

正傳曰：鄫，莒邑。書「取鄫」，志貪虐也。左氏曰：「言易也。莒亂，著丘公立而不撫鄫，鄟叛而來，故曰取。凡克邑，不用師徒曰取。」公羊曰：「其言取之何？滅之也。滅之，則其言取之何？內大惡，諱也。」愚謂言取則其惡已見矣，何足以諱焉？

冬十有二月乙卯，叔孫豹卒。

正傳曰：書「叔孫豹卒」，志國卿之大故也。左氏曰：「初，穆子去叔孫氏，及庚宗，遇婦人，使私爲食而宿焉。問其行，告之故，哭而送之。適齊，娶於國氏，生孟丙、仲壬。魯人召之。既立，所宿庚宗之婦人獻以雉。問其姓，對曰：『余子長矣，能奉雉而從我矣。』召而見之，遂使爲豎。有寵，長使爲政。叔孫田於丘蕕，遂遇疾焉。豎牛欲亂其室而有之，强與孟盟，不可。叔孫爲孟鐘，曰：『爾未際，享大夫以落之。』既具，使豎牛請日。入，弗謁。出，命之日。及賓至，聞鐘聲。牛曰：『孟有北婦人之客。』怒，將往，牛止之。賓出，使[二]拘而殺諸外。牛又强與仲盟，不可。仲與公御萊書觀於公，公與之環，使牛入示之。入，不示。出，命佩之。牛謂叔孫：『見仲而何？』叔孫曰：『何爲？』曰：『不見，既自見矣，公與之環而佩之矣。』遂逐之，奔齊。疾急，命召仲，牛許而不召。杜洩見，告之饑渴，授之戈。對曰：『求之而至，又何去焉？』豎牛曰：『夫子疾病，不欲見人。』使寘饋于个而退。牛弗進，則置虛命徹。十二月癸丑，叔孫不食。乙卯，卒。牛立昭子而相之。公使杜洩葬叔孫，豎牛賂叔仲昭子與南遺，使惡杜洩於季孫而去之。杜洩將以路葬，且盡卿禮。

南遺謂季孫曰：『叔孫未乘路，葬焉用之？且冢卿無路，介卿以葬，不亦左乎？』季孫曰：『然。』使杜洩舍路。不可，曰：『夫子受命于朝而聘於王，王思舊勳而賜之路，復命而致之君。君不敢逆王命而復賜之，使三官書之。吾子爲司徒，實書名。夫子爲司馬，與工正書服。孟孫爲司空以書勳。今死而弗以，是棄君命也。書在公府而弗以，是廢三官也。若命服，生弗敢服，死又不以，將焉用之？』乃使以葬。」愚謂觀此，則豹之死，豎牛死之也。及公使葬以路，其黨又欲沮之，於此見豹不逆知豎牛之惡而近之，是豹之自取也。春秋書之，亦使人跡其故而惡之，以爲後戒也歟！

景王八年。**五年**晉平二十一年、齊景十一年、衛襄七年、蔡靈六年、鄭簡二十九年、曹武十八年、陳哀三十二年、杞文十三年、宋平三十九年、秦景四十年卒、楚靈四年、吳夷昧七年。

春王正月，舍中軍。

正傳曰：初，魯作三軍。中軍者，公室之軍也。書「舍中軍」何？〔罪〕〔三〕季氏之卑公室也。左氏曰：「卑公室也。毀中軍于施氏，成諸臧氏。初，作中軍，三分公室而各有其一。季氏盡征之，叔孫氏臣其子弟，孟氏取其半焉。及其舍之也，四分公室，季氏擇二，二子各一，皆盡征之，而貢于公。以書使杜洩告于殯，曰：『子固欲毀中軍，既毀之矣，故告。』杜洩曰：『夫子唯不欲毀也，故盟諸僖閎，詛諸五父之衢。』受其書而投之，帥士而哭之。」愚謂觀此，則舍中軍，叔孫固不欲，而豎牛誣之，故季孫舍中軍，使以告于殯，以復叔孫，而杜洩明非叔孫之欲而不以告殯也。然則季氏欲卑公室，其惡不可逭矣。胡氏曰：「按左氏：『舍中軍，卑公室也。初，作三軍，三分公室，而各有其一。及其舍之也，四分公室，季氏擇二，二子各一，皆盡征之，而貢于公。』然則三軍作、舍皆自三家，公不與焉。公室益卑，而魯國之兵權悉歸于季氏矣。兵權，有國之司命。三綱，兵政之本原。書其『作』、『舍』，而公孫于齊，薨于乾侯，定公無正，必至之理也。己則不臣，三綱淪替，南蒯叛，陽虎專，季斯囚，而三桓之子孫微矣，亦能免乎？書曰『舍中軍』，微詞以著其罪也。」

楚殺其大夫屈申。

正傳曰：書「楚殺其大夫屈申」，罪專殺也。左氏曰：「楚子以屈申爲貳於吴，乃殺之。以屈生爲莫敖。」愚謂大夫受命於天子，有罪則當歸於司寇，非可得而專授而專殺之。楚既專命大夫以爲有罪，又專殺之，春秋書之，所以罪楚，亦以警天下之諸侯也。

公如晋。

正傳曰：書「公如晋」，著非禮也。諸侯朝覲會同，自有其時，非其時而行之，是犯先王之禁而忘宗社之重，其爲卑屈危辱甚矣，宜其取譏於女叔齊乎！左氏曰：「公如晋，自郊勞至於贈賄，無失禮。晋侯謂女叔齊曰：『魯侯不亦善於禮乎？』對曰：『魯侯焉知禮！』公曰：『何爲？自郊勞至于贈賄，禮無違者。何故不知？』對曰：『是儀也，不可謂禮。禮，所以守其國，行其政令，無失其民者也。今政令在家，不能取也；有子家羈，弗能用也；姦大國之盟，陵虐小國；利人之難，不知其私。公室四分，民食於他。思莫在公，不圖其終。爲國君，難將及身，不恤其所。禮之本末將於此乎在，而屑屑焉習儀以亟。言善於禮，不亦遠乎？』君子謂叔侯於是乎知禮。」愚謂女叔齊信知禮也，然徒知舉三者之不知禮，而不知公此行之非禮，則亦非真知禮者也。

夏，莒牟夷以牟婁及防、茲來奔。

正傳曰：牟婁、防、茲皆莒地。牟夷，莒大夫。書「莒牟夷以牟婁及防、茲來奔」，譏納叛也。夫牟夷以其三邑來奔，則叛君之臣必書其名氏，而後其罪人乃白於天下，後世三傳皆以爲重地，非也。夫魯受叛君之賊而貪其三邑之利，是教人臣以背叛，且教人君以貪利也。及其在晉，宜其致莒人之訴，幾不免於晉侯之執也。胡氏曰：「邾、莒之大夫，名姓不登於史策，微也。牟夷，莒大夫，曷爲以姓氏通？重地也。以地叛，雖賤必書地，以名其人終爲不義，弗可滅矣。其書『來奔』，是接我以利，而我入其利，兩譏之也。爲國以義不以利，如以利，則上下交征而國必危矣。爲己以義不以利，如以利，則患得患失，亦無所不至矣。春秋於三叛人，雖賤特書其名，以懲不義，懼淫人，爲後戒也。」

秋七月，公至自晉。

正傳曰：書「公至自晉」，謹人君之出入，而始終乎非禮之行也。左氏曰：「莒人愬于晉。晉侯欲止公。范獻子曰：『不可。人朝而執之，誘也；討不以師，而誘以成之，惰也。爲盟主而犯此二者，無乃不可乎！請歸之，閒而以師討焉。』乃歸公。秋七月，公至自晉。」愚謂觀此傳，則知「恭近於禮，遠恥辱」之言爲不誣，又知以利爲利之戒爲不可易也。昭公如晉之行，非禮之恭矣。其納牟夷二邑之奔獻，是爲利之利矣。其見愬於莒人而幾見執於晉，不亦宜乎！

戊辰，叔弓帥師敗莒師于蚡泉。

正傳曰：蚡泉，魯地。書「叔弓帥師敗莒師于蚡泉」，則非義勝之兵也。左氏曰：「莒人來討，不設備。戊辰，叔弓敗諸蚡泉，莒未陳也。」愚謂兵以義爲勝，故書曰「同力度德，同德度義」。魯納莒之叛臣而利其二邑，則其德義俱負屈矣。及莒人來討，將何詞以對？叔弓帥師敗之蚡泉，雖勝，乃其幸勝耳，非德義之勝也。故春秋恥之。

秦伯卒。

正傳曰：書「秦伯卒」，志大國之大故也，來赴，故書之。其不名者，赴之畧，故史書之畧耳，是無關於竊取之義焉。公羊以爲不名，「秦者，夷也，匿嫡之名也」，非矣。

冬，楚子、蔡侯、陳侯、許男、頓子、沈子、徐人、越人伐吴。

正傳曰：書「楚子以諸侯、東夷伐吴」，報怨之師也，以暴伐暴也。吴封慶封，誠負納叛之罪，而楚圍弑立亦負惡逆之名，非天吏何以伐之也？左氏曰：「冬十月，楚子以諸侯及東夷伐吴，以報棘、櫟、麻之役。薳射以繁揚之師會於夏汭。越大夫常壽過帥師會楚子于瑣。聞吴師出，薳啓彊帥師從之，遽不設備，吴人敗諸鵲岸。楚子以馹至于羅汭。吴子使其弟蹶由犒師，楚人執之，將以釁鼓。王使問焉，曰：『女卜來吉乎？』對曰：『吉。寡君聞君將治兵於敝邑，卜之以守龜，曰：「余亟使人犒師，請行以觀王怒之疾徐，而爲之備，尚克知之！」龜兆告吉，曰：「克可知也。」君若驩焉好逆使臣，滋〔四〕敝邑休怠，而忘其死，亡無日矣。今君奮焉震電馮怒，虐執使臣，將以釁鼓，則吴知所備矣。難易有備，可謂吉矣。城濮之兆，其報在邲。今此行也，其庸有報志？』乃弗殺。楚師濟於羅汭，沈尹赤會楚子，次於萊山，薳射帥繁揚之師先入南懷，楚師從之，及汝清。吴不可入。楚子遂觀兵於坻箕之山。是行也，吴早設備，楚無功而還，以蹶由歸。」愚謂由是觀之，則楚子之伐吴，志在報棘、櫟、麻之役耳，非有聲罪致討之大義也。春秋書之，蓋惡其摟諸侯以伐諸侯，以不仁伐不仁耳。其稱人、稱爵，亦史有詳畧也，豈聖人拘拘而爲之哉！胡氏曰：「越始見經，而與徐皆得稱『人』，何也？吴以朱方處齊慶封而富於其舊，崇惡也；楚圍朱方執齊慶封殺之，討罪也；吳不顧義，入棘、櫟、麻，以報朱方之役，狄道也。楚於是以諸侯伐吳，則比吳爲善而師亦有名，其從之者，進而稱『人』可也。或者以詞爲主，而謂不可云『沈子、徐、越伐吳』，故特稱『人』，誤矣。以不可爲文詞而進『人』於越，一字褒貶義安在乎？且吳、楚、徐、越雖比於夷狄，而劉敞以爲其實不同。吳，大伯之後也；楚，祝融之後也；徐，伯益之後也；越，大禹之後也。其上世皆爲元德顯功，通于周室，與中國冠帶之君無以異。徐始稱王，楚後稱王，吳、越因遂稱王，王非諸侯所當稱也，故春秋比諸夷狄。雖然，猶不欲絶其類，是以上不使與中國等，下不使與夷狄均。推之可遠，引之可來，此聖人慎絶人，亦春秋之意也。」愚謂此皆觀經者之意也，非作經者之意也。

六年景王九年。晉平二十二年、齊景十二年、衛襄八年、蔡靈七年、鄭簡三十年、曹武十九年、陳哀三十三年、杞文十四年卒、宋平四十年、秦哀公元年、楚靈五年、吳夷昧八年。

春王正月，杞伯益姑卒。

正傳曰：益姑，杞伯名。書「杞伯益姑卒」，志與國之大故也。左氏曰：「杞文公卒。吊如同盟，禮也。」

葬秦景公。

正傳曰：書「葬秦景公」，志與國之大事也。諸侯五月而葬，同盟至。左氏曰：「大夫如秦，葬景公，禮也。」

夏，季孫宿如晉。

正傳曰：書「季孫宿如晉」，志非禮也。左氏曰：「拜莒田也。晉侯享之，有加籩。武子退，使行人告曰：『小國之事大國也，苟免於討，不敢求貺。得貺不過三獻。今豆有加，下臣弗堪，無乃戾也？』韓宣子曰：『寡君以爲驩也。』對曰：『寡君猶未敢，况下臣，君之隸也，敢聞加貺？』固請徹加，而後卒事。晉人以爲知禮，重其好貨。」愚謂諸侯邦交之禮，聘問有時，所以通睦明義也。季孫宿之如晉，非聘問之禮也，乃爲拜莒田耳。夫非其有而取之，非義也。昭公取其非有，又拜晉之惠，曾是以爲知禮乎？

葬杞文公。

正傳曰：書「葬杞文公」，志禮也。

宋華合比出奔衛。

正傳曰：書「宋華合比出奔衛」，使人求其故，則奔之者之罪見矣。左氏曰：「宋寺人柳有寵，大子佐惡之。華合比曰：『我殺之。』柳聞之，乃坎，用牲，埋書，而告公曰：『合比將納亡人之族，既盟于北郭矣。』公使視之，有焉，遂逐華合比。合比奔衛。於是華亥欲代右師，乃與寺人柳比，從爲之徵，曰：『聞之久矣。』公使代之。見於左師，左師曰：『女夫也必亡。女喪而宗室，於人何有？人亦於女何有？詩曰：「宗子維城，毋俾城壞，毋獨斯畏。」女其畏哉！』」愚謂觀此，則華合比之奔，柳之譖奔之也。胡氏曰：「宋公寵信閽寺，殺世適痤，而父子之恩絶；逐華合比，而君臣之義睽。刑人之能敗國亡家，亦可畏矣。猶有任趙高以亡秦，信恭、顯、十常侍以亡漢，寵王守澄、田令孜以亡唐，而不知鑒覆車之轍者，不亦悲夫！凡此類，直書而義自見矣。」

秋九月，大雩。

正傳曰：何以書大雩？左氏曰「旱也」，而魯雩之非禮見矣。

楚薳罷帥師伐吳。

正傳曰：書「楚薳罷帥師伐吳」，志憤怨之師也。左氏曰：「徐儀楚聘于楚，楚子執之，逃歸。懼其叛也，使薳洩伐徐。吳人救之。令尹子蕩帥師伐吳，師於豫章，而次於乾谿。吳人敗其師于房鍾，獲宫厩尹棄疾。子蕩歸罪於薳洩而殺之。」

冬，叔弓如楚。

正傳曰：書「叔弓如楚」，志非禮也。左氏曰：「聘，且吊敗也。」愚謂楚爲夷狄，不可以中國禮義相接也，其伐徐伐吳，皆不義之兵而致敗，何足吊乎？非邦交聘問之禮。

齊侯伐北燕。

正傳曰：書「齊侯伐北燕」，志非義也。左氏曰：「十一月，齊侯如晉，請伐北燕也。士匄相士鞅逆諸河，禮也。晉侯許之。齊侯遂伐北燕，將納簡公。晏子曰：『不入。燕有君矣，民不貳。吾君賄，左右諂諛，作大事不以信，未嘗可也。』」愚謂據此傳，則齊侯之伐北燕，無乃受賄以納簡公耳，非有仗義之舉也，故春秋書之，以著其罪。

校記：

〔一〕「辭」，原作「亂」，據嘉靖本改。
〔二〕「使」，原作「便」，據嘉靖本改。
〔三〕「罪」，據嘉靖本補。
〔四〕「滋」，原作「兹」，據嘉靖本、左傳改。

春秋正傳卷之三十

昭公

景王十年。七年晋平二十三年、齊景十三年、衛襄九年卒、蔡靈八年、鄭簡三十一年、曹武二十年、陳哀三十四年、杞平公郁釐元年、宋平四十一年、秦哀二年、楚靈六年、吴夷昧九年。

春王正月，暨齊平。

正傳曰：暨，與也；平者，成也。書「暨齊平」，善其平也。罷兵息民，固春秋之所善也。左氏曰：「齊求之也。癸巳，齊侯次于虢，燕人行成，曰：『敝邑知罪，敢不聽命？先君之敝器請以謝罪。』公孫皙曰：『受服而退，俟釁而動，可也。』二月戊午，盟于濡上。燕人歸燕姬，賂以瑶罋、玉櫝、斝耳。不克而還。」愚謂俟釁受賂，雖非誠心直道，然能罷兵息民，豈不猶勝於構怨窮兵而不知止者哉！春秋書之，聖人之情見矣。今之較其平之所以然而罪之者，是所謂如追放豚，既入其苙，又從而招之者也。胡氏亦曰「平者，聖人之所貴」，則經之取義在是矣，而又分別「我所欲曰及，不得已曰暨」，則徒爲穀梁之紛鑿，而無係於取義之大旨也。

三月，公如楚。

正傳曰：書「公如楚」，著非禮也。左氏曰：「楚子成章華之臺，願與諸侯落之。太宰薳啓彊曰：『臣能得魯侯。』薳啓彊來召公，辭曰：『昔先君成公命我先大夫嬰齊曰：「吾不忘先君之好，將使衡父照臨楚國，鎮撫其社稷，以輯寧爾民。」嬰齊受命于蜀。奉承以來，弗敢失隕，而致諸宗祧。日我先君共王引領北望，日月以冀，傳序相授，於今四王矣。嘉惠未至，唯襄公之辱臨我喪。孤與其二三臣悼心失圖，社稷之不皇，況能懷思君德？今君若步玉趾，辱見寡君，寵臨楚國，以信蜀之役，致君之嘉惠，是寡君既受貺矣，何蜀之敢望？其先君鬼神實嘉賴之，豈唯寡君？君若不來，使臣請問行期，寡君將承質幣而見于蜀，以請先君之貺。』三月，公如楚。鄭伯勞于師之梁。孟僖子爲介，不能相儀。及楚，不能答郊勞。」愚謂觀此，則公之如楚，楚實召之也。非聘問邦交之典，而徒以其召，以落章華之臺，是失禮之行也，宜乎其見辱也已！

叔孫舍如齊涖盟。

正傳曰：涖，臨也，謂往臨其國而與之盟。書「叔孫舍如齊涖盟」，著非禮也。諸侯邦交之禮，惟以時聘問，結好脩信而已，若涖盟以爲信，何信之可恃？故春秋非之。

夏四月甲辰朔，日有食之。

正傳曰：書「日有食之」，志天變也。天有常道，人有常敬，故聖人於天變而書之，教人以敬也。左氏曰：「晉侯問於士文伯曰：『誰將當日食？』對曰：『魯、衛惡之。衛大，魯小。』公曰：『何故？』對曰：『去衛地如魯地，於是有災，魯實受之。其大咎，其衛君乎！魯將上卿。』公曰：『詩所謂「彼日而食，于何不臧」者，何也？』對曰：『不善政之謂也。國無政，不用善，則自取謫於日月之災，故政不可不慎也。務三而已：一曰擇人，二曰因民，三曰從時。』」愚謂左氏務三之言，所謂克謹天戒而能用敬其政者，是先王消災之道也。

秋八月戊辰，衛侯惡卒。

正傳曰：惡，衛侯名。書「衛侯惡卒」，志鄰國之大故也。衛使來赴，故書之。左氏曰：「衛襄公卒。晋大夫言於范獻子曰：『衛事晋爲睦，晋不禮焉，庇其賊人而取其地，故諸侯貳。詩曰：「鶺鴒在原，兄弟急難。」又曰：「死喪之威，兄弟孔懷。」兄弟之不睦，於是乎不吊，況遠人，誰敢歸之？今又不禮於衛之嗣，衛必叛我，是絶諸侯也。』獻子以告韓宣子。宣子説，使獻子如衛吊，且反戚田。衛齊惡告喪於周，且請命。王使成簡公如衛吊，且追命襄公曰：『叔父陟恪，在我先王之左右，以佐事上帝，余敢忘高圉、亞圉？』」

九月，公至自楚。

正傳曰：書「公至自楚」，謹人君之出入也。左氏曰：「孟僖子病不能相禮，乃講學之，苟能禮者從之。及其將死也，召其大夫，曰：『禮，人之幹也。無禮，無以立。吾聞將有達者曰孔丘，聖人之後也，而滅於宋。其祖弗父何以有宋而授厲公。及正考父，佐戴、武、宣，三命兹益共，故其鼎銘云：「一命而僂，再命而傴，三命而俯。循牆而走，亦莫余敢侮。饘於是，鬻於是，以餬余口。」其共也如是。臧孫紇有言曰：「聖人有明德者，若不當世，其後必有達人。」今其將在孔丘乎！我若獲没，必屬説與何忌於夫子，使事之，而學禮焉，以定其位。』故孟懿子與南宫敬叔師事仲尼。仲尼曰：『能補過者，君子也。詩曰「君子是則是效」，孟僖子可則效已矣。』」

冬十有一月癸未，季孫宿卒。

正傳曰：書「季孫宿卒」，志國卿之大故也。左氏曰：「十一月，季武子卒。晋侯謂伯瑕曰：『吾所問日食，從矣。』」

十有二月癸亥，葬衛襄公。

正傳曰：書「葬衛襄公」，志鄰國之大事也，而諸侯五月而葬，同盟至之，禮得矣。

景王十一年。八年晉平二十四年、齊景十四年、衛靈公元年、蔡靈九年、鄭簡三十二年、曹武二十一年、陳哀三十五年卒、杞平二年、宋平四十二年、秦哀三年、楚靈七年、吳夷昧十年。

春，陳侯之弟招殺陳世子偃師。

正傳曰：書「陳侯之弟招殺陳世子偃師」，罪滅父子、君臣、兄弟之倫也。左氏曰：「陳哀公元妃鄭姬生悼太子偃師，二妃生公子留，下妃生公子勝。二妃嬖，留有寵，屬諸司徒招與公子過。哀公有廢疾，三月甲申，公子招、公子過殺悼太子偃師而立公子留。」穀梁曰：「『陳侯之弟招』，盡其親，所以惡招也。其『弟』云者，親之也。親而殺之，惡也。」愚謂招、過於偃師，尊則君，親則猶子也；於陳侯尊則君，親則兄也，分則臣也。君廢而殺其君之子，是滅其父子、君臣、兄弟之倫矣。胡氏曰：「此公子招特以『弟』稱者，著招憑寵稔惡，而陳侯失親親之道也。招以公子爲司徒，乃貴戚之卿，親則介弟，尊則叔父，號令廢立，自己而出，莫敢干之者也。不能援立嫡冢，安靖國家，而逢君之惡，戕殺偃師以致大寇，宗社覆没，罪固大矣。陳侯信愛其弟，何以爲失親親乎？尊賢者，親親之本，不能擇親之賢者，厚加尊寵以表儀公族，而徇其私愛，施於不令之人，以至亡國敗家，豈不失親親之道乎？其曰『陳侯之弟招殺陳世子偃師』，交貶之也。」

夏四月辛丑，陳侯溺卒。

正傳曰：溺，陳侯名。書「陳侯溺卒」，志與國之大故也，而其卒之正否，可考矣。左氏曰：「夏四月辛亥，哀公縊。」杜氏以爲憂恚自殺，觀此，則陳侯之死不得其正矣。

叔弓如晉。

正傳曰：書「叔弓如晉」，著其如之非禮也。左氏曰：「賀虒祁也。游吉相鄭伯以如晉，亦賀虒祁也。史趙見子太叔，曰：『甚哉其相蒙也！可吊也，而又賀之。』子太叔曰：『若何吊也？其非唯我賀，將天下實賀。』」愚謂晉作虒祁，宜民叛而諸侯背矣，史趙之言是也。魯叔弓與鄭伯同致賀焉，則一時諸侯之賀之者多矣。夫楚成章華而諸侯落之，晉作虒祁而諸侯賀之，民彝天理至此滅盡，而人欲横流矣。春秋書之，非其往也。

楚人執陳行人干徵師，殺之。

正傳曰：書「楚人執陳行人干徵師，殺之」，罪失刑也，專殺也。左氏曰：「干徵師赴于楚，且告有立君。公子勝愬之于楚。楚人執而殺之。公子留奔鄭。書曰『陳侯之弟招殺陳世子偃師』，罪在招也。『楚人執陳行人干徵師殺之』，罪不在行人也。」愚謂招擅權殺偃師，固爲罪惡不可赦。楚宜因公子勝之愬告之天王以討之，可也。行人何罪？乃因其來而執殺之，則罪在楚矣。

陳公子留出奔鄭。

正傳曰：書「陳公子留出奔鄭」，志亂也。

秋，蒐于紅。

正傳曰：紅，地名。左氏曰：「秋，大蒐于紅。自根牟至于商、衛，革車千乘。」公羊曰：「蒐者何？簡車徒也。」穀梁曰：「因蒐狩以習用武事，禮之大者也。艾蘭以爲防，置旃以爲轅門，以葛覆質以爲槷，流旁握，御轚者不得入。車軌塵，馬候蹄，揜禽旅，御者不失其馳，然後射者能中。過防弗逐，不從奔之道也。面傷不獻，不成禽不獻。禽雖多，天子取三十焉，其餘與士衆以習射於射宮。射而中，田不得禽則得禽；田得禽而射不中，則不得禽。是以知古之貴仁義而賤勇力也。」愚謂書「秋，蒐于紅」，則非禮自見矣。蒐不稱公者，公不與也。自季氏舍中軍，四分公室，而公室無兵。蒐者，皆三家之兵也。春秋書之，可以觀魯矣。胡氏曰：「蒐，春事也，秋興之則違天時；有常所矣，其于紅則易地利；三家專行，公不與焉，而兵權在臣下，則悖人理。此亦直書其事，不待貶絕而自見者也。凡亂臣之欲竊國命，必先爲非禮以動民，而後上及於君父。昭公至是，民食於他，不恤其所，昧於履霜之戒甚矣。」

陳人殺其大夫公子過。

正傳曰：書「陳人殺其大夫公子過」，罪之也，其逸賊專殺之惡並著矣。左氏曰：「陳公子招歸罪於公子過而殺之。」愚謂過與招同殺世子偃師而擅立，其罪均在不赦，而招獨歸罪于過而擅殺之，春秋書于册，使人求其故，而招之罪斯得矣。

大雩。

正傳曰：書「大雩」，志非禮也，餘見前。

冬十月壬午，楚師滅陳。執陳公子招放之于越。殺陳孔奂。

正傳曰：孔奂，公子招之黨。何以書？罪滅國與專殺也。夫招與孔奂有罪，殺之可也，不告于天王而殺之放之，不可也。滅其國以絶其宗祀，又不可也。公子招擅權無君，致哀公縊，殺世子偃師而立公子留，卒致滅其國而殺其身，亡其家以及其黨。春秋書之，以爲世戒，且以愧中國諸侯之不能討也，而使夷狄主之，聖人有遺憾矣。左氏曰：「九月，楚公子棄疾帥師奉孫吴圍陳，宋戴惡會之。冬十一月壬午，滅陳。輿嬖袁克殺馬毁玉以葬。楚人將殺之，請寘之，既又請私。私於幄，加絰於顙而逃。使穿封戌爲陳公，曰：『城麇之役不諂。』侍飲酒於王，王曰：『城麇之役，女知寡人之及此，女其辟寡人乎！』對曰：『若知君之及此，臣必致死禮以息楚。』」

葬陳哀公。

正書曰：書「葬陳哀公」，志與國之大事也，而聖人於楚滅陳之憾見矣。

景王十二年。**九年**晋平二十五年、齊景十五年、衛靈二年、蔡靈十年、鄭簡三十三年、曹武二十二年、陳滅、杞平三年、宋平四十三年、秦哀四年、楚靈八年、吴夷昧十一年。

春，叔弓會楚子于陳。

正傳曰：書「叔弓會楚子于陳」，著其會之非也。左氏曰：「春，叔弓、宋華亥、鄭游吉、衛趙黶會楚子于陳。」愚謂楚靈滅陳，臨中國之尊，絶先王之祀，其惡極罪大，天地所不容，而魯乃使大夫及列國以往會之，是成其罪惡而莫之恤矣，故春秋非之。

許遷于夷。

正傳曰：書「許遷于夷」，罪楚也，亂先王之封也。左氏曰：「二月庚申，楚公子棄疾遷許于夷，實城父。取州來淮北之田以益之，伍舉授許男田。然丹遷城父人於陳，以夷濮西田益之。遷方城外人於許。」愚謂先王疆理天下，分封有定，而楚乃遷許于夷，肆爲繆亂，其罪大矣。

夏四月，陳災。

正傳曰：書「陳災」，志變也，而陳之名存矣。是時，陳已滅矣，春秋因其災而書之，存陳國之名，而楚滅陳之罪再著矣。公羊曰：「陳已滅矣，其言陳災〔一〕何？存陳也。」穀梁曰：「災〔二〕不志，此何以志？閔陳而存之也。」胡氏曰：「凡外災，告則書。今楚已滅陳，夷於屬縣，使穿封戌爲公矣，必不遣使告於諸侯，言亡國之有天災也，何以書於魯國之策乎？當是時，叔弓與楚子會于陳，則目擊其事矣，雖彼不來告，此不往吊，叔弓使畢而歸，語陳故也，魯史遂書之耳。或曰：國史所書，必承赴告，豈有憑使人之言而載之於史者？曰：周景王崩，有尹、單、猛、朝之變，固無赴告矣。叔鞅至自京師，言王室之亂也，春秋承其言，遂書於策，亦此類耳。仲尼作經，存而弗革者，蓋興滅國、繼絕世，以堯舜三代公天下之心爲心，異於孤秦罷侯置守，欲私一人以自奉者，所以歸民心合天德也。穀梁以爲『存陳』，得其旨矣。」

秋，仲孫貜如齊。

正傳曰：書「仲孫貜如齊」，志禮也。左氏曰：「孟僖子如齊殷聘，禮也。」愚謂：自叔老之聘齊二十年於此矣。殷聘者，盛聘也。盛聘所以脩睦結好，以無忘乎其舊邦交之宜也，故春秋與之。

冬，築郎囿。

正傳曰：郎，邑名。書「冬，築郎囿」，罪輕作也。左氏曰：「書，時也。季平子欲其速成也，叔孫昭子曰：『詩曰：「經始勿亟，庶民子來。」焉用速成，其以勦民也？無囿猶可，無民，其可乎？』」愚謂左氏以爲「書，時」，非也。夫囿之築，非所以爲民也，乃所以厲民也。

叔孫昭子之言是矣，然但云「焉用速」耳，而不言其不宜築也。夫不宜築而築者，雖時亦病也。春秋書之，其輕作之罪見矣。

十年景王十三年。晉平二十六年卒、齊景十六年、衛靈三年、蔡靈十一年、鄭簡三十四年、曹武二十三年、陳滅、杞平四年、宋平四十四年卒、秦哀五年、楚靈九年、吳夷昧十二年。

春王正月。

正傳曰：無事亦書時月，義見于前。

夏，齊欒施來奔。

正傳曰：書「齊欒施來奔」，罪納亡也。左氏曰：「齊惠欒、高氏皆耆酒，信內，多怨，彊於陳、鮑氏而惡之。夏，有告陳桓子曰：『子旗、子良將攻陳、鮑。』亦告鮑氏。桓子授甲而如鮑氏，遭子良醉而騁，遂見文子，則亦授甲矣。使視二子，則皆將飲酒。桓子曰：『彼雖不信，聞我授甲，則必逐我。及其飲酒也，先伐諸？』陳、鮑方睦，遂伐欒、高氏。五月庚辰，戰于稷，欒、高敗，又敗諸莊。國人追之，又敗諸鹿門。欒施、高彊來奔。陳、鮑分其室。晏子謂桓子：『必致諸公！讓，德之主也。讓之謂懿德。凡有血氣，皆有爭心，故利不可强，思義爲愈。義，利之本也。蘊利生孽。姑使無蘊乎！可以滋長。』桓子盡致諸公，而請老于莒。」

秋七月，季孫意如、叔弓、仲孫貜帥師伐莒。

正傳曰：書「季孫意如、叔弓、仲孫貜帥師伐莒」，著非義也。左氏曰：「秋七月，平子伐莒，取郠。獻俘，始用人於亳社。臧武仲在齊，聞之，曰：『周公其不享魯祭乎！周公享義，魯無義。詩曰：「德音孔昭，視民不佻。」佻之謂甚矣，而壹用之，將誰福哉？』」胡氏曰：「前已舍中軍矣，曷爲猶以三卿並將乎？季氏毀中軍，四分公室擇其二，二家各有其一。至是，季孫身爲主將，二子各率一軍爲之副，則三軍固在。其曰舍之者，特欲中分魯國之衆爲己私耳，以爲復古，則誤矣。襄公以來，既作三軍，地皆三家之土，民皆三家之兵，每一軍出，各將其所屬，而公室無與焉，是知雖舍中軍，而三卿並將，舊額固存矣。」

戊子，晉侯彪卒。

正傳曰：彪，晉侯名。書「戊子，晉侯彪卒」，志盟主之大故也。史因赴而書之，見諸侯相恤之義焉。左氏曰：「戊子，晉平公卒。鄭伯如晉，及河，晉人辭之。游吉遂如晉。」

九月，叔孫舍如晉，葬晉平公。

正傳曰：書「叔孫舍如晉，葬晉平公」，志禮也。諸侯之喪，五月而葬，同盟至，禮也。葬使卿往會焉，禮也。左氏曰：「九月，叔孫婼、齊國弱、宋華定、衛北宮喜、鄭罕虎、許人、曹人、莒人、邾人、滕人、薛人、杞人、小邾人如晉，葬平公也。既葬，諸侯之大夫欲因見新君。

叔孫昭子曰：『非禮也。』弗聽。叔向辭之，曰：『大夫之事畢矣，而又命孤。孤斬焉在衰絰之中，其以嘉服見，則喪禮未畢，其以喪服見，是重受吊也，大夫將若之何？』皆無辭以見。昭子至自晉，大夫皆見，高彊見而退。昭子語諸大夫曰：『爲人子不可不慎也哉！昔慶封亡，子尾多受邑，而稍致諸君，君以爲忠，而甚寵之。將死，疾于公宫，輦而歸，君親推之。其子不能任，是以在此。忠爲令德，其子弗能任，罪猶及之，難不慎也？喪夫人之力，棄德、曠宗，以及其身，不亦害乎？』」

十有二月甲子，宋公成卒。

正傳曰：書「宋公成卒」，志鄰國之大故也。來赴，故史書之。

景王十四年。十有一年晋昭公夷元年、齊景十七年、衛靈四年、蔡靈十二年弑、鄭簡三十五年、曹武二十四年、陳滅、杞平五年、宋元公佐元年、秦哀六年、楚靈十年、吳夷昧十三年。

春王二月，叔弓如宋。葬宋平公。

正傳曰：書「叔弓如宋。葬宋平公」，志禮也。諸侯之喪，卿往會葬，禮也。

夏四月丁巳，楚子虔誘蔡侯般，殺之于申。

正傳曰：書「楚子虔誘蔡侯般，殺之于申」，則楚之不義甚矣。左氏曰：「景王問於萇弘曰：『今茲諸侯何實吉？何實凶？』對曰：『蔡凶。此蔡侯般弑其君之歲也，歲在豕韋，弗過此矣。楚將有之，然壅也。歲及大梁，蔡復，楚凶，天之道也。』楚子在申，召蔡靈侯。靈侯將往，蔡大夫曰：『王貪而無信，唯蔡於憾。今幣重而言甘，誘我也，不如無往。』蔡侯不可。三月丙申，楚子伏甲而享蔡侯於申，醉而執之。夏四月丁巳，殺之。刑其士七十人。」公羊以爲：「爲其誘討也。此討賊也，雖誘之，則曷爲絶之？懷惡而討不義，君子不予也。」愚謂觀此二傳，則蔡侯固有可討之罪，然不聲其罪而行討，乃誘而討之，是以賊討賊也，故春秋罪之。

楚公子棄疾帥師圍蔡。

正傳曰：書「楚公子棄疾帥師圍蔡」，則楚貪殘之罪自見矣。夫般有罪，聲而討之，歸之司寇可也。誘執而殺之，可乎？殺其君則已甚矣，又圍其國以暴其民，可乎？春秋書圍國於誘君之後，則楚之罪惡並見矣。左氏曰：「公子棄疾帥師圍蔡。韓宣子問於叔向曰：『楚其克乎？』對曰：『克哉！蔡侯獲罪於其君，而不能其民，天將假手於楚以斃之，何故不克？然肸聞之，不信以幸，不可再也。楚王奉孫吳以討於陳，曰「將定而國」。陳人聽命，而遂縣之。今又誘蔡而殺其君，以圍〔三〕其國，雖幸而克，必受其咎，弗能久矣。桀克有緡，以喪其國。紂克東夷，而隕其身。楚小、位下，而亟暴於二王，能無咎乎？天之假助不善，非祚之也，厚其凶惡而降之罰也。且譬之如天其有五材，而將用之，力盡而斂之，是以無拯，不可没振。』」愚謂左氏此傳可謂詳且盡矣。胡氏曰：「世子般弑其君，諸侯與通會盟十有三年矣，是中國變爲夷狄而莫之覺也。楚子若以大義倡天下，奉詞致討，執般於蔡，討其弑父之罪，而在宮者無赦焉；討其弑君之罪，而在官者無赦焉。殘其身，瀦其宮室，謀於蔡衆，置君而去，雖古之征暴亂者不越此矣，又何惡乎？今虔本心欲圖其國，不爲討賊舉也。而又挾欺毁信，重幣甘言，詐誘其君，執而殺之，肆行無道，貪得一時，流毒於後。棄疾以是殺戎蠻，商鞅以是紿魏將，秦人以是劫懷王。傾危成俗，天下大亂，劉、項之際，死者十九，聖人深惡楚虔而名之也，其慮遠矣。後世誅討亂臣者，或畏其强，或幸其弱，不以大義興師，至用詭謀詐力，徼倖勝之。若事之捷，反側皆懼，苟其不捷，適足長亂，如代宗之圖思明，憲宗之紿王弁，昧於春秋垂戒之旨矣。」愚謂胡氏之論是也，但楚虔之惡不待貶而稱名而自見矣。

五月甲申，夫人歸氏薨。

正傳曰：歸氏，昭公母。書「夫人歸氏薨」，志君母之大故也，而禮之變亦可見矣。左氏曰：「五月，齊歸薨。」杜氏曰：「胡女，歸姓。」汪氏曰：「襄公三十一年左傳：『敬歸之娣齊歸』，則襄公之妾也。妾母稱夫人，義見成風薨葬。」

大蒐于比蒲。

正傳曰：何以書？左氏曰：「非禮也。」公羊曰：「大蒐者何？簡車徒也。」胡氏曰：「其曰『大蒐』，越禮也。君有重喪，國不廢蒐，不忌君也。三綱，軍政之本，君執此以馭其下，臣執此以事其上，政之大本於是乎在。君有三年之慼，而國不廢一日之蒐，則無本矣。然則君有重喪，喪不二事，以簡車徒爲非禮也，乃有身從金革而無避者，獨何歟？曰：喪不二事，大比而簡車徒，則廢其常可也。有門庭之寇，而宗廟社稷之存亡繫焉，必從權制而無避矣。伯禽服喪，徐、夷並興，至于東郊，出戰之師，與築城之役同日並舉，度緩急輕重，蓋有不得已焉者矣。晋王克用薨，梁兵壓境，而莊宗決勝於夾寨；周太祖殂，契丹入寇，而世宗接戰於高平。若此者，君行爲顯親，非不顧也；臣行爲愛君，非不忌也。惟審於緩急輕重之宜，斯可矣。」

仲孫貜會邾子，盟于祲祥。

正傳曰：書「仲孫貜會邾子，盟于祲祥」，志非禮也。盟，非禮也；臣與君盟，又非禮也。左氏以「孟僖子會邾莊公，盟于祲祥，脩好，禮也」，非也。

秋，季孫意如會晋韓起、齊國弱、宋華亥、衛北宮佗、鄭罕虎、曹人、杞人于厥慭。

正傳曰：書「會于厥慭」，善其會也，義救蔡也。夫蔡亡，其君不足惜也，蔡之民何罪焉？君已亡而救蔡，則無所爲而爲之，義也。左氏曰：「楚師在蔡，晋荀吳謂韓宣子曰：『不能救陳，又不能救〔四〕蔡，物以無親。晉之不能，亦可知也已。爲盟主而不恤亡國，將焉用之？』秋，會于厥慭，謀救蔡也。鄭子皮將行。子産曰：『行不遠，不能救蔡也。蔡小而不順，楚大而不德，天將棄蔡以壅楚，盈而罰之，蔡必亡矣。且喪君而能守者鮮矣。三年，王其有咎乎！美惡周必復，王惡周矣。』晉人使狐父請蔡於楚，弗許。」胡氏曰：「文十五年，晉靈公帥八國之諸侯盟于扈，春秋畧而不序者，謀伐齊而不克定其亂也。襄公三十年，叔孫豹會十二國之大夫于澶淵，諸國之大夫皆稱『人』，魯卿諱而不書者，視蔡亂而不能討其賊也。今楚將滅蔡，請于楚而弗許，晉之不能亦可知矣，曷爲諸國猶序而大夫無貶乎？扈之盟，晉侯受賂弗克而還，諸侯畧而不序，亡義利之分也。澶淵之會，謀救宋災而不討蔡罪，大夫貶而稱『人』，魯卿諱而不書，失重輕之別也。亡義利之分爲不仁，失重輕之別爲不智。今晉與諸侯心欲救蔡而力弗加焉，則無惡也。凡此見春秋明義利，審重輕，以恕待人而不求其備矣。」愚謂稱「人」以爲貶，不書以爲諱，非春秋直筆之義也。餘義見前。

九月己亥，葬我小君齊歸。

正傳曰：書「葬我小君齊歸」，志君母之大事也。左氏曰：「葬齊歸，公不慼。晉士之送葬者，歸以語史趙。史趙曰：『必爲魯郊。』侍者曰：『何故？』曰：『歸，姓也。不思親，祖不歸也。』叔向曰：『魯公室其卑乎！君有大喪，國不廢蒐；有三年之喪，而無一日之慼。國不恤喪，不忌君也；君無慼容，不顧親也。國不忌君，君不顧親，能無卑乎？殆其失國。』」

冬十有一月丁酉，楚師滅蔡，執蔡世子有以歸，用之。

正傳曰：此何以書？見楚無道之甚也。既殺其君，又圍其國，用其世子，暴虐甚矣。蔡君有罪，世子何罪焉？左氏曰：「冬十一月，楚子滅蔡，用隱太子于岡山。申無宇曰：『不祥。五牲不相爲用，況用諸侯乎！王必悔之。』」胡氏曰：「內入國而以其君來，外滅國而以其君歸，皆服而以之，易詞也。既書『滅蔡』矣，又書『執蔡世子有』者，世子無降服之狀，强執以歸而虐用之也。或以爲未踰年之君，其稱『世子』者，不君『靈公』，故不成其子，非也。楚虔殺蔡般，棄疾圍其國，凡八月而見滅，世子在窮迫危懼之中，固未暇立乎其位，安得以爲未踰年之君而稱『子』也？假使立乎其位，而般死於楚，其喪未至，不斂不葬，世子亦不成乎爲君矣。然世子繼世有國之稱，必以此稱蔡有者，父母之讎不與共天下，與民守國，效死不降，至於力屈就擒，虐用其身而不顧也，則有之爲世子之道得矣。」愚謂胡氏辨或人之説是矣，然又以以爲易詞，而又以世子不降爲得世子之道，類非聖經取義之大旨也。

十有二年晉昭二年、齊景十八年、衛靈五年、蔡滅、鄭簡三十六年卒、曹武二十五年、陳滅、杞平六年、宋元景王十五年。

二年、秦哀七年、楚靈十一年、吳夷昧十四年。

春，齊高偃帥師納北燕伯于陽。

正傳曰：陽，即唐，燕之別邑也。書「齊高偃帥師納北燕伯于陽」，志義舉也。左氏曰：「春，齊高偃納北燕伯款于唐，因其衆也。」愚謂諸侯無罪，爲强臣所迫出奔，而諸侯納之，禮也。三年，北燕伯出奔齊。六年，齊將納之，不果。蓋十年亡在外矣。今則終能納之於其境内，其恤鄰濟難之義得矣，故春秋書之。公羊子曰：「子曰：『我乃知之矣。』在側者曰：『子苟知之，何以不革？』曰：『如爾所不知何？』春秋之信史也，其序則齊桓、晋文，其會則主會者爲之也，其詞則『丘有罪焉爾』。」愚謂此與孟子之言「其事則齊桓、晋文，其文則史，其義則丘竊取」之詞不合，蓋治春秋爲義例之詞者爲之也。

三月壬申，鄭伯嘉卒。

正傳曰：書「鄭伯嘉卒」，志鄰國之大故也。諸侯有會葬之禮，故來赴，則史書之。

夏，宋公使華定來聘。

正傳曰：書「宋公使華定來聘」，志禮也。左氏曰：「夏，宋華定來聘，通嗣君也。享之，爲賦蓼蕭，弗知，又不答賦。昭子曰：『必亡。宴語之不懷，寵光之不宣，令德之不知，同福之不受，將何以在？』」

公如晉，至河乃復。

正傳曰：書「公如晉，至河乃復」。志非禮也。語曰：「恭近於禮，遠恥辱也。」諸侯嗣位，諸侯使卿大夫往聘，禮也；其自往朝之，非禮也。是時，齊、衛、鄭君朝晉，而魯公亦往焉，宜其見辭于河而逮恥辱也。左氏曰：「取鄆之役，莒人愬于晉，晉有平公之喪，未之治也，故辭公。公子慭遂如晉。」

五月，葬鄭簡公。

正傳曰：書「葬鄭簡公」，志非禮也。諸侯五月而葬，鄭簡公三月而葬，太速矣，非禮也。故春秋因赴而書之，以著其非禮之舉焉。

楚殺其大夫成熊。

正傳曰：成熊，即成虎，令尹子玉之孫，與鬭氏同出若敖氏。宣四年，鬭椒作亂，故楚子信譖而追討之。書「楚殺其大夫成熊」，著專殺之罪也。左氏曰：「楚子謂成虎若敖之餘也，遂殺之。或譖成虎於楚子，成虎知之，而不能行。書曰『楚殺其大夫成虎』，懷寵也。」

秋七月。

正傳曰：無事亦書時月，義見于前。

冬十月，公子慭出奔齊。

正傳曰：慭，字子仲。書「公子慭出奔齊」，志亂也。左氏曰：「季平子立，而不禮於南蒯。南蒯謂子仲：『吾出季氏，而歸其室於公，子更其位，我以費爲公臣。』子仲許之。南蒯語叔仲穆子，且告之故。季悼子之卒也，叔孫昭子以再命爲卿。及平子伐莒克之，更受三命。叔仲子欲構二家，謂平子曰：『三命踰父兄，非禮也。』平子曰：『然。』故使昭子。昭子曰：『叔孫氏有家禍，殺適立庶，故婼也及此。若因禍以斃之，則聞命矣。若不廢君命，則固有著矣。』昭子朝，而命吏曰：『婼將與季氏訟，書辭無頗。』季孫懼，而歸罪於叔仲子。故叔仲小、南蒯、公子慭謀季氏。慭告公，而遂從公如晉。南蒯懼不克，以費叛如齊。子仲還，及衛，聞亂，逃介而先。及郊，聞費叛，遂奔齊。」愚謂南蒯之謀，慭實與焉。至於亂其國以危其君，是誰之罪與？春秋書「出奔」，所以深罪之而究亂之由起也。

楚子伐徐。

正傳曰：書「楚子伐徐」，著陵暴之罪也。左氏曰：「楚子狩于州來，次于潁尾，使蕩侯、潘子、司馬督、囂尹午、陵尹喜帥師圍徐以懼吳。楚子次于乾谿，以爲之援。雨雪，王皮冠，秦復陶，翠被，豹舄，執鞭以出。僕析父從。右尹子革夕，王見之，去冠、被，舍鞭，與之語，曰：『昔我先王熊繹與吕伋、王孫牟、燮父、禽父並事康王，四國皆有分，我獨無有。今吾使人於周，求鼎以爲分，王其與我乎？』對曰：『與君王哉！昔我先王熊繹辟在荆山，篳路藍縷以處草莽，跋涉山林以事天子，唯是桃弧、棘矢以共禦王事。齊，王舅也；晋及魯、衛，王母弟也。楚是以無分，而彼皆有。今周與四國服事君王，將唯命是從，豈其愛鼎？』王曰：『昔我皇祖伯父昆吾，舊許是宅。今鄭人貪賴其田，而不我與。我若求之，其與我乎？』對曰：『與君王哉！周不愛鼎，鄭敢愛田？』王曰：『昔諸侯遠我而畏晋，今我大城陳、蔡、不羹，賦皆千乘，子與有勞焉，諸侯其畏我乎！』對曰：『畏君王哉！是四國者，專足畏也。又加之以楚，敢不畏君王哉！』工尹路請曰：『君王命剥圭以爲鏚柲，敢請命。』王入視之。析父謂子革：『吾子，楚國之望也。今與王言如響，國其若之何？』子革曰：『摩厲以須，王出，吾刃將斬矣。』王出，復語。左史倚相趨過，王曰：『是良史也，子善視之！是能讀三墳、五典、八索、九丘。』對曰：『臣嘗問焉，昔穆王欲肆其心，周行天下，將皆必有車轍馬跡焉。祭公謀父作祈招之詩以止王心，王是以獲没於祇宫。臣問其詩而不知也。若遠問焉，其焉能知之？』王曰：『子能乎？』對曰：『能。其詩曰：「祈招之愔愔，式昭德音。思我王度，式如玉，式如金。形民之力，而無醉飽之心。」』王揖而入，饋不食，寢不寐，數日，不能自克，以及于難。仲尼曰：『古也有志：「克己復禮，仁也。」信善哉！楚靈王若能如是，豈其辱於乾谿？』」愚謂此本傳也。信斯言也，至此，得非楚子暴侈之心其有悔乎？

晉伐鮮虞。

正傳曰：鮮虞，狄國也。書「晉伐鮮虞」，志非義也。左氏曰：「因肥之役也。」程子曰：「晉假道於鮮虞而遂伐之，見利忘義，夷狄之道也。」胡氏曰：「左氏曰：『晉荀吳僞會齊師者，假道鮮虞，遂入昔陽。』冬，書『晉伐鮮虞』，狄之也。獻公假道于虞以滅虢，因執虞公，則以『師』與『人』稱之，今晉雖爲諼，固可罪也，而狄之，不亦過乎？楚奉孫吳討陳，因以滅陳，誘蔡般殺之，因以滅蔡，晉人視其殘虐莫能救，則亦已矣，而效其所爲以伐人國，是中國居而夷狄行也。人之所以爲人，中國之所以爲中國，信義而已矣。一失則爲夷狄，再失則爲禽獸。禽獸逼人，人將相食。自春秋末世，至於六國亡秦，變詐並興，傾危成俗，河決魚爛，不可壅而收之，皆失信棄義之明驗也。春秋謹嚴於此，制治未亂，拔本塞源之意，豈曰過乎？」

景王十六年。**十有三年**晉昭三年、齊景十九年、衛靈六年、蔡平公盧元年、鄭定公寧元年、曹武二十六年、陳惠公吳元年、杞平七年、宋元三年、秦哀八年、楚靈十二年弑、吳夷昧十五年。

春，叔弓帥師圍費。

正傳曰：書「叔弓帥師圍費」，誅叛臣也，而在上者所以致之之罪，不可掩矣。南蒯據費以叛，故叔弓帥師圍之，而不思臣之叛己也，由己之叛君以爲之倡也。孔子曰：「陪臣執國命，三桓之子孫微矣。」此聖人書圍費之意也。左氏曰：「春，叔弓圍費，弗克，敗焉。平子怒，令見費人執之，以爲囚俘。冶區夫曰：『非也。若見費人，寒者衣之，饑者食之，爲之令主，而共其乏困，費來如歸，南氏亡矣。民將叛之，誰與居邑？若憚之以威，懼之以怒，民疾而叛，爲之聚也。若諸侯皆然，費人無歸，不親南氏，將焉入矣？』平子從之，費人叛南氏。」胡氏曰：「費，内邑也。命正卿爲主將，舉大衆圍其城，若敵國然者，家臣强，大夫弱也。語不云乎：『有一言而可以終身行之者，其恕矣乎！己所不欲，勿施於人。』所惡於下者，毋以事上也；所惡於上者，毋以使下也，然後家齊而國治矣。季孫意如以所惡於下者事其上，而不忠於其君；以所惡於上者使其下，而不禮於其臣。出乎爾者反乎爾，宜南蒯之及此也。春秋之法，不書内叛，反求諸己而已矣。其書『圍費』，欲著其實，不没之也。」

夏四月，楚公子比自晋歸于楚，弑其君虔于乾谿。

正傳曰：書「楚公子比自晋歸于楚，弑其君虔于乾谿」，正弑君之罪也。左氏曰：「楚子之爲令尹也，殺大司馬薳掩，而取其室。及即位，奪薳居田，遷許而質許圍。蔡洧有寵於王，王之滅蔡也，其父死焉，王使與於守而行。申之會，越大夫戮焉。王奪鬭韋龜中犨，又奪成然邑，而使爲郊尹。蔓成然故事蔡公。故薳氏之族及薳居、許圍、蔡洧、蔓成然，皆王所不禮也，因羣喪職之族啓越大夫常壽過作亂，圍固城，克息舟，城而居之。觀從以蔡公之命召子干、子晳。楚公子比、公子黑肱、公子棄疾、蔓成然、蔡朝吳帥陳、蔡、不羹、許、葉之師，因四族之徒，以入楚。及郊，陳、蔡欲爲名，故請爲武軍。蔡公知之，曰：『欲速，且役病矣，請藩而已。』乃藩爲軍。蔡公使須務牟與史猈先入，因正僕人殺太子祿及公子罷敵。公子比爲王，公子黑肱爲令尹，次于魚陂。公子棄疾爲司馬，先除王宮，使觀從從師于乾谿，而遂告之，且曰：『先歸復所，後者劓。』師及訾梁而潰。右尹子革曰：『請待於郊，以聽國人。』王曰：『衆怒不可犯也。』曰：『若入於大都，而乞師於諸侯？』王曰：『皆叛矣。』曰：『若亡於諸侯，以聽大國之圖君也。』王曰：『大福不再，祇取辱焉。』然丹乃歸于楚。王沿夏，將欲入鄢。芋尹無宇之子申亥曰：『吾父再姦王命，王弗誅，惠孰大焉？君不可忍，惠不可棄，吾其從王。』乃求王，遇諸棘圍以歸。夏五月癸亥，王縊於芋尹申亥氏。申亥以其二女殉而葬之。」公羊曰：「此弑其君，其言歸何？歸無惡於弑立也。歸無惡於弑立者何？靈王爲無道，作乾谿之臺，三年不成。楚公子棄疾脅比而立之，然後令于乾谿之役，曰：『比已立矣。後歸者不得復其田里。』衆罷而去之。靈王經而死。」胡氏曰：「楚師伐徐，楚子虔次于乾谿爲之援，公子棄疾君陳、蔡，主方城之外。有觀從者率羣失職，以棄疾命召比于晉，既至，脅比而立之，令于乾谿曰：『先至者復其田里。』師潰而歸，楚子經而死。或曰：昭元年楚虔弒立，比出奔晉。十三年比歸，而虔縊於棘圍，則比未嘗一日北面事虔爲之臣。虔又弒立，固非比之君矣，而書曰『比弒其君虔』何也？曰：凡去國出奔，而君不以爲臣，則晉於欒盈是也；臣不以爲君，則公子鱄於衛是也。若去國雖久，而爵禄有列於朝，出入有詔於國，不掃其墳墓，不收其田里，不繫纍其宗族，即君臣之分猶在也。比雖奔晉，而晉人以羈待比，以國底禄，固楚之亡公子也。楚又未嘗錮之，如晉之於欒盈；比又未嘗不向楚而坐，如子鮮之於衛，安得以爲比非楚臣，而虔非比之君乎？春秋書『比弒其君虔』，明於君臣之義也。或曰：虔弒郟敖以立，比之獲罪，豈其無討賊之心而徒貪夫位歟？曰：春秋罪比不明乎君臣之義，不責其無討賊之心。夫比雖當次及之序，而棄疾亦居楚國之常。以取國言之，比具五難而棄疾有五利，此事之變也。爲比者宜乎效死不立，若國有所歸，爲曹子臧、魯叔肹，不亦善乎？不然，身居令尹，都貴戚之卿，爲社稷鎮，亂不自己，亦可也。今乃脅於勢而忘其守，怵於利而忘其義，被之大惡，欲辭而不可得矣。爲人臣而不知春秋，守經事而不知其宜，遭變事而不知其權者，若此類是也。悲夫！聖人垂戒之意明矣。」

楚公子棄疾殺公子比。

正傳曰：虔新見弒而比未立，故稱公子。書「楚公子棄疾殺公子比」，罪逆賊也。迎比而入，假手以弒其君虔者，棄疾也。殺比而奪之位者，亦棄疾也。故春秋上既罪比，而又罪棄疾，比之罪實棄疾爲之也。左氏曰：「觀從謂子干曰：『不殺棄疾，雖得國，猶受禍也。』子干曰：『余不忍也。』子玉曰：『人將忍子，吾不忍俟也。』乃行。國每夜駭曰：『王入矣！』乙卯夜，棄疾使周走而呼曰：『王至矣！』國人大驚。使蔓成然走告子干、子皙曰：『王至矣，國人殺君司馬，將來矣。君若早自圖也，可以無辱。衆怒如水火焉，不可爲謀。』又有呼而走至者，曰：『衆至矣！』二子皆自殺。丙辰，棄疾即位，名曰熊居。葬子干于訾，實訾敖。殺囚，衣之王服，而流諸漢，乃取而葬之，以靖國人。使子旗爲令尹。楚師還自徐，吴人敗諸豫章，獲其五帥。平王封陳、蔡，復遷邑，致羣賂，施舍、寬民，宥罪、舉職。召觀從，王曰：『唯爾所欲。』對曰：『臣之先佐開卜。』乃使爲卜尹。」愚謂子干從亂，陷于弒君之罪。棄疾既爲弒君謀主，又殺公子比而以自立，皆逆賊也，故春秋誅之。胡氏曰：「棄疾立比爲王，而己爲司馬，固君比矣，而又殺之，則宜書曰『棄疾弒其君比』，而曰『殺公子比』何也？初，子干歸自晋，觀從假棄疾命而召之來則來，坎牲加書而强之盟則盟，帥四族衆而使之入楚則入，殺太子禄而立之爲王則王，周走而呼於國中，謂衆怒如水火而逼之自殺則自殺。其行止遲速，去就死生，皆觀從與國人所爲，而比未嘗可否之也，安得爲棄疾之君乎？然比兄也，黑肱弟也，棄疾其季弟也。立比爲王，肱爲令尹，疾爲司馬，蓋國人以長幼之序立之也，則宜書曰『楚人殺比』。而春秋變文歸獄棄疾者，誅其本意在於代比，而非討之也。所謂輕重之權衡，曲直之繩墨，而懷惡者亦無所隱其情矣。」

秋，公會劉子、晉侯、齊侯、宋公、衛侯、鄭伯、曹伯、莒子、邾子、滕子、薛伯、杞伯、小邾子于平丘。

正傳曰：書「公會諸侯于平丘」，惡晉志也，惡其盟也，上盟王人而下脅同列也。左氏曰：「晉成虒祁，諸侯朝而歸者皆有貳心。爲取鄆故，晉將以諸侯來討。叔向曰：『諸侯不可以不示威。』乃並徵會，告于吳。秋，晉侯會吳子于良，水道不可，吳子辭，乃還。七月丙寅，治兵于邾南。甲車四千乘。羊舌鮒攝司馬，遂合諸侯於平丘。子産、子太叔相鄭伯以會，子産以幄、幕九張行，子太叔以四十，既而悔之，每舍，損焉。及會，亦如之。次於衛地，叔鮒求貨於衛，淫芻蕘者。衛人使屠伯饋叔向羹與一篋錦，曰：『諸侯事晉，未敢攜貳。況衛在君之宇下，而敢有異志？芻蕘者異於他日，敢請之。』叔向受羹反錦，曰：『晉有羊舌鮒者，瀆貨無厭，亦將及矣。爲此役也，子若以君命賜之，其已。』客從之，未退而禁之。」胡氏曰：「按左氏：『晉成虒祁，諸侯朝而歸者皆有貳心。齊侯往朝於晉，燕而投壺，曰：「寡人中此，與君代興。」晉人知其亦將貳也。叔向曰：「諸侯不可以不示威。」乃並徵會。治兵於邾南，甲車四千乘。遂合諸侯于平丘。』方是時，楚人暴横，陵蔑中華，在宋之盟，爭晋先歃。及虢之會，仍讀舊書。遂召諸侯爲申之舉，遷賴於鄢，縣陳滅蔡。此乃敵國外患，臨深履薄，恐懼省戒之時。其君當倚於法家拂士以德脩國政，其臣當急於責難陳善以禮格君心，内結夏盟，外攘夷狄，復悼公之業，若弗暇也。今乃施施然安於不競，無憤耻自强之志，惟宫室臺榭是崇是飾，及諸侯皆貳，顧欲示威徵會，而以兵甲耀之，不亦末乎？春秋之法，制治於未亂，保邦於未危，貴事之預，耻以苟成而不要諸道者也。是以深惡此會，如下文所貶云。明其義者，然後知仲尼作經，於一臺囿之築、一宫室門觀之作，必謹而書，以重民力，其弭亂持危，固結人心之慮遠矣。」

八月甲戌，同盟于平丘。

正傳曰：書「同盟于平丘」，著非禮也。夫斯盟也，乃晋脅服乎諸侯，非諸侯心服乎晋也，故曰非禮。左氏曰：「晋人將尋盟，齊人不可。晋侯使叔向告劉獻公曰：『抑齊人不盟，若之何？』對曰：『盟以底信，君苟有信，諸侯不貳，何患焉？告之以文辭，董之以武師，雖齊不許，君庸多矣。天子之老請帥王賦，「元戎十乘，以先啓行」，遲速唯君。』叔向告于齊，曰：『諸侯求盟，已在此矣。今君弗利，寡君以爲請。』對曰：『諸侯討貳，則有尋盟。若皆用命，何盟之尋？』叔向曰：『國家之敗，有事而無業，事則不經；有業而無禮，經則不序；有禮而無威，序則不共；有威而不昭，共則不明。不明棄共，百事不終，所由傾覆也。

是故明王之制，使諸侯歲聘以志業，間朝以講禮，再朝而會以示威，再會而盟以顯昭明。志業於好，講禮於等，示威於衆，昭明於神。自古以來，未之或失也。存亡之道，恒由是興。晋禮主盟，懼有不治，奉承齊犧，而布諸君，求終事也。君曰「余必廢之」，何齊之有？惟君圖之。寡君聞命矣。』齊人懼，對曰：『小國言之，大國制之，敢不聽從？既聞命矣，敬共以往，遲速唯君。』叔向曰：『諸侯有間矣，不可以不示衆。』八月辛未，治兵，建而不旆。壬申，復旆之。諸侯畏之。邾人、莒人愬于晋曰：『魯朝夕伐我，幾亡矣。我之不共，魯故之以。』晋侯不見公，使叔向來辭曰：『諸侯將以甲戌盟，寡君知不得事君矣，請君無勤。』子服惠伯對曰：『君信蠻夷之訴，以絶兄弟之國，棄周公之後，亦唯君。寡君聞命矣。』叔向曰：『寡君有甲車四千乘在，雖以無道行之，必可畏也。況其率道，其何敵之有？牛雖瘠，僨於豚上，其畏不死？南蒯、子仲之憂，其庸可棄乎？若奉晋之衆，用諸侯之師，因邾、莒、杞、鄫之怒，以討魯罪，間其二憂，何求而弗克？』魯人懼，聽命。甲戌，同盟于平丘，齊服也。」愚謂此其本傳也。盟固非春秋之所貴也，況晋之尋盟乎、要盟乎、以威武臨之乎？故春秋書「同盟」，同服其威也。夫會盟以講信脩睦也，而乃如此，則何信睦之有？胡氏曰：「其書『同盟』者，劉子與盟，同懼楚也。是盟蓋或善之，而以爲惡，何哉？盟雖衰世之事，然有定人道之大倫者矣；有備天子之明禁者矣；有束牲不歃，相命而信自喻者矣；

有納斥候，禁侵掠，誠格而不復叛者矣。其次猶以載書詞命，相爭約於大神而無敢越者，則未聞主盟中國，奉承齊犧，而矜其威力，恐迫諸侯，又信蠻夷之訴，絶兄弟之歡，求逞私憤，間其憂疑如此盟者，流及戰國，强衆相誇，恫疑恐喝，恣行陵暴，死者十九，積習所致，有自來矣。春秋，禮義之大宗也，曾是以爲善乎？」

公不與盟。

正傳曰：書「公不與盟」，使人考其盟之善否，則不與者非憾之也，幸之也。程子曰：「晋辭公，不使與盟，雖欲辱公，然得不與同盟之罪，實爲幸也。」胡氏曰：「臣子之於君父，隱諱其恥，禮也。十二國會于平丘，公獨見辭不得與盟，斯亦可恥矣，曷爲直書其事而不隱也？晋主此盟，德則不競，而矜兵甲之威，肆脅持之術，以諸侯上要天子之老而歃血，以中國同惴夷狄篡立之主而結盟，無禮義忠信誠慤之心，而以威詐涖之。具此五不韙者，得不與焉，幸也！聖人筆削春秋，凡魯君可恥者，必爲之隱諱。至會于沙隨而公不得見，盟于平丘而公不得與，自衆人常情，必深沮喪以爲辱矣。仲尼推明其故，自反而縮，雖晋國之嚴不可及也。彼以其威，我以其理；彼以其勢，我以其義。夫何慊乎哉！直書其事，示後世立身行己之道也，其垂訓之用大矣。」

晋人執季孫意如以歸。

正傳曰：書「晉人執季孫意如以歸」，罪晉之專横而執之於盟好也。夫魯君以晉會盟之約而來矣，晉信邾、莒之愬而拒魯侯不得與盟會，又執其卿以歸，是行横暴於禮義之時也，豈非無信義之甚乎！故春秋直書之，則晉之罪自見矣。左氏曰：「公不與盟。晉人執季孫意如，以幕蒙之，使狄人守之。司鐸射懷錦，奉壺飲冰，以蒲伏焉。守者御之，乃與之錦而入。晉人以平子歸，子服湫從。」胡氏曰：「自文以來，公室微弱，三家專魯，而季氏罪之首也。宿及意如尤爲强逼，元年伐莒疆鄆，十年伐莒取郠，中分魯國以自封殖，而使其君民食於家，其不臣甚矣，何以爲非伯討乎？晉人若按邾、莒所訴有無之狀，究南蒯、子仲奔叛之因，告於諸侯，以其罪執之，請於天子，以大義廢之，選於魯卿，更意如之位，收斂私邑，爲公室之民，使政令在君，三家臣順，則方伯之職脩矣。今魯與邾通好，亦不朝夕，伐莒而鄆、郠之故，又非昭公意也，徒以邾、莒之言曰：『我之不共，魯故之以。』遂辭魯君而執意如，則是意在貨財而不責其無君臣之義也，何得爲伯討乎？稱『人』以執，罪晉之偷也。」愚謂胡氏之論正矣，但又謂「稱『人』以執，非伯討」，則鑿矣。稱「人」者，夫子因史之文也。若晉人所執之非義，則雖書國書爵以執，猶爲不義，非伯討也。如使晉人執之是，則雖稱「人」，猶爲義舉，爲伯討也。春秋之義，則係乎竊取，而不在乎魯史之文也。

公至自會。

正傳曰：書「公至自會」，謹君之出入也。公與平丘之會，故書「至自會」。公羊曰：「公不與盟者何？公不見與盟也。公不見與盟，大夫執，何以致會？不恥也。曷爲不恥？諸侯遂亂，反陳、蔡，君子不恥不與焉。」

蔡侯盧歸于蔡。陳侯吳歸于陳。

正傳曰：盧，隱太子有之子。吳，悼太子偃師之子。書「蔡侯盧歸于蔡，陳侯吳歸于陳」，善楚也，亦以憾楚也。二公子之子而稱侯者，復其爵也，得興滅繼絶之義矣，故曰善之也。然非天子不得專封，楚以夷狄之國而擅封置焉，則天王不得爲天王，中國不得爲中國矣。故春秋之義，實憾之也。左氏曰：「楚之滅蔡也，靈王遷許、胡、沈、道、房、申於荆焉。平王即位，即封陳、蔡，而皆復之，禮也。隱太子之子盧歸于蔡，禮也。悼太子之子吳歸于陳，禮也。」胡氏曰：「楚虔遷六小國於荆山，又滅陳、蔡而縣之，及棄疾即位，復諸遷國，封蔡及陳。隱太子有之子盧歸于蔡，悼太子偃師之子吳歸于陳。曰『歸』者，順詞也。陳、蔡昔皆滅矣，不稱『復歸』者，不與楚虔之得滅也。其稱『歸于』者，國其所宜歸也。盧與吳皆亡世子之子也，而棄疾封之，可謂有奉矣。不言『自楚』者，不與楚子之得封也。其稱『侯』者，位其所固有也。陳，列聖之後。蔡，王室之親。見滅於楚虔，而諸侯不能救；復封於棄疾，而諸侯不能與，是以夷狄制諸夏也。聖人至是懼之甚，蓋有不得已焉。制春秋爲後法，大要皆天子之事也，其義則以公天下爲心，興滅國，繼絶世，異於自私其身，欲擅而有之者也，故書法如此。爲天下國家而不封建，欲望先王之治，難矣。」愚謂但直書之而其得失自見，不必如胡氏所謂「歸」爲順詞，不稱「復歸」其稱「歸于」，不言「自楚」其稱「侯」者之紛鑿也。

冬十月，葬蔡靈公。

正傳曰：書「葬蔡靈公」何？左氏曰：「禮也。」

公如晉，至河乃復。

正傳曰：書「公如晉，至河乃復」，志恥辱也。夫魯侯赴盟而見拒，而又執其卿，斯亦已矣。又如晉以朝之，則足恭而恥辱至矣，宜乎其再見卻，至河而復也。左氏曰：「公如晉，荀吴謂韓宣子曰：『諸侯相朝，講舊好也。執其卿而朝其君，有不好焉，不如辭之。』乃使士景伯辭公于河。」

吴滅州來。

正傳曰：州來，小國，舊屬吴，近楚，楚嘗取之爲附庸。今楚亂，吴取之。書「吴滅州來」，譏之也，乘人之亂以貪地也。左氏曰：「令尹子旗請伐吴。王弗許，曰：『吾未撫民人，未事鬼神，未脩守備，未定國家，而用民力，敗不可悔。州來在吴，猶在楚也，子姑待之。』」

校記：

〔一〕「災」，嘉靖本、公羊傳作「火」。
〔二〕「災」，嘉靖本、穀梁傳作「火」。
〔三〕「圍」，原作「圖」，據嘉靖本改。
〔四〕「救」，原作「收」，據嘉靖本改。

春秋正傳卷之三十一

昭公

十有四年晋昭四年、齊景二十年、衛靈七年、蔡平二年、鄭定二年、曹武二十七年卒、陳惠二年、杞平八年、宋元四年、秦哀九年、楚平王居元年、吴夷昧十六年。景王十七年。

春，意如至自晋。

正傳曰：書「春，意如至自晋」，始終乎罪晋之不義也。晋拒其君、執其卿於會盟之際，不義甚矣，故前書其執，今又書其至，以深惡之也。胡氏曰：「按左氏：『季孫猶在晋，子服惠伯私於中行穆子曰：「魯事晋，何以不如夷之小國？土地猶大，所命能具。若爲夷棄之，使事齊、楚，何瘳於晋？」乃歸季孫。』其始執之，爲乏邾、莒之供，而非有扶弱擊强之義也；其終歸之，爲土地猶大，所命能具，而非有不能救蔡，爲夷執親之悔也。然則晋人喜怒皆以利發，其勸沮皆以利行，違道甚矣，故平丘之會深加貶斥。自是而後，諸侯不合二十餘年。至于召陵，又以賄敗，十有八國之諸侯而書『侵楚』以譏之。於是晋日益衰，外攜內叛，不復振矣。利之能敗人國家乃如此，春秋之深戒也。」

三月，曹伯滕卒。

正傳曰：書「曹伯滕卒」，志與國之大故也。

夏四月。

正傳曰：無事亦書，義見于前。

秋，葬曹武公。

正傳曰：書「葬曹武公」，志鄰國之大事也。

八月，莒子去疾卒。

正傳曰：書「莒子去疾卒」，志鄰國之大故也。來赴，故史書之。左氏曰：「秋八月，莒著丘公卒，郊公不慼，國人弗順，欲立著丘公之弟庚輿。蒲餘侯惡公子意恢，而善於庚輿；郊公惡公子鐸，而善於意恢。公子鐸因蒲餘侯而與之謀，曰：『爾殺意恢，我出君而納庚輿。』許之。」胡氏曰：「卒自外録者也，莒人來赴，故魯史書其卒；葬自內録者也，魯人不往，是以闕其葬。自昭公以來，雖薛、杞微國，無不會其葬者，何獨於莒則不往乎？方是時，意如專政，而莒嘗訴其疆鄆取郠之罪於方伯而見執矣，爲是怒莒，故獨不會其葬也。夫怨不棄義，惡不忘親，怒不廢禮。在桓公時雖與衛戰，而宣公卒則往葬之，不以私故，絶吉凶慶吊往來施報之常禮也，以此見意如之專恣矣。若意如者，其傲狠脩怨，敢施於昭公與莒子，及其在晋，聞除館西河，則恐懼逃歸如一匹夫，何也？小人無禮，喜怒勇怯不中節，皆若是耳。苟不遠之，其能國乎？」

冬，莒殺其公子意恢。

正傳曰：書「莒殺其公子意恢」，誅亂賊也。左氏曰：「冬十二月，蒲餘侯兹夫殺莒公子意恢。郊公奔齊。公子鐸逆庚輿於齊，齊隰黨、公子鉏送之，有賂田。」愚謂此公子鐸與蒲餘侯之謀也，徒以愛憎之故，不顧大義而賊殺公子，以擅置立，亂人之國，其罪惡大矣，故春秋書而誅之。

景王十八年。十有五年晋昭五年、齊景二十一年、衛靈八年、蔡平三年、鄭定三年、曹平公須元年、陳惠三年、杞平九年、宋元五年、秦哀十年、楚平二年、吴夷昧十七年卒。

春王正月，吴子夷昧卒。

正傳曰：書「吴子夷昧卒」，志外國之大故也。

二月癸酉，有事于武宮。籥入，叔弓卒。去樂，卒事。

正傳曰：何以書？志禮之變也。左氏曰：「春，將禘于武公，戒百官。梓慎曰：『禘之日其有咎乎！吾見赤黑之祲，非祭祥也，喪氛也。其在涖事乎！』二月癸酉，禘。叔弓涖事，籥入而卒。去樂，卒事，禮也。」公羊曰：「其言去樂卒事何？禮也。君有事于廟，聞大夫之喪，去樂卒事。大夫聞君之喪，攝主而往。大夫聞大夫之喪，尸事畢而往。」愚聞大夫涖事，卒於其位則去樂卒事，體祖宗不忍之心，故曰禮也。若如公羊所謂「有事于廟，聞大夫之喪，去樂卒事」，則非也，與卒于祭位者異矣。蓋非卒于祭位，則禮不當以聞矣，安得而聞之？此不可不辨。胡氏曰：「左氏曰：『禘于武宮。叔弓涖事，籥入而卒。去樂，卒事。』有事於宗廟，聞大夫之喪，則去樂而祭，可乎？按曾子問，君在祭不得成禮者，夫子語之詳矣，而無有及大臣者，是知祭而去樂不可也。有事於宗廟，遭大夫之變，則以聞，可乎？按禮，衛有太史柳莊寢疾，君曰：『若疾革，雖當祭必告。』是知祭而以聞不可也。禮莫重於當祭，大夫有變而不以聞，則內得盡其誠敬之心於宗廟，外全隱恤之意於大臣，是兩得之也。然則有事於宗廟，大臣涖事，籥入而卒於其所，則如之何？禮雖未之有，可以義起也。有事於宗廟，大臣涖事，籥入而卒於其所，去樂卒事，其可也。緣先祖之心，見大臣之卒，必聞樂不樂；緣孝子之心，視已設之饌，必不忍輕徹，故去樂而卒事，其可也。宗廟合禮者，常事不書。苟以爲可，則春秋何書乎？此記禮之變而書之者也。」

夏，蔡朝吴出奔鄭。

正傳曰：朝吴，蔡忠臣。書「蔡朝吴出奔鄭」，譏不能自信而奔也，亦以罪夫奔之者也。

左氏曰：「楚費無極害朝吴之在蔡也，欲去之，乃謂之曰：『王唯信子，故處子於蔡。子亦長矣，而在下位，辱，必求之，吾助子請。』又謂其上之人曰：『王唯信吴，故處諸蔡，二三子莫之如也，而在其上，不亦難乎？弗圖，必及於難。』夏，蔡人逐朝吴，朝吴出奔鄭。王怒，曰：『余唯信吴，故寘諸蔡。且微吴，吾不及此。女何故去之？』無極對曰：『臣豈不欲吴？然而前知其爲人之異也。吴在蔡，蔡必速飛。去吴，所以翦其翼也。』」觀此，則朝吴之奔，以無極之讒使之奔鄭也，然亦朝吴明不能遠姦、誠不能格物之所致也。向使朝吴誠明既立，則佞人遠矣，下位〔一〕之言奚爲而至〔二〕哉？均之爲有罪矣。胡氏曰：「朝吴，蔡之忠臣，雖不能存蔡而能復蔡，其從於棄疾者，謂蔡滅而棄疾必能封之也。棄疾以其忠於舊君而信之，使居舊國，可謂知所信矣。則曷爲出奔？費無極害其寵也。無極，楚之讒人，去朝吴，出蔡侯朱，喪太子建，殺連尹奢，屏王耳目，使不聰明，卒使吴師入郢，辱及宗廟。讒人爲亂，可不畏乎？爲國有九經而尊賢爲上，勸賢有四事而去讒爲首。志朝吴出奔，而入郢之師兆矣。然朝吴身居舊國，處危疑之地，苟有譖之者，則王不能無動也。能以忠信自任而杜讒諂之謀，則善矣。而費無極乃語之曰：『子亦長矣，而在下位，辱也。』欲爲之請，以名利累其心而莫之覺，不智亦甚矣。故特書其『出奔』以罪吴，爲後戒也。」

六月丁巳朔，日有食之。

正傳曰：書「日有食之」，志天變也。餘義見前。

秋，晉荀吴帥師伐鮮虞。

正傳曰：書「晉荀吴帥師伐鮮虞」，志非義也。左氏曰：「晉荀吴帥師伐鮮虞，圍鼓。鼓人或請以城叛，穆子弗許。左右曰：『師徒不勤，而可以獲城，何故不爲？』穆子曰：『吾聞諸叔向曰：「好惡不愆，民知所適，事無不濟。」或以吾城叛，吾所甚惡也。人以城來，吾獨何好焉？賞所甚惡，若所好何？若其弗賞，是失信也，何以庇民？力能則進，否則退，量力而行。吾不可以欲城而邇姦，所喪滋多。』使鼓人殺叛人而繕守備。圍鼓三月，鼓人或請降。使其民見，曰：『猶有食色，故脩而城。』軍吏曰：『獲城而不取，勤民而頓兵，何以事君？』穆子曰：『吾以事君也。獲一邑而教民怠，將焉用邑？邑以賈怠，不如完舊。賈怠無卒，棄舊不祥。鼓人能事其君，我亦能事吾君。卒義不爽，好惡不愆，城可獲而民知義所，有死命而無二心，不亦可乎？』鼓人告食竭、力盡，而後取之。克鼓而反，不戮一人，以鼓子鳶鞮歸。」愚謂據此傳，則荀吴不納叛、不急利，誠爲善矣，然不能推此加諸彼，何耶？夫征者，正有罪也。鮮虞無罪而征之，尚爲能充其類也乎？不知無罪而征人之國爲非義，而徒以不納叛、不急利之爲善，是猶紾兄之臂而奪之食，姑徐徐云爾。

冬，公如晉。

正傳曰：書「公如晉」，志非所如也。左氏曰：「平丘之會故也。」愚謂平丘之會，見拒於晉而不與盟，則辱亦甚矣，而又因是以如晉焉，不能自立其國，而惴惴乎惟大國之畏，無怪乎其自卑賤也已。按左傳，十六年春王正月，公在晉，晉人止公，則不惟卑賤，又自陷於危辱矣。

景王十九年。十有六年晉昭六年卒、齊景二十二年、衛靈九年、蔡平四年、鄭定四年、曹平二年、陳惠四年、杞平十年、宋元六年、秦哀十一年、楚平三年、吳僚元年。

春，齊侯伐徐。

正傳曰：書「齊侯伐徐」，著非義也。左氏曰：「二月丙申，齊師至于蒲隧，徐人行成。徐子及郯人、莒人會齊侯，盟于蒲隧，賂以甲父之鼎。叔孫昭子曰：『諸侯之無伯，害哉！齊君之無道也，興師而伐遠方，會之，有成而還，莫之亢也，無伯也夫！詩曰：「宗周既滅，靡所止戾。正大夫離居，莫知我肄。」其是之謂乎！』」愚謂昭子之言得春秋之意。夫徐無罪而伐之，受其賂而與之成，可謂非義矣，故春秋惡之。

楚子誘戎蠻子殺之。

正傳曰：書「楚子誘戎蠻子殺之」，著詐暴之罪也。左氏曰：「楚子聞蠻氏之亂也，與蠻子之無質也，使然丹誘戎蠻子嘉殺之，遂取蠻氏。既而復立其子焉，禮也。」夫御戎狄之道，誠信而已，因其亂，誘而殺之，無道甚矣，豈非以夷殘夷乎？故春秋直書，而其罪惡著矣。公羊以爲「楚子不名，夷狄相誘殺，不疾之」，則非矣。夫既不疾之，則聖人何所取義以書乎？

夏，公至自晋。

正傳曰：書「公至自晋」，始終乎非禮之行也。夫書「至」者，凡以謹人君之出入，舉而必書，而善惡著焉。凡書「至」者，有飲至，有書勞，有反面于廟之禮也。其反面于廟，則將何詞以告祖考乎？故春秋恥之。左氏曰：「子服昭伯語季平子曰：『晋之公室其將遂卑矣。君幼弱，六卿彊而奢傲，將因是以習，習實爲常，能無卑乎！』平子曰：『爾幼，惡識國！』」胡氏曰：「左氏曰：『公如晋，平丘之會故也。至是始歸者，晋人止公。其不書，諱之也。』昭公數朝於晋，三至于河而不得入，兩得見晋侯，又欲討其罪而止旃，其困辱亦甚矣。在易之困曰『困亨』者，因困窮而致亨也。夫困於心，衡於慮，而後作；徵於色，發於聲，而後喻。此正憤悱自强之時，而夏少康、衛文公、越勾踐、燕昭王四君子者，由此其選也。今昭公安於危辱，無激昂勉勵之志，即所謂自暴自棄，不可與有爲，而人亦莫之告矣，不亦悲乎！諱而不書，深貶之也。」愚謂只一書「如」，一書「至」，中間隔三時，而其事自著矣，又何必謂諱乎？

秋八月己亥，晋侯夷卒。

正傳曰：書「晋侯夷卒」，志盟主之大故也，餘義見前。

九月，大雩。

正傳曰：書「九月，大雩」，左氏曰：「旱也。」而魯大雩之非，因以並見矣。餘義見前。

季孫意如如晋。

正傳曰：書「意如如晋」，志非禮也。以卿會葬，非禮也。

冬十月，葬晋昭公。

正傳曰：葬者，意如會葬，蓋秋往而冬十月乃至葬也。何以書？志會葬之禮也。諸侯五月而葬，同盟至，禮也。左氏曰：「冬十月，季平子如晋葬昭公。平子曰：『子服回之言猶信。子服氏有子哉！』」

景王二十年。十有七年晋頃公去疾元年、齊景二十三年、衛靈十年、蔡平五年、鄭定五年、曹平三年、陳惠五年、杞平十一年、宋元七年、秦哀十二年、楚平四年、吴僚二年。

春，小邾子來朝。

正傳曰：書「小邾子來朝」，志邦交之禮也。左氏曰：「春，小邾穆公來朝，公與之燕。季平子賦采菽，穆公賦菁菁者莪。昭子曰：『不有以國，其能久乎？』」愚謂諸侯邦交之禮，朝聘以時，所以通好也，況小邾子又能以小事大，而賦詩有樂見之誠，可謂知禮以保其國矣，故春秋善之。

夏六月甲戌朔，日有食之。

正傳曰：書「日有食之」，志天變也。左氏曰：「祝史請所用幣。昭子曰：『日有食之，天子不舉，伐鼓於社；諸侯用幣於社，伐鼓於朝，禮也。』平子禦之，曰：『止也。唯正月朔，慝未作，日有食之，於是乎有伐鼓、用幣，禮也。其餘則否。』太史曰：『在此月也。日過分而未至，三辰有災，於是乎百官降物，君不舉，辟移時，樂奏鼓，祝用幣，史用辭。故夏書曰「辰不集于房，瞽奏鼓，嗇夫馳，庶人走。」此月朔之謂也。當夏四月，謂之孟夏。』平子弗從。昭子退，曰：『夫子將有異志，不君君矣。』」

秋，郯子來朝。

正傳曰：書「郯子來朝」，志邦交之禮也，以小事大之義也。左氏曰：「公與之宴。昭子問焉，曰：『少皞氏鳥名官，何故也？』郯子曰：『吾祖也，我知之。昔者黄帝氏以雲紀，故爲雲師而雲名；炎帝氏以火紀，故爲火師而火名；共工氏以水紀，故爲水師而水名；太皞氏以龍紀，故爲龍師而龍名。我高祖少皞摯之立也，鳳鳥適至，故紀於鳥，爲鳥師而鳥名：鳳鳥氏，曆正也；玄鳥氏，司分者也；伯趙氏，司至者也；青鳥氏，司啓者也；丹鳥氏，司閉者也；祝鳩氏，司徒也；鴡鳩氏，司馬也；鳲鳩氏，司空也；爽鳩氏，司寇也；鶻鳩氏，司事也。五鳩，鳩民者也。五雉爲五工正，利器用、正度量，夷民者也。九扈爲九農正，扈民無淫者也。自顓頊以來，不能紀遠，乃紀於近。爲民師而命以民事，則不能故也。』仲尼聞之，見於郯子而學之。既而告人曰：『吾聞之，「天子失官，學在四夷。」猶信。』愚謂觀此，則郯子能博通今古，知歷代建官之義，仲尼以爲賢者也。賢者，識其大者，固先王之道未墜於地者也，故書於册，表其賢也。不但志邦交之禮，以小事大之義而已也。禮失求之野，豈不信夫！

八月，晉荀吳帥師滅陸渾之戎。

正傳曰：書「晉荀吳帥師滅陸渾之戎」，則聖人褒貶之意並見矣。左氏曰：「晉侯使屠蒯如周，請有事於雒與三塗。萇弘謂劉子曰：『客容猛，非祭也，其伐戎乎！陸渾氏甚睦於楚，必是故也。君其備之！』乃警戎備。九月丁卯，晉荀吳帥師涉自棘津，使祭史先用牲於雒。陸渾人弗知，師從之。庚午，遂滅陸渾，數之以其貳於楚也。陸渾子奔楚，其衆奔甘鹿。周大獲。宣子夢文公攜荀吴而授之陸渾，故使穆子帥師，獻俘於文宫。」愚謂詩云「戎狄是膺，荆舒是懲」，陸渾之戎本戎狄而從於荆楚，晋伐之，不失爲膺戎狄之義也。然有陽不能無陰，有中國不能無夷狄，伐之可也，滅之不可也。故春秋書之，而褒貶與奪之義並見焉。胡氏曰：「林父之於潞氏，士會之於甲氏，荀吴之於陸渾戎，皆滅之也。而林父、士會稱『師』稱『人』，荀吴舉其名氏，何哉？夷不亂華，陸渾之戎密邇王室，而縱之雜處，則非膺戎狄、别内外之義也，與闢土服遠以圖强霸則異矣。然舉其名氏，非褒詞也，纔得無貶耳，則窮兵於遠，虚内事外者，可知矣。」愚謂此不稱大夫而名之，類於貶矣。胡氏特以其事善，故不以爲貶耳，然則義例之説，果能充其類也乎？

冬，有星孛于大辰。

正傳曰：孛即彗星也。大辰，大火也，心星也。書「有星孛于大辰」，志天變也，爲天下志也。左氏曰：「有星孛于大辰，西及漢。申須曰：『彗所以除舊布新也。天事恒象，今除於火，火出必布焉，諸侯其有火災乎！』梓慎曰：『往年吾見之，是其徵也。火出而見，今茲火出而章，必火入而伏，其居火也久矣，其與不然乎？火出，於夏爲三月，於商爲四月，於周爲五月。夏數得天，若火作，其四國當之，在宋、衛、陳、鄭乎！宋，大辰之虚也；陳，太皞之虛也；鄭，祝融之虛也，皆火房也。星孛及漢，漢，水祥也。衛，顓頊之虛也，故爲帝丘，其星爲大水，水，火之牡也。其以丙子若壬午作乎！水火所以合也。若火入而伏，必以壬午，不過其見之月。』鄭裨竈言于子産曰：『宋、衛、陳、鄭將同日火。若我用瓘斝玉瓚，鄭必不火。』子産弗與。」胡氏曰：「大辰，心也。心爲明堂，天子之象，其前星太子，後星庶子。孛星加心，象天子適庶將分争也。後五年，景王崩，王室亂，劉子、單子立王猛，尹氏、召伯立子朝，歷數載而後定。至哀十三年，有星孛于東方。不言宿名者，不加宿也。當是時，吴人僭亂，憑陵上國，日敝於兵，暴骨如莽，其戾氣所感，固將壅吴而降之罰也，故氛祲所指在於東方。假手越人，吴國遂滅，天之示人顯矣，史之有占明矣。」

楚人及吴戰于長岸。

正傳曰：書「楚人及吴戰于長岸」，罪交争也。師出無名，惟以力相争，此夷狄之道也，故春秋書以惡之。左氏曰：「吴伐楚，陽匄爲令尹，卜戰，不吉。司馬子魚曰：『我得上流，何故不吉？且楚故，司馬令龜，我請改卜。』令曰：『魴也以其屬死之，楚師繼之，尚大克之！』吉。戰于長岸，子魚先死，楚師繼之，大敗吴師，獲其乘舟餘皇。使隨人與後至者守之，環而塹之，及泉，盈其隧炭，陳以待命。吴公子光請於其衆，曰：『喪先王之乘舟，豈唯光之罪，衆亦有焉。請藉取之以救死。』衆許之。使長鬣者三人潛伏於舟側，曰：『我呼餘皇，則對。』師夜從之。三呼，皆迭對。楚人從而殺之。楚師亂，吴人大敗之，取餘皇以歸。」胡氏曰：「言戰不言敗，勝負敵也。楚地五千里，帶甲數十萬，戰勝諸侯，威服天下，本非吴敵也。惟不能去讒賤貨，使費無極以讒勝，囊瓦以貨行，而策士奇才爲敵國用，故日以侵削。至雞父之師，七國皆敗；柏舉之戰，國破君奔，幾於亡滅，吴日益强而楚削矣。是故爲國必以得賢爲本，勸賢必以去讒賤貨爲先。不然，雖廣土衆民，不足恃也。考其所書本末强弱之由，其爲後世戒明矣。」

景王二十一年。**十有八年** 晋頃二年、齊景二十四年、衛靈十一年、蔡平六年、鄭定六年、曹平四年卒、陳惠六年、杞平十二年、宋元八年、秦哀十三年、楚平五年、吴僚三年。

春王三月，曹伯須卒。

正傳曰：曹伯，名須，謚平公。書「曹伯須卒」，志與國之大故也。餘義見前。

夏五月壬午，宋、衛、陳、鄭災。

正傳曰：書「壬午，宋、衛、陳、鄭災」，志大異也。何以爲大異也？公羊曰：「異其同日而俱災也。外異不書，此何以書？爲天下記異也。」左氏曰：「五月，火始昏見。丙子，風。梓慎曰：『是謂融風，火之始也。七日，其火作乎！』戊寅，風甚。壬午，大甚。宋、衛、陳、鄭皆火。梓慎登大庭氏之庫以望之，曰：『宋、衛、陳、鄭也。』數日皆來告火。裨竈曰：

『不用吾言，鄭又將火。』鄭人請用之，子產不可。子太叔曰：『寶以保民也，若有火，國幾亡。可以救亡，子何愛焉？』子產曰：『天道遠，人道邇，非所及也，何以知之？竈焉知天道？是亦多言矣，豈不或信？』遂不與，亦不復火。鄭之未災也，里析告子產曰：『將有大祥，民震動，國幾亡。吾身泯焉，弗良及也。國遷，其可乎？』子產曰：『雖可，吾不足以定遷矣。』及火，里析死矣，未葬，子產使輿三十人遷其柩。火作，子產辭晋公子、公孫于東門，使司寇出新客，禁舊客勿出於宮。使子寬、子上巡羣屏攝，至於太宮。使公孫登徙大龜，使祝史徙主祏於周廟，告于先君。使府人、庫人各儆其事。商成公儆司宮，出舊宮人，寘諸火所不及。司馬、司寇列居火道，行火所焮。城下之人伍列登城。明日，使野司寇各保其徵，郊人助祝史，除於國北，禳火于玄冥、回祿，祈于四鄘。書焚室而寬其征，與之材。三日哭，國不市。使行人告於諸侯。宋、衛皆如是。陳不救火，許不吊災，君子是以知陳、許之先亡也。」胡氏曰：「〔按〕〔三〕左氏：『鄭災，子產臨事而備。初，裨竈言於子產：「宋、衛、陳、鄭將同日火，若我用瓘斝玉瓚，鄭必不火。」子產弗與。及鄭既災，竈曰：「不用吾言，鄭又將火。」鄭人請用之，子產不可。曰：「天道遠，人道邇，非所及也。何以知之？」亦不復火。』裨竈所言，蓋以象推，非妄也。而鄭不復火者，子產當國，方有令政，此以德消變之驗矣。是知吉凶禍福固有可移之理，古人所以必先人事而後言命也。」

六月，邾人入鄅。

正傳曰：鄅，小國，妘姓，禹之後。書「邾人入鄅」，罪詭謀也。左氏曰：「鄅人藉稻，邾人襲鄅。鄅人將閉門，邾人羊羅攝其首焉，遂入之，盡俘以歸。鄅子曰：『余無歸矣。』從帑于邾，邾莊公反鄅夫人，而舍其女。」愚謂觀此，則鄅人無可聲之罪，而邾人出其不意，襲而入之，俘其民以及其君，無道之甚者也，故春秋惡之。

秋，葬曹平公。

正傳曰：書「葬曹平公」，志相恤之義也。左氏曰：「葬曹平公。往者見周原伯魯焉，與之語，不説學，歸以語閔子馬。閔子馬曰：『周其亂乎！夫必多有是説，而後及其大人。大人患失而惑，又曰：「可以無學，無學不害。」不害而不學，則苟而可，於是乎下陵上替，能無亂乎？夫學，殖也。不學，將落，原氏其亡乎！』」愚謂學也者，覺也，效也，不效而無覺，則惑心生而邪惡乘之。弑父與君，不學之漸也。

冬，許遷于白羽。

正傳曰：書「許遷于白羽」，則楚陵蔑中國之罪甚矣。左氏曰：「楚左尹王子勝言於楚子曰：『許於鄭，仇敵也，而居楚地，以不禮於鄭。晉、鄭方睦，鄭若伐許，而晉助之，楚喪地矣。君盍遷許。許不專於楚，鄭方有令政，許曰：「余舊國也。」鄭曰：「余俘邑也。」葉在楚國，方城外之蔽也。土不可易，國不可小，許不可俘，讎不可啓，君其圖之！』楚子說。冬，楚子使王子勝遷許於析，實白羽。」愚謂先王分封有定，受之天子，傳之先君。楚十三〔四〕年復遷邑，許自夷還，居葉，今又自葉遷白羽，其以夷陵夏，犯先王之誅矣。

景王二十二年。

十有九年晉頃三年、齊景二十五年、衛靈十二年、蔡平七年、鄭定七年、曹悼公午元年、陳惠七年、杞平十三年、宋元九年、秦哀十四年、楚平六年、吳僚四年。

春，宋公伐邾。

正傳曰：書「宋公伐邾」，著擅興之罪也。左氏曰：「郳夫人，宋向戌之女也，故向寧請師。二月，宋公伐邾，圍蟲。三月，取之，乃盡歸郳俘。邾人、郳人、徐人會宋公。乙亥，同盟于蟲。」愚謂郳人藉稻，邾襲而俘之，辱及其君夫人，其罪大矣。胡氏以爲「向寧請師。『圍蟲，取之』、『盡歸郳俘』，爲聲罪執言之兵。」是也。然邾固有罪，宋亦不能無罪焉。不以告于天子，率方伯連帥以聲罪致討，乃擅興動衆，又取其邑，故史書之，聖人竊取之義見矣。其不書「圍」不書「取」者，宋不以報告故爾。胡氏以爲取其善而釋其罪，過矣。

夏五月戊辰，許世子止弑其君買。

正傳曰：書「許世子止弑其君買」，罪世子也，罪其有致弑之道也。左氏曰：「夏，許悼公瘧。五月戊辰，飲太子止之藥，卒。太子奔晉。書曰『弑其君』，君子曰：『盡心力以事君，舍藥物可也。』」穀梁謂：「止曰：『我與夫弑者。』不立乎其位，以與其弟虺。哭泣歠飦粥，嗌不容粒，未踰年而死，故君子即止自責而責之也。」愚謂五刑之屬三千，而罪莫大於弑父與君。據左氏所載，則太子止但爲不嘗藥之故耳，而春秋遽以莫大之罪加之者，豈聖人公恕之心於有過中求無過之道哉？觀此者，必以經而正其傳可也。左氏「君子曰『盡心力以事君，舍藥物可也』」非也。胡氏又以爲「謹微履霜」之義，亦非也。此皆不過見止之自責、哭泣而死、不立其位而爲此言耳。當時必有實事，史逸其傳而隱其詞矣，故傳謂「飲止之藥而卒」。止亦受之曰：「我與夫弑者。」豈無故而受與弑之名邪？或者止之比黨速欲止之定位，因藥進毒以弑之，或太子察之不早，而比其匪人，又不先嘗藥以杜其邪謀，或後稍知，知之未真而隱之，皆不能免於與弑之罪矣。如漢之霍光豈不亦〔五〕爲忠臣？其妻毒許后，光爲隱其邪謀。設使漢有春秋，則當書曰「霍光弑皇后許氏」，則光豈敢不受之乎？大抵不學無術則愚，而陷於弑父之罪，不能免於春秋之書，而後儒紛紛皆徒以歸於不嘗藥之罪，則夫山野愚氓憂親之疾，付於庸醫之手而致親死，初不知有嘗藥之禮者，皆爲有弑父之罪矣，豈理也哉？曰「焉知止不實與之同謀乎？」曰「以不立乎其位，以與其弟虺，哭泣歠粥，不粒而死」，以此知其決不然也。

己卯，地震。

正傳曰：書「地震」，志變異也。地道尚靜，今震而動焉，失其常矣。失常爲變爲異，故春秋書之以示戒焉。

秋，齊高發帥師伐莒。

正傳曰：書「齊高發帥師伐莒」，志非義之兵也。夫非義者，必計功謀利者也。莒非有可聲之罪，齊徒以其不事己而伐之，是爲計功謀利之心，非義舉，何以爲霸主乎？左氏曰：「齊高發帥師伐莒，莒子奔紀鄣。使孫書伐之。初，莒有婦人，莒子殺其夫，已爲嫠婦。及老，托於紀鄣，紡焉以度而去之。及師至，則投諸外。或獻諸子占，子占使師夜縋而登。登者六十人，縋絶。師鼓譟，城上之人亦譟。莒共公懼，啓西門而出。七月丙子，齊師入紀。」

冬，葬許悼公。

正傳曰：書「葬許悼公」，志恤鄰之大事也，其與諸侯會葬可知矣。夫與諸侯會葬者，必諸侯安之而非實弑矣。許止質美而不學，不能敬謹以事其親，比之匪人，以致進藥而不嘗藥，進而毒發以殺其親，又不追賊，以陷於與弑之罪，其與實弑者異矣。推類至義之盡耳，故諸侯安之而與葬也。不然，賊之未討，何以書葬耶？胡氏曰：「觀止自責，可謂有過人之質矣。乃至以弑君獲罪，此爲人臣子而不知春秋之義者也。古者太子，自其初生固舉以禮，有司端冕，見之南郊，過闕則下，過廟則趨，爲赤子而其教已有齊肅敬慎之端矣。此春秋訓臣子除惡於微、積善於早之意也。」

景王二十三年。二十年晉頃四年、齊景二十六年、衛靈十三年、蔡平八年卒、鄭定八年、曹悼二年、陳惠八年、杞平十四年、宋元十年、秦哀十五年、楚平七年、吴僚五年。

春王正月。

正傳曰：無事亦書時月，義見于前。

夏，曹公孫會自鄸出奔宋。

正傳曰：會，子臧之子。鄸，子臧之采邑也。書「曹公孫會自鄸出奔宋」，善其奔也，盡奔之禮也。公孫會得罪而出奔，猶待放於其邑也。劉敞曰：「待放也。古者大夫有罪，待放於其境。三年，君賜之環，則復；賜之玦，則去。逾境，則爲位向國而哭。素衣、裳、冠，不説人以無罪，此去國之禮也。」會待放於鄸，自鄸而出奔宋，得臣子惓惓不敢忘君之義，可謂得禮矣，故春秋善之。公羊以爲：「奔未有言自，言自畔也，爲賢子臧之後諱也。」胡氏從之。穀梁又以爲「自夢，專乎夢也」，皆非矣。夫春秋，紀事之書，就事論事，豈得比「賞延于世」、「善善從長」之義，以父祖之賢，及其子孫者哉！凡此皆義例臆説爲之蔽，春秋之旨所以不明也。

秋，盜殺衛侯之兄縶。

正傳曰：縶，衛侯之庶兄也。書「盜殺衛侯之兄縶」，誅亂賊也。左氏曰：「衛公孟縶狎齊豹，奪之司寇與鄄。有役則反之，無則取之。公孟惡北宮喜、褚師圃，欲去之。公子朝通于襄夫人宣姜，懼而欲以作亂。故齊豹、北宮喜、褚師圃、公子朝作亂。初，齊豹見宗魯于公孟，爲驂乘焉。將作亂，而謂之曰：『公孟之不善，子所知也，勿與乘，吾將殺之。』對曰：『吾由子事公孟，子假吾名焉，故不吾遠也。雖其不善，吾亦知之，抑以利故，不能去，是吾過也。今聞難而逃，是僭子也。子行事乎，吾將死之，以周事子，而歸死于公孟，其可也。』丙辰，衛侯在平壽。公孟有事於蓋獲之門外，齊子氏帷於門外，而伏甲焉。使祝鼁寘戈於車薪以當門，使一乘從公孟以出，使華齊御公孟，宗魯驂乘。及閎中，齊氏用戈擊公孟，宗魯以背蔽之，斷肱，以中公孟之肩，皆殺之。公聞亂，乘，驅自閱門入。慶比御公，公南楚驂乘，使華寅乘貳車。及公宮，鴻駵魋駟乘于公。公載寶以出。褚師子申遇公於馬路之衢，遂從。遇齊氏，使華寅肉袒，執蓋以當其闕。齊氏射公，中南楚之背，公遂出。寅閉郭門，踰而從公。公如死鳥。析朱鉏宵從竇出，徒行從公。齊氏之宰渠子召北宮子。北宮氏之宰不與聞謀，殺渠子，遂伐齊氏，滅之。丁巳晦，公入，與北宮喜盟于彭水之上。秋七月戊午朔，遂盟國人。八月辛亥，公子朝、褚師圃、子玉霄、子高魴出奔晉。閏月戊辰，殺宣姜。衛侯賜北宫喜謚曰貞子，賜析朱鉏謚曰成子，而以齊氏之墓予之。衛侯告寧于齊，且言子石。琴張聞宗魯死，將往吊之。仲尼曰：『齊豹之盗，而孟縶之賊，女何吊焉？君子不食姦，不受亂，不爲利疚於回，不以回待人，不蓋不義，不犯非禮。』」愚謂按此，則爲盗者齊豹也。殺君之兄，不書賊名者，衛不以名報也，故魯史亦不得而名之，使人按跡而求，而盗人斯得矣。其云盗者，爲盗賊之事，深誅亂賊之罪也。若夫宗魯，縶之忠臣也。以身蔽縶，與之俱死，死不恤矣。其欲爲豹盗者何求乎？左氏所載非孔子之言矣。其不以變告縶者，蓋不忍負豹之知己，好仁而不好學者也，與雍糾之婦、祭仲之女同其愚矣。左氏以盗歸之，胡氏從之，過矣。是則如酷吏之任法，非聖人於有過中求無過之心矣。謹録其説于後。胡氏曰：「左氏以爲齊豹殺之也。齊豹爲衛司寇，守嗣大夫，其書爲『盗』，所謂求名而不得者也。若艱難其身，以險危大人，而有名章徹，攻難之士將奔走之，臣竊以爲仲尼書斷此獄，罪在宗魯。宗魯，孟縶之驂乘也。於法應書曰『盗』，非求名而不得者也。天下豈有欲求險危大人之惡名，而聖人又靳此名而不與者哉？然則齊豹首謀作亂，宗魯雖與聞行事，又以身死之矣，今乃釋豹不誅，而歸獄於宗魯，不亦頗乎？曰：豹之不義，夫人皆知之也。若宗魯欲周事豹而死於公孟，蓋未有知其罪者，故琴張聞其死，將往吊之。仲尼曰：『齊豹之盗，孟縶之賊，汝何吊焉？』非聖人發其食姦受亂，蓋不義，犯非禮之罪，書於春秋，則齊豹所畜養之盜，孟縶所見殺之賊，其大惡隱矣。」

冬十月，宋華亥、向寧、華定出奔陳。

正傳曰：書「宋華亥、向寧、華定出奔陳」，志亂也。左氏曰：「宋華、向之亂，公子城、公孫忌、樂舍、司馬彊、向宜、向鄭、楚建、郳甲出奔鄭。其徒與華氏戰于鬼閻，敗子城。子城適晉。華亥與其妻，必盥而食所質公子者而後食。公與夫人每日必適華氏，食公子而後歸。華亥患之，欲歸公子。向寧曰：『唯不信，故質其子。若又歸之，死無日矣。』公請於華費遂，將攻華氏。對曰：『臣不敢愛死，無乃求去憂而滋長乎！臣是以懼，敢不聽命？』公曰：『子死亡有命，余不忍其詢。』冬十月，公殺華、向之質而攻之。戊辰，華、向奔陳，華登奔吴。向寧欲殺太子。華亥曰：『干君而出，又殺其子，其誰納我？且歸之有庸。』使少司寇牼以歸，曰：『子之齒長矣，不能事人。以三公子爲質，必免。』公子既入，華牼將自門行。公遽見之，執其手，曰：『余知而無罪也，入，復而所。』」陳氏曰：「於是公子城、公孫忌八子奔鄭，華亥、向寧、華定奔陳，其但書三子何？凡奔罪也衆，不可勝罪，則罪其甚者，入南里以叛，乞師于楚，爲宋患之日久，是以甚三子也。」

十有一月辛卯，蔡侯廬卒。

正傳曰：書「蔡侯廬卒」，志鄰國之大故也。

景王二十四年。二十有一年晉頃五年、齊景二十七年、衛靈十四年、蔡悼公東國元年、鄭定九年、曹悼三年、陳惠九年、杞平十五年、宋元十一年、秦哀十六年、楚平八年、吴僚六年。

春王三月，葬蔡平公。

正傳曰：書「葬蔡平公」，志鄰國之大事也，而諸侯相恤之義見矣。左氏曰：「三月，葬蔡平公。蔡太子朱失位，位在卑。大夫送葬者歸，見昭子。昭子問蔡故，以告。昭子嘆曰：『蔡其亡乎！若不亡，是君也必不終。詩曰：「不解于位，民之攸塈。」今蔡侯始即位，而適卑，身將從之。』」

夏，晉侯使士鞅來聘。

正傳曰：書「晉侯使士鞅來聘」，志邦交之禮也，而其失可考見矣。諸侯邦交有朝聘之禮，所以通好也。晉之聘魯，得禮之正乎？按左氏：「夏，晉士鞅來聘，叔孫爲政。季孫欲惡諸晉，使有司以齊鮑國歸費之禮爲士鞅。士鞅怒，曰：『鮑國之位下，其國小，而使鞅從其牢禮，是卑敝邑也，將復諸寡君。』魯人恐，加四牢焉，爲十一牢。」愚謂晉鞅來聘以脩好，責小以相攜，而魯季孫私惡以妨公，失歡於盟主，是邦交通好之禮胥失之矣，故春秋書之。

宋華亥、向寧、華定自陳入于宋南里以叛。

正傳曰：南里，宋鄙也。書「宋華亥、向寧、華定自陳入于宋南里以叛」，則叛逆之罪見矣。左氏曰：「宋華費遂生華貙、華多僚、華登。貙爲少司馬，多僚爲御士，與貙相惡，乃譖諸公曰：『貙將納亡人。』亟言之。公曰：『司馬以吾故，亡其良子。死亡有命，吾不可以再亡之。』對曰：『君若愛司馬，則如亡。死如可逃，何遠之有？』公懼，使侍人召司馬之侍人宜僚，飲之酒，而使告司馬。司馬嘆曰：『必多僚也。吾有讒子，而弗能殺，吾又不死，抑君有命，可若何？』乃與公謀逐華貙，將使田孟諸而遣之。公飲之酒，厚酬之，賜及從者。司馬亦如之。張匄尤之，曰：『必有故。』使子皮承宜僚以劍而訊之。宜僚盡以告。張匄欲殺多僚。子皮曰：『司馬老矣，登之謂甚，吾又重之，不如亡也。』五月丙申，子皮將見司馬而行，則遇多僚御司馬而朝。張匄不勝其怒，遂與子皮、臼任、鄭翩殺多僚，劫司馬以叛，而召亡人。壬寅，華、向入。樂大心、豐愆、華牼禦諸横。華氏居盧門，以南里叛。六月庚午，宋城舊鄘及桑林之門而守之。」愚謂三大夫之叛宋久矣，而此復書叛者，魯史之詞，以始終其叛逆之跡，以大其罪也。胡氏曰：「按左氏，初，宋元公無信多私，而惡華、向。三大夫謀曰：『亡愈於死，先諸？』乃誘羣公子殺之。公如華氏請焉，弗許，遂劫公，取太子及其母弟以爲質。公怒，攻之，華向奔陳，至是入于南里以叛。凡書『叛』，有入于戚者，而不言衛；有入于朝歌者，而不言晋；有入于蕭者，而不言宋。此獨言『宋南里』，何也？戚與朝歌及蕭，皆其所食私邑也。若南里，則宋國城内之里名也。傳稱『華氏居盧門，以南里叛，而宋城舊鄘及桑林門以守』，是華氏與宋分國而居矣，故其入其出皆以南里繫之宋，此深罪叛臣逼脅其君已甚之詞也。」愚謂言叛則不必問其邑其境，而叛逆之罪均矣。孟子曰：「孔子成春秋，而亂臣賊子懼。」此之謂乎！

秋七月壬午朔，日有食之。

正傳曰：書「日有食之」，志天變也。左氏曰：「公問于梓慎曰：『是何物也？禍福何爲？』對曰：『二至二分，日有食之，不爲災。日月之行也，分，同道也；至，相過也。其他月則爲災，陽不克也，故常爲水。』」

八月乙亥，叔輒卒。

正傳曰：叔輒，叔弓之子伯張也。書「叔輒卒」，志國卿之大故也。左氏曰：「於是叔輒哭日食。昭子曰：『子叔將死，非所哭也。』八月，叔輒卒。」

冬，蔡侯朱出奔楚。

正傳曰：書「蔡侯朱出奔楚」，志讒邪之爲害也〔六〕。左氏曰：「費無極取貨于東國，而謂蔡人曰：『朱不用命于楚，君王將立東國。若不先從王欲，楚必圍蔡。』蔡人懼，出朱而立東國。朱愬于楚，楚子將討蔡。無極曰：『平侯與楚有盟，故封。其子有二心，故廢之。

靈王殺隱太子，其子與君同惡〔七〕，德君必甚。又使立之，不亦可乎！且廢置在君，蔡無他矣。』」觀此，則蔡侯之奔，不能脩德以鎮服乎讒邪，爲讒邪之所逐，皆可見矣。

公如晉，至河乃復。

正傳曰：何以書？非所如也。人君之舉動，必惟其時，時然後動，乃無悔也。按左氏：「公如晉，及河。鼓叛晉，晉將伐鮮虞，故辭公。」是昭公不時其動，屢見拒於晉，可恥之甚者也，故春秋書之。

校記：

〔一〕「下位」，嘉靖本作「名利」。

〔二〕「而至」，嘉靖本作「至我」。

〔三〕「按」，據嘉靖本補。

〔四〕「三」，嘉靖本作「五」。

〔五〕「亦」，原作「以」，據嘉靖本改。

〔六〕此句，嘉靖本作「罪不能守社稷也」。

〔七〕此句下，嘉靖本有小字注：「平侯與公子比殺靈王，故同惡。」

春秋正傳卷之三十二

昭公

景王二十五年崩。二十有二年晉頃六年、齊景二十八年、衛靈十五年、蔡悼二年、鄭定十年、曹悼四年、陳惠十年、杞平十六年、宋元十二年、秦哀十七年、楚平九年、吴僚七年。

春，齊侯伐莒。

正傳曰：齊侯，齊景也。書「齊侯伐莒」，志矜憤之兵也。左氏曰：「春王二月甲子，齊北郭啓帥師伐莒。莒子將戰，苑羊牧之諫曰：『齊帥賤，其求不多，不如下之，大國不可怒也。』弗聽，敗齊師于壽餘。齊侯伐莒，莒子行成。司馬竈如莒涖盟，莒子如齊涖盟，盟于稷門之外。莒於是乎大惡其君。」

宋華亥、向寧、華定自宋南里出奔楚。

正傳曰：書「宋華亥、向寧、華定自宋南里出奔楚」，則宋再逸賊、楚重納叛之罪並見矣。左氏曰：「楚薳越使告于宋曰：『寡君聞君有不令之臣爲君憂，無寧以爲宗羞？寡君請受而戮之。』對曰：『孤不佞，不能媚於父兄，以爲君憂，拜命之辱。抑君臣日戰，君曰「余必臣是助」，亦唯命。人有言曰：「唯亂門之無過。」君若惠保敝邑，無亢不衷，以奬亂人，孤之望也。唯君圖之！』楚人患之。諸侯之戍謀曰：『若華氏知困而致死，楚恥無功而疾戰，非吾利也。不如出之，以爲楚功，其亦無能爲也已。救宋而除其害，又何求？』乃固請出之，宋人從之。己巳，宋華亥、向寧、華定、華貙、華登、皇奄傷、省臧、士平出奔楚。宋公使公孫忌爲大司馬，邊卬爲大司徒，樂祁爲司城，仲幾爲左師，樂大心爲右師，樂輓爲大司寇，以靖國人。」胡氏曰：「華、向誘殺羣公子，又劫其君，取其太子母弟爲質，又求助於吴、楚蠻夷，入據其國都以叛，此必誅不赦之賊也。今楚人釋君而臣是助，諸侯宜協心必救之於外，楚子宜執叛臣之使而戮之於境。宋宜竭力必討之於内，諸侯之戍，怠於救患，固請逸賊，而宋又從之，則皆罪也。故晋荀吴、齊苑何忌、衛公子朝、曹大夫，皆畧而不書。其曰『自宋南里』者，譏宋之縱釋有罪不能致討。『出奔楚』者，不待貶絶而亢不衷、奬亂人之惡自見矣。」

大蒐于昌間。

正傳曰：昌間，魯地。何以書？胡氏曰：「昭公之時，凡三書『蒐』，或以非其時，或以非其地，而大意在權臣專行，公不與也。三綱，軍政之本。古者春蒐夏苗秋獮冬狩，皆於農隙以講事，而所主者，明貴賤、辨等列、順少長、習威儀，則皆納民於軌物，而非馳射擊刺之末矣。是故觀于有莘，少長有禮，知可用也，而文公遂霸；臨於洛陽，袒而發喪，爲義帝也，而漢祖遂王。今魯國，其君則設兩觀，乘大輅；其臣則八佾舞於庭，旅泰山，以雍徹；其宰則據大都，執國命，而軍政之本亡矣，何以蒐爲？此春秋所書爲後戒之意也。」

夏四月乙丑，天王崩。

正傳曰：書「乙丑，天王崩」，志天下之大變也。左氏曰：「王子朝、賓起有寵於景王，王與賓孟說之，欲立之。劉獻公之庶子伯蚠事單穆公，惡賓孟之爲人也，願殺之；又惡王子朝之言，以爲亂，願去之。賓孟適郊，見雄雞自斷其尾。問之，侍者曰：『自憚其犧也。』遽歸告王，且曰：『雞其憚爲人用乎！人異於是。犧者實用人，人犧實難，己犧何害？』王弗應。夏四月，王田北山，使公卿皆從，將殺單子、劉子。王有心疾，乙丑，崩于榮錡氏。戊辰，劉子摯卒，無子，單子立劉蚠。五月庚辰，見王，遂攻賓起，殺之，盟羣王子于單氏。」愚謂由是觀之，則景王不得崩於正寢，非以正終矣。

六月，叔鞅如京師，葬景王。

正傳曰：書「叔鞅如京師，葬景王」，著非禮也。天子七月而葬，同軌畢至。今景王踰月而葬，無天王之禮矣。魯公不奔天子之喪，而使大夫往會葬，失禮、不臣之大者也，故春秋詳書，以並見之。

王室亂。

正傳曰：書「王室亂」，志内變也。左氏曰：「丁巳，葬景王。王子朝因舊官、百工之喪職秩者與靈、景之族以作亂。帥郊、要、餞之甲，以逐劉子。壬戌，劉子奔揚。單子逆悼王于莊宫以歸。王子還夜取王以如莊宫。癸亥，單子出。王子還與召莊公謀，曰：『不殺單旗，不捷。與之重盟，必來。背盟而克者多矣。』從之。樊頃子曰：『非言也，必不克。』遂奉王以追單子，及領，大盟而復。殺摯荒以説。劉子如劉，單子亡。乙丑，奔于平畤。羣王子追之，單子殺還、姑、發、弱、鬷、延、定、稠，子朝奔京。丙寅，伐之。京人奔山。劉子入于王城。辛未，鞏簡公敗績于京。乙亥，甘平公亦敗焉。叔鞅至自京師，言王室之亂也。閔馬父曰：『子朝必不克。其所與者，天所廢也。』」愚謂王室，京師也。京師，天下之本，本亂則天下亂矣。故春秋書之，聖人憂世之志可見矣。公羊以爲「王室亂，言不及外」，鑿矣。胡氏曰：「何言乎『王室亂』？王者以天下爲家，則以京師爲室。京師者，本也。周公作立政曰：『迪惟有夏，乃有室大競。』其作鴟鴞詩以遺成王，亦曰：『既取我子，無毁我室。』皆指京師言之也。以京師爲室，王畿爲堂，諸夏爲庭户，四夷爲藩籬，治外者先自内，治遠者先自近，本亂而末治者，否矣。景王寵愛子朝，使孽子配嫡，以本亂者。其言『王室』，譏國本之不正也。本正而天下定矣。」

劉子、單子以王猛居于皇。

正傳曰：劉子，名蚠。單子，名旗。以者，以之也，後倣此。穀梁以爲：「稱『以』者，不以者也。」胡氏以爲「尊不以乎卑」，非矣。左氏曰：「單子欲告急於晉。秋七月戊寅，以王如平時，遂如圃車，次于皇。」愚按：猛，太子壽之弟，景王之子。壽卒，宜立，而八年未立者，王愛庶子朝，欲立之，未果而崩。故諸大臣競欲立君，諸王子争立，此王室所以亂。然以正則有猛，以寵則有朝。立猛，正也。立朝，非正也。故劉、單二公奉之居于皇。書「劉子、單子以王猛居于皇」，志得正也。

秋，劉子、單子以王猛入于王城。

正傳曰：書「劉子、單子以王猛入于王城」，善得正也。左氏曰：「劉子如劉。單子使王子處守于王城。盟百工于平宫。辛卯，鄩肸伐皇。大敗，獲鄩肸。壬辰，焚諸王城之市。八月辛酉，司徒醜以王師敗績于前城。百工叛。己巳，伐單氏之宫，敗焉。庚午，反伐之。辛未，伐東圉。冬十月丁巳，晋籍談、荀躒帥九州之戎及焦、瑕、温、原之師，以納王于王城。庚申，單子、劉盆以王師敗績于郊，前城人敗陸渾于社。」胡氏曰：「猛未踰年，何以稱『王』？示當立也。既當立矣，何以稱名？明嗣君也。曰『王猛』者，見居尊得正，又以别乎諸王子也。君前臣名，劉、單不名而王名，不嫌於倒置乎？曰：君前臣名，常禮也。禮當其變，臣有不名，名其君而不嫌者矣。王不當稱，未踰年而稱『王』；名不當稱，立爲君而稱『猛』，皆禮之變也。惟可與權者，能知其變而不越乎道之中。」此正論也。又謂：「再書劉、單之『以王』，詞繁而不殺，必有美惡焉，劉、單專國柄，書而未足，故再書以著上下舛逆，爲後世戒。」則過矣。蓋春秋就事論事，而美惡見焉。二子之翊戴王猛，正矣。不保其往，固仲尼之心也。

冬十月，王子猛卒。

正傳曰：書「王子猛卒」，志天下之大變也。通鑑：「王猛爲庶弟子朝所弒。」左氏曰：「十一月乙酉，王子猛卒，不成喪也。己丑，敬王即位。館于子旅氏。十二月庚戌，晋籍談、荀躒、賈辛、司馬督帥師軍于陰，于侯氏，于谿泉，次于社。王師軍于汜，于解，次于任人。閏月，晋箕遺、樂徵、右行詭濟師取前城，軍其東南。王師軍于京楚。辛丑，伐京，毀其西南。」

十有二月癸酉朔，日有食之。

正傳曰：書「癸酉朔，日有食之」，志天變也。

敬王元年。二十有三年晉頃七年、齊景二十九年、衛靈十六年、蔡悼三年卒、鄭定十一年、曹悼五年、陳惠十一年、杞平十七年、宋元十三年、秦哀十八年、楚平十年、吳僚八年。

春王正月，叔孫舍如晉。

正傳曰：書「叔孫舍如晉」，志邦交之禮也。

癸丑，叔鞅卒。

正傳曰：書「叔鞅卒」，志國卿之大故也。

晉人執我行人叔孫舍。

正傳曰：書「晉人執我行人叔孫舍」，失信義也。左氏曰：「邾人城翼，還，將自離姑。公孫鉏曰：『魯將御我。』欲自武城還，循山而南。徐鉏、丘弱、茅地曰：『道下，遇雨，將不出，是不歸也。』遂自離姑。武城人塞其前，斷其後之木而弗殊，邾師過之，乃推而蹷之，遂取邾師，獲鉏、弱、地。邾人愬于晉，晉人來討。叔孫婼如晉，晉人執之。書曰『晉人執我行人叔孫婼』，言使人也。晉人使與邾大夫坐，叔孫曰：『列國之卿當小國之君，固周制也。邾又夷也。寡君之命介子服回在，請使當之，不敢廢周制故也。』乃不果坐。韓宣子使邾人聚其衆，將以叔孫與之。叔孫聞之，去衆與兵而朝。士彌牟謂韓宣子曰：『子弗良圖，而以叔孫與其讎，叔孫必死之。魯亡叔孫，必亡邾。邾君亡國，將焉歸？子雖悔之，何及？所謂盟主，討違命也。若皆相執，焉用盟主？』乃弗與。使各居一館。士伯聽其辭，而愬諸宣子，乃皆執之。士伯御叔孫，從者四人，過邾館以如吏。先歸邾子。士伯曰：『以芻蕘之難，從者之病，將館子於都。』叔孫旦而立，期焉。乃館諸箕。舍子服昭伯於他邑。范獻子求貨於叔孫，使請冠焉。取其冠法，而與之兩冠，曰：『盡矣。』爲叔孫故，申豐以貨如晉。叔孫曰：『見我，吾告女所行貨。』見，而不出。吏人之與叔孫居於箕者，請其吠狗，弗與。及將歸，殺而與之食之。叔孫所館者，雖一日，必葺其墻、屋，去之如始至。」

愚謂觀此傳，叔孫卑邾大夫而不與之坐，及宣子將以叔孫與邾，則去衆與兵而朝，以弭其難。獻子求貨請冠而皆隨機應之。及所館者，雖一日必葺其墻、屋，去之日如始至。跡其始末，以忠信待人，而於顛沛之際略無自失，可謂不辱君命矣。晉乃執之於通聘之時，可謂無信義之甚者也，何以爲盟主？故春秋書之。

晉人圍郊。

正傳曰：郊，周邑。子朝在焉，據以作亂，故敬王之師及晉師圍之。獨書晉師者，爲晉志也。書「晉人圍郊」，見勤王之不力也。言晉人，則大夫也。書大夫，見晉侯之不親往也。晉侯之不親往，則非方伯連帥勤王之義也，其忘君無王之罪見矣。左氏曰：「春王正月壬寅朔，二師圍郊。癸卯，郊、鄩潰。丁未，晉師在平陰，王師在澤邑。王使告間。庚戌，還。」胡氏曰：「按左氏：『晉籍談、荀躒帥師軍于侯氏，箕遺、樂徵濟師軍其東南。正月，二師圍郊。』郊，子朝邑也。既不書大夫之名氏，又不稱師，而曰『晉人』，微之也，所謂以其事而微之者也。當是時，天子蒙塵，晉爲方伯，不奔問官守，省視器具，徐遣大夫往焉，勤王尊主之義若是乎？書『晉人圍郊』，而罪自見矣。」

夏六月，蔡侯東國卒于楚。

正傳曰：書「蔡侯東國卒于楚」，志不得其正也。諸侯薨于正寢，正也。蔡侯東國爲楚人行譖，爲逐君者所立，王父殺父，見用又奔之，朝于楚而卒，是始終生死不得其正矣，故春秋惡之。

秋七月，莒子庚輿來奔。

正傳曰：書「莒子庚輿來奔」，罪自奔也。左氏曰：「莒子庚輿虐而好劍。苟鑄劍，必試諸人。國人患之。又將叛齊。烏存帥國人以逐之。庚輿將出，聞烏存執殳而立於道左，懼將止死。苑羊牧之曰：『君過之！烏存以力聞可矣，何必以弑君成名？』遂來奔。」由是觀之，則庚輿之惡爲國人所不容，乃自奔也。胡氏曰：「三代之得失天下，仁與不仁而已矣。苟無仁心，甚則身弑國亡，不甚則身危國削。庚輿免死道左而出奔於魯，幸耳。入國不書，而書其出奔，惡之也。」

戊辰，吴敗頓、胡、沈、蔡、陳、許之師于雞父。胡子髡、沈子逞滅，獲陳夏齧。

正傳曰：髡，胡子名。逞，沈子名。夏齧，陳大夫。書吴敗六國之師于雞父，著詭謀之兵也。書「滅」書「獲」，甚吴罪也。吴恃其强，馮陵中國，無故而伐州來，六國救之，正也。而又以詭詐敗滅二國之君，而獲其大夫，是干先王之誅矣。故春秋書之，深著其罪也。公羊亦謂「以詐戰之辭言之」，是也。左氏曰：「吴人伐州來，楚薳越帥師及諸侯之師奔命救州來。吴人禦諸鍾離。子瑕卒，楚師熸。吴公子光曰：『諸侯從於楚者衆，而皆小國也，畏楚而不獲已，是以來。吾聞之曰：「作事威克其愛，雖小，必濟。」胡、沈之君幼而狂，陳大夫齧壯而頑，頓與許、蔡疾楚政。楚令尹死，其師熸。帥賤，多寵，政令不壹。七國同役而不同心，帥賤而不能整，無大威命，楚可敗也。若分師先以犯胡、沈與陳，必先奔。三國敗，諸侯之師乃摇心矣。諸侯乖亂，楚必大奔。請先者去備薄威，後者敦陳整旅。』吴子從之。戊辰朔，戰於雞父。吴子以罪人三千先犯胡、沈與陳，三國争之。吴爲三軍以繫於後，中軍從王，光帥右，掩餘帥左。吴之罪人或奔或止，三國亂，吴師擊之，三國敗，獲胡、沈之君及陳大夫。舍胡、沈之囚使奔許與蔡、頓，曰『吾君死矣』，師譟而從之，三國奔，楚師大奔。書曰『胡子髡、沈子逞滅，獲陳夏齧』，君臣之辭也。不言戰，楚未陳也。」愚謂按此，則楚雖夷狄，六國從之，疑於從夷。然從之以救州來，則所從者正，即不可以夷狄之矣。楚與六國救之爲是，則吴敗之、滅之、獲之爲非，他皆不足論也。春秋就事論事，苟是矣，豈復較其從夷乎？左氏之言，皆實録也。至於謂「書髡、逞滅，獲夏齧，爲君臣之詞」，則鑿矣。公、穀、胡氏用之，豈春秋之本旨乎？

天王居于狄泉。尹氏立王子朝。

正傳曰：天王，敬王匄。尹氏，周之世卿也。公羊謂：「此未三年，其稱天王何？著有天子。」是也。然而立位一日即爲天子，何待三年？書「天王居于狄泉」，正名分也，而亂賊之罪可從而誅矣。書「尹氏立王子朝」，誅亂賊也，而篡立之罪可從而定矣。左氏曰：「夏四月乙酉，單子取訾，劉子取牆人、直人。六月壬午，王子朝入于尹。癸未，尹圉誘劉佗殺之。丙戌，單子從阪道，劉子從尹道伐尹。單子先至而敗，劉子還。己丑，召伯奂、南宫極以成周人戍尹。庚寅，單子、劉子、樊齊以王如劉。甲午，王子朝入于王城，次于左巷。秋七月戊申，鄩羅納諸莊宫。尹辛敗劉師于唐。丙辰，又敗諸鄩。甲子，尹辛取西闈。丙寅，攻蒯，蒯潰。」愚謂此本傳也。正天子之名分，誅世卿之篡立，春秋撥亂反正之情見矣。穀梁爲「立者不宜立」之説，胡氏因之，義例之説行，以其小者害其大，而春秋之旨亡矣。

八月乙未，地震。

正傳曰：書「地震」，志異也。地道主静，而震焉，則異矣，故書之以爲戒。左氏曰：「八月丁酉，南宫極震。萇弘謂劉文公曰：『君其勉之！先君之力可濟也。周之亡也，其三川震。今西王之大臣亦震，天棄之矣。東王必大克。』」杜氏曰：「經書『地震』，魯地也。南宫極爲屋所壓而死，周地亦震也。」

冬，公如晉，至河，有疾，乃復。

正傳曰：書「公如晉，至河，有疾，乃復」。志非所如也。左氏曰：「公爲叔孫故如晉，及河，有疾，而復。」公羊曰：「何言乎公有疾乃復？殺恥也。」愚謂昭公忘前日之恥，非有會同之禮，徒以叔孫之故，輕身如晉，是失禮而近恥辱矣。雖至河，有疾乃復，何足以殺恥乎？猶曰無疾則至矣。見止矣，不得入矣，乃所以深恥之也。胡氏曰：「昭公兩朝于晉，而一見止，五如晉，而四不得入焉。今此書『有疾，乃復』，殺恥也。以周公之胄，千乘之君，執幣帛脩兩君之好而不見納，斯亦可恥矣。有恥而後能知憤，知憤而後能自强，自强而後能爲善，爲善而後能立身，立身而後能行其政令、保其國家矣。昭公内則受制於權臣，外則見陵於方伯，此正憂患疢疾，有德慧術智、保生免死之時也，而安於屈辱，甘處微弱，無憤恥自强之心，其失國出奔，死於境外，其自取之哉！」

二十有四年晉頃八年、齊景三十年、衛靈十七年、蔡昭公申元年、鄭定十二年、曹悼六年、陳惠十二年、杞平敬王二年。

十八年卒、宋元十四年、秦哀十九年、楚平十一年、吴僚九年。

春王二月丙戌，仲孫貜卒。

正傳曰：書「仲孫貜卒」，志國卿之大故也。

叔孫舍至自晉。

正傳曰：書「叔孫舍至自晉」，重其至也，賢叔孫也。左氏曰：「晉士彌牟逆叔孫于箕。叔孫使梁其踁待于門内，曰：『余左顧而欬，乃殺之。右顧而笑，乃止。』叔孫見士伯。士伯曰：『寡君以爲盟主之故，是以久子。不腆敝邑之禮，將致諸從者，使彌牟逆吾子。』叔孫受禮而歸。二月，婼至自晉，尊晉也。」愚謂左氏謂「婼至自晉，尊晉」，非也。晉無信義於聘而執其使，不足爲盟主矣，何足尊乎？故愚以爲書之者，賢叔孫而重其至也。胡氏曰：「大夫執而致則名，此獨書其姓氏何？賢之也。叔孫舍以禮立身而不屈於强國，以忠事主而不順於强臣，此社稷之衛，魯之良大夫也。使昭公稍有動心忍性，强於爲善之意，舉國以聽，豈其死於乾侯？觀意如之稽顙於昭子，叔孫之以逐君責意如，其事可見矣。及意如有異志，而昭子使祝宗祈死，所謂知其無可奈何安之若命者。故舍至自晉，特以姓氏書。其死也，公雖在外，而特書日以卒之，所以表其節，爲後世勸也。」愚謂胡氏所論是也，其云書姓氏書日以賢之者，非也，但書其事，則竊取之義在賢之矣。

夏五月乙未朔，日有食之。

正傳曰：書「日有食之」，志天變也。左氏曰：「梓愼曰：『將水。』昭子曰：『旱也。日過分而陽猶不克，克必甚，能無旱乎？陽不克莫，將積聚也。』」愚謂或以爲水，或以爲旱，水旱之相去遠矣，二子皆臆説也。夫日者，太陽之精，日食則陽氣不足，故虧而見食。人君法之，宜益脩剛德以弭之，此聖人立教之義也。若謂某災祥有某事應，乃瞽史之言，非聖人之意也。

秋八月，大雩。

正傳曰：書「秋八月，大雩」，志非禮也，餘義見前。

丁酉，杞伯郁釐卒。

正傳曰：書「杞伯郁釐卒」，志小國之大故也，餘見于前。

冬，吴滅巢。

正傳曰：書「吴滅巢」，志貪暴之兵也。左氏曰：「楚子爲舟師以畧吴疆。沈尹戌曰：『此行也，楚必亡邑。不撫民而勞之，吴不動而速之，吴踵楚，而疆埸無備，邑能無亡乎？』越大夫胥犴勞王于豫章之汭，越公子倉歸王乘舟。倉及壽夢帥師從王，王及圉陽而還。吴人踵楚，而邊人不滅，遂滅巢及鍾離而還。沈尹戌曰：『亡郢之始，於此在矣。王壹動而亡二姓之帥，幾如是而不及郢？詩曰：「誰生厲階？至今爲梗。」其王之謂乎！』」胡氏曰：「巢，楚之附庸，實邑之也。書『吳入州來』，著陵楚之漸。書『吳滅巢』，著入郢之漸。四鄰，封境之守，既不能制，則封境震矣。四境，國都之守，既不能保，則國都危矣。故沈尹戌以此爲亡郢之始也。春秋内失地不書，明此爲有國之大罪；外取滅皆書，明見取滅者之不能有其土地人民，則不君矣。故諸侯之寶三，以土地爲首。」

葬杞平公。

正傳曰：書「葬杞平公」，著諸侯會葬相恤之義也。

敬王三年。二十有五年晉頃九年、齊景三十一年、衛靈十八年、蔡昭二年、鄭定十三年、曹悼七年、陳惠十三年、杞悼公成元年、宋元十五年卒、秦哀二十年、楚平十二年、吳僚十年。

春，叔孫舍如宋。

正傳曰：書「叔孫舍如宋」，志聘禮也。左氏曰：「春，叔孫婼聘于宋，桐門右師見之。語，卑宋大夫而賤司城氏。昭子告其人曰：『右師其亡乎！君子貴其身，而後能及人，是以有禮。今夫子卑其大夫而賤其宗，是賤其身也，能有禮乎？無禮，必亡。』宋公享昭子，賦新宮。昭子賦車轄。明日宴，飲酒，樂，宋公使昭子右坐，語相泣也。樂祁佐，退而告人曰：

『今兹君與叔孫其皆死乎！吾聞之：「哀樂而樂哀，皆喪心也。」心之精爽，是謂魂魄。魂魄去之，何以能久？』」

夏，叔詣會晋趙鞅、宋樂大心、衛北宫喜、鄭游吉、曹人、邾人、滕人、薛人、小邾人于黄父。

正傳曰：黄父，即黑壤，晋地。書會于黄父，善之也，善其謀王室也。左氏曰：「夏，會于黄父，謀王室也。趙簡子令諸侯之大夫輸王粟、具戍人，曰：『明年將納王。』宋樂大心曰：『我不輸粟。我於周爲客，若之何使客？』晋士伯曰：『自踐土以來，宋何役之不會？而何盟之不同？曰「同恤王室」，子焉得辟之？子奉君命，以會大事，而宋背盟，無乃不可乎？』右師不敢對，受牒而退。士伯告簡子曰：『宋右師必亡。奉君命以使，而欲背盟以干盟主，無不祥大焉。』」胡氏曰：「按左氏：『鄭子大叔如晋，范獻子曰：「若王室何？」對曰：「王室之不寧，大國之憂，晋之耻也，吾子其早圖之。」獻子懼，乃徵會于諸侯。會于黄父，謀王室也。趙簡子令諸侯之大夫輸王粟、具戍人，將納王。』夫以王猛之無寵，單旗、劉蚠之屢敗，敬王初立，子朝之衆，召伯奂、南宫嚚、甘桓公之黨，疑若多助之在朝也。然會于黄父凡十國，而諸侯之大夫無異議焉，是知邪不勝正久矣。猶有寵愛庶孽，配適奪正，至於滅亡而不寤者，不知幽王、晋獻之父子，亦何足效哉？然則黄父之會，王事也，而無美辭，何也？王室不靖，亦惟友邦冢君，克脩厥職，以綏定王都，非異人任，亦何美之有？免於譏貶足矣，此春秋以正待人之體也。後世以濫賞報臣子所當爲之事，爲臣子者亦受而不辭，失此義矣。」愚謂此書會于黄父，則聖人竊取、與之之義見矣，何必美辭乎！

有鸜鵒來巢。

正傳曰：書「鸜鵒來巢」，志異也。左氏曰：「書所無也。師己曰：『異哉！吾聞文武之世，童謡有之，曰：「鸜之鵒之，公出辱之。鸜鵒之羽，公在外野，往饋之馬。鸜鵒跦跦，公在乾侯，徵褰與襦。鸜鵒之巢，遠哉遥遥，稠父喪勞，宋父以驕。鸜鵒鸜鵒，往歌來哭。」童謡有是。今鸜鵒來巢，其將及乎！』」胡氏曰：「傳曰：『鸜鵒不踰濟。』濟水東北會于汶，魯在汶南，其所無也，故書曰『有』。巢者，去穴而巢，陰居陽位，臣逐君象也。鸜鵒宜穴處於下，而巢居於上，季孫宜臣順於家，而主祭於國。反常爲異之兆，能以德消，則無其應矣。或曰：此公子宋有國之祥也。」愚謂左氏、胡氏所言，徵應未可知，然而反常之異，魯國之君臣亦可以警戒矣。

秋七月上辛，大雩；季辛，又雩。

正傳曰：何以書七月大雩、又雩？左氏曰：「書再雩，旱甚也。」胡氏曰：「左氏以再雩爲旱甚。聖人書此者，以志禦災之非道而區區於禱祠之末也。昭公之時，雨雹地震四見於經，旱乾爲虐，相繼而起。有鸜鵒來巢，異之甚也。季辛又雩，災之甚也。考諸列位，則國有人焉。觀諸天時，則猶有眷顧之心，未終棄也。若反身脩德，信用忠賢，災異之來必可禦矣。昔高宗肜日，雉升鼎耳，異亦甚矣，聽於祖己，克正厥事，故能嘉靖殷邦，享國長久。宣王之時，旱魃藴隆，災亦甚矣，側身脩行，遇災而懼，故能興衰撥亂，王化復行。此皆以人勝天，以德消變之驗也。昭公至是猶不知畏，罔克自省，而求於禱祠之末，將能勝乎？故特書此，以爲後世鑒。」

九月己亥，公孫于齊，次于陽州。

正傳曰：孫，猶避也。次于陽州，待齊也。何以書？譏之也，著魯不君不臣之罪也。昭公不能自立以收政權，而使政移於大夫，至於惡極勢大，然後謀以去之，反爲其黨所逐，播遷于外，而宗社不守，是君不君而臣不臣也。春秋書之，其罪並見矣。左氏曰：「季公鳥娶妻於齊鮑文子，生甲。公鳥死，季公亥與公思展與公鳥之臣申夜姑相其室。及季姒與饔人檀通，而懼，乃使其妾抶己，以示秦遄之妻，曰：『公若欲使余，余不可而抶余。』又訴於公甫曰：『展與夜姑將要余。』秦姬以告公之。公之與公甫告平子，平子拘展於卞，而執夜姑，將殺之。公若泣而哀之，曰：『殺是，是殺余也。』將爲之請，平子使竪勿内，日中不得請。有司逆命，公之使速殺之。故公若怨平子。季、郈之雞鬭。季氏介其雞，郈氏爲之金距。平子怒，益宫于郈氏，且讓之。故郈昭伯亦怨平子。臧昭伯之從弟會爲讒於臧氏，而逃於季氏。臧氏執旃。平子怒，拘臧氏老。將禘於襄公，萬者二人，其衆萬於季氏。臧孫曰：『此之謂不能庸先君之廟。』大夫遂怨平子。公若獻弓於公爲，且與之出射於外，而謀去季氏。公爲告公果、公賁。公果、公賁使侍人僚相告公。公寢，將以戈擊之，乃走。公曰：『執之！』亦無命也。懼而不出，數月不見，公不怒。又使言，公執戈以懼之，乃走。又使言，公曰：『非小人之所及也。』公果自言，公以告臧孫，臧孫以難。告郈孫，郈孫以可，勸。告子家懿伯，懿伯曰：『讒人以君徼幸，事若不克，君受其名，不可爲也。舍民數世，以求克事，不可必也。且政在焉，其難圖也。』公退之。辭曰：『臣與聞命矣，言若洩，臣不獲死。』乃館於公。叔孫昭子如闞，公居於長府。九月戊戌，伐季氏，殺公之于門，遂入之。平子登臺而請曰：『君不察臣之辠，使有司討臣以干戈，臣請待於沂上以察罪。』弗許。請囚于費，弗許。請以五乘亡，弗許。子家子曰：『君其許之！政自之出久矣，隱民多取食焉，爲之徒者衆矣。日入慝作，弗可知也。衆怒不可蓄也，蓄而弗治，將蘊。蘊蓄，民將生心。生心，同求將合。君必悔之！』弗聽。郈孫曰：『必殺之。』公使郈孫逆孟懿子。叔孫氏之司馬鬷戾言於其衆曰：『若之何？』莫對。又曰：『我，家臣也，不敢知國。凡有季氏與無，於我孰利？』皆曰：『無季氏，是無叔孫氏也。』鬷戾曰：『然則救諸。』帥徒以往，陷西北隅以入。公徒釋甲執冰而踞，遂逐之。孟氏使登西北隅，以望季氏。見叔孫氏之旌，以告。孟氏執郈昭伯，殺之於南門之西，遂伐公徒。子家子曰：『諸臣僞劫君者，而負罪以出，君止。意如之事君也，不敢不改。』公曰：『余不忍也。』與臧孫如墓謀，遂行。己亥，公孫于齊，次于陽州。」胡氏曰：「内出奔稱『孫』，隱也。『次于陽州』，待齊命也。以君伐臣，曷爲不勝？魯自東門遂殺適立庶，魯君于是乎失政。禄去公室，政在季氏，於此君已四公矣。作三軍盡征其一，舍中軍兼有其二，民賦入於其家半矣。受命救台也遂入鄆，帥師取卞也不以聞，軍政在其手專矣。行父片言而東門氏逐，南蒯一動而公子憖奔，魯之羣臣，亦無敢忠於公室而獻謀者，所謂屯難之時也。在易屯之六五曰：『屯其膏，小貞吉，大貞凶。』象曰：『屯其膏，施未光也。』昭公不明乎消息盈虚之理，正身率德，擇任忠賢，待時馴致，不忍一朝之忿，求逞其私欲，而以羣小謀之，其及也宜矣。」

齊侯唁公于野井。

正傳曰：書「齊侯唁公于野井」，志恤難之禮也。諸侯失國，則諸侯吊之，禮也。穀梁子曰：「吊失國曰唁。唁公不得入於魯也。」左氏曰：「齊侯將唁公于平陰，公先至于野井。齊侯曰：『寡人之罪也。使有司待於平陰，爲近故也。』書曰『公孫于齊，次于陽州。齊侯唁公于野井』，禮也。將求於人，則先下之，禮之善物也。齊侯曰：『自莒疆以西，請致千社，以待君命。寡人將帥敝賦以從執事，唯命是聽。君之憂，寡人之憂也。』公喜。子家子曰：『天禄不再。天若胙君，不過周公，以魯足矣。失魯而以千社爲臣，誰與之立？且齊君無信，不如早之晋。』弗從。臧昭伯率從者將盟，載書曰：『戮力壹心，好惡同之。信罪之有無，繾綣從公，無通外内！』以公命示子家子。子家子曰：『如此，吾不可以盟。羈也不佞，不能與二三子同心，而以爲皆有罪。或欲通外内，且欲去君。二三子好亡而惡定，焉可同也？陷君於難，罪孰大焉？通外内而去君，君將速入，弗通何爲？而何守焉？』乃不與盟。」公羊曰：「唁公者何？昭公將弑季氏，告子家駒曰：『季氏爲無道，僭於公室久矣。吾欲弑之，何如？』子家駒曰：『諸侯僭於天子，大夫僭於諸侯，久矣！』昭公曰：『吾何僭矣哉？』子家駒曰：『設兩觀，乘大路，朱干、玉戚以舞大夏，八佾以舞大武，此皆天子之禮也。且夫牛馬維婁，委己者也，而柔焉。季氏得民衆久矣，君無多辱焉！』昭公不從其言，終弑而敗焉，走之齊。齊侯唁公于野井，曰：『奈何君去魯國之社稷？』昭公曰：『喪人不佞，失守魯國之社稷，執事以羞！』再拜顙。慶子家駒曰：『慶子免君於大難矣！』子家駒曰：『臣不佞，陷君於大難。君不忍加之以鈇鑕，賜之以死。』再拜顙。高子執簞食，與四脡脯，國子執壺漿，曰：『吾寡君聞君在外，餕饔未就，敢致糗于從者。』昭公曰：『君不忘吾先君，延及喪人，錫之以大禮！』再拜稽首，以衽受。高子曰：『有夫不祥，君無所辱大禮！』昭公蓋祭而不嘗。景公曰：『寡人有不腆先君之服，未之敢服。有不腆先君之器，未之敢用。敢固以請！』昭公曰：『以吾宗廟之在魯也，有先君之服，未之能以服。有先君之器，未之能以出。敢固辭！』景公曰：『寡人有不腆先君之服，未之敢服。有不腆先君之器，未之敢用。請以饗乎從者！』昭公曰：『喪人其何稱？』景公曰：『孰君而無稱？』昭公於是噭然而哭，諸大夫皆哭。既哭，以人爲菑，以幦爲席，以鞌爲几，以遇禮相見。孔子曰：『其禮與其辭足觀矣！』」胡氏曰：「齊侯唁公于野井，以遇禮相見。孔子曰：『其禮與其辭足觀矣。』然則何以失國而不反乎？禮有本末，正身治人，禮之本也。威儀文辭，禮之末也。昭公喪齊歸無戚容而不顧，娶孟子爲夫人而不命，政令在家而不能取，有子家子之賢而不能用，而屑屑焉習儀以亟，能有國乎？雖齊侯來唁，其禮與辭是矣，而方伯連帥之職則未脩也，又豈所以爲禮哉？其言曰：『自莒疆以西，請致千社，將率敝賦以從。』而子家子曰：『失魯而以千社爲臣，誰與之立？且齊君無信，不如早之晉。』書曰『唁公』，亦明其無納公之實，譏之也。」

冬十月戊辰，叔孫舍卒。

正傳曰：書「叔孫舍卒」，志國卿之大故也，善其死也，死於忠也。左氏曰：「昭子自闞歸，見平子。平子稽顙，曰：『子若我何？』昭子曰：『人誰不死？子以逐君成名，子孫不忘，不亦傷乎？將若子何？』平子曰：『苟使意如得改事君，所謂生死而肉骨也。』昭子從公于齊，與公言。子家子命適公館者執之。公與昭子言於幄內，曰：『將安衆而納公。』公徒將殺昭子，伏諸道。左師展告公。公使昭子自鑄歸。平子有異志。冬十月辛酉，昭子齊於其寢，使祝宗祈死。戊辰，卒。左師展將以公乘馬而歸，公徒執之。」愚謂按此，則舍蓋忠於公室者也，責意如以逐君成名，以辱其子孫。及聞意如欲改事君，而適齊以周旋納公，及歸見意如有異志，乃齊於寢祈死，乃死非所謂死得其所者耶！春秋書之，而竊取之義自見矣。

十有一月己亥，宋公佐卒于曲棘。

正傳曰：曲棘，宋地。書「宋公佐卒于曲棘」，善其卒也，善其卒於恤患也。左氏曰：「十一月，宋元公將爲公故如晉，夢太子欒即位於廟，己與平公服而相之。旦，召六卿。公曰：『寡人不佞，不能事父兄，以爲二三子憂，寡人之罪也。若以羣子之靈，獲保首領以沒，唯是楄柎所以藉幹者，請無及先君。』仲幾對曰：『君若以社稷之故，私降昵宴，羣臣弗敢知。若夫宋國之法，死生之度，先君有命，羣臣以死守之，弗敢失隊。臣之失職，常刑不赦。臣不忍其死，君命祗辱。』宋公遂行。己亥，卒于曲棘。」愚謂此實傳也。魯昭公爲强臣意如所逐奔齊，齊侯但唁之而已，未聞有諸侯告方伯連帥而討意如之罪，以復昭公者。宋元公獨能爲昭公之故以如晉，首倡大義以恤難定亂，其過人遠矣。不幸志不競而卒於道路，而其義氣已足以風天下也。春秋書以善之。胡氏曰：「宋元之夫人曹氏生子，妻意如。或謂曹氏勿與，魯將逐之。曹氏告元公，公告樂祁，祁曰：『與之，如是魯君必出，無民而能逞其志者，未之有也，魯君失民久矣。』然則宋元，意如之外舅也，不此之顧，而求欲納公，是以正倫恤患爲心，而不匿其私親之惡者也，其賢於當時諸侯遠矣。故雖卒于封内，而特書其地以别之也。」愚謂謂「特書地以别之」者，非也。卒于曲棘，自是實事，書之者，憫其志未就而卒于道路也，然而死于善與正寢一矣。

十有二月，齊侯取鄆。

正傳曰：鄆，魯邑。書「齊侯取鄆」，志善取也，猶不能無憾焉。公羊曰：「此何以書？爲公取之也。」愚謂春秋凡取皆不善也。魯昭公爲季氏所逐，奔于齊，齊侯爲公取鄆以居公，故春秋猶在所取也。然而齊侯不能倡大義，討亂臣，復昭公之國，而徒取鄆以居之，則亦末矣。此聖人所以不能無憾也已。胡氏曰：「直書齊侯取之，何也？齊不自取，而爲公取鄆使居之也。昭公出奔，經書『次于陽州』，見公于魯未絶，而季氏逐君爲不臣。及書『齊侯取鄆』，則見公已絶於魯，而逐於季氏爲不君。君者，有其土地人民，以奉宗廟之典籍者也。己不能有而他人是保，則不君矣。春秋之義，欲爲君盡君道，爲臣盡臣道，各守其職而不渝也。昭公失君道，季氏爲亂臣，各渝其職而不守矣，其爲後世戒，深切著明矣！」

春秋正傳卷之三十三

昭公

二十有六年晉頃十年、齊景三十二年、衛靈十九年、蔡昭三年、鄭定十四年、曹悼八年、陳惠十四年、杞悼二年、宋景公欒元年、秦哀二十一年、楚平十三年卒、吴僚十一年。敬王四年。

春王正月，葬宋元公。

正傳曰：書「正月，葬宋元公」，志相恤之禮也。

三月，公至自齊，居于鄆。

正傳曰：書「公至自齊，居于鄆」，志復境也，善齊也，幸公也，憫公也。左氏曰：「三月，公至自齊，處於鄆，言魯地也。」穀梁曰：「公次于陽州，其曰『至自齊』何也？以齊侯之見公，可以言『至自齊』也。居于鄆者，公在外也。『至自齊』，道義不外公也。」愚謂由二傳觀之，則至自齊，齊侯道義之舉，而公賴焉，故曰善齊也。以居鄆爲得入魯地，故曰幸公也。然猶在外耳，故曰憫公也。一書而三義備矣。胡氏曰：「居者，有其土地人民之稱也。昭公失國出奔而稱『居于鄆』者，存一國之防也。襄王已出而稱『居于鄭』，敬王未入而稱『居于狄泉』者，存天下之防也。天子之於天下，率土之濱，莫非其臣，非諸侯所敢擅也。諸侯之於封國，四境之内，莫非其土，非大夫所得專也。故諸侯避舍以待巡狩，而大夫專邑，是謂叛君。曰『居于鄆』，其爲防也至矣。」

夏，公圍成。

正傳曰：成，孟氏邑。書「圍成」，譏之也，言公自伐其都也。成雖孟氏之邑，而莫非魯公之境土也。自伐其都，是不能有其境土也；不能有其境土而反自伐之，則見昭公之不君矣。爲强臣所逐，故不能有土，見季氏之不臣矣。左氏曰：「夏，齊侯將納公，命無受魯貨。申豐從女賈，以幣錦二兩，縛一如瑱，適齊師，謂子猶之人高齮：『能貨子猶，爲高氏後，粟五千庾。』高齮以錦示子猶，子猶欲之。齮曰：『魯人買之，百兩一布。以道之不通，先入幣財。』子猶受之，言於齊侯曰：『羣臣不盡力于魯君者，非不能事君也。然據有異焉。宋元公爲魯君如晉，卒于曲棘。叔孫昭子求納其君，無疾而死。不知天之棄魯邪，抑魯君有罪於鬼神，故及此也？君若待于曲棘，使羣臣從魯君以卜焉。若可，師有濟也，君而繼之，茲無敵矣。若其無成，君無辱焉。』齊侯從之，使公子鉏帥師從公圍成。」胡氏曰：「不書齊師者，景公怵於邪説，爲義不終，故微之也。書『公圍成』，則季氏之不臣，昭公之不君，齊侯之不能脩方伯連帥之職，其罪咸具矣。」

秋，公會齊侯、莒子、邾子、杞伯，盟于鄟陵。

正傳曰：書「盟于鄟陵」，善其盟也。左氏曰：「盟于鄟陵，謀納公也。」愚謂諸侯失國，諸侯納之，禮也。春秋書之，則四國恤難扶危之義見矣。

公至自會，居于鄆。

正傳曰：書「公至自會，居于鄆」，幸公之入境也，憫公之在外也。穀梁曰：「公在外也。『至自會』，道義不外公也。」

九月庚申，楚子居卒。

正傳曰：書「楚子居卒」，志赴也。左氏曰：「九月，楚平王卒。令尹子常欲立子西，曰：『太子壬弱，其母非適也，王子建實聘之。子西長而好善。立長則順，建善則治。王順、國治，可不務乎？』子西怒曰：『是亂國而惡君王也。國有外援，不可瀆也；王有適嗣，不可亂也。敗親、速讎、亂嗣，不祥。我受其名。賂吾以天下，吾滋不從也，楚國何爲？必殺令尹！』令尹懼，乃立昭王。」

冬十月，天王入于成周。

正傳曰：成周，公羊以爲東周也。書「天王入于成周」，志復正也。成周者，天王之都也。入于成周，則復正其位，爲天下大一統也。言成周，則京師在其中矣。

尹氏、召伯、毛伯以王子朝奔楚。

正傳曰：書「尹氏、召伯、毛伯以王子朝奔楚」，則諸侯逸賊、荆楚納叛之罪並著矣。左氏曰：「冬十月丙申，王起師于滑。辛丑，在郊，遂次于尸。十一月辛酉，晋師克鞏。召伯盈逐王子朝，王子朝及召氏之族、毛伯得、尹氏固、南宫嚚奉周之典籍以奔楚。陰忌奔莒以叛。召伯逆王于尸，及劉子、單子盟。遂軍圉澤，次于隄上。癸酉，王入于成周。甲戌，盟于襄宫。晋師使成公般戍周而還。十二月癸未，王入于莊宫。王子朝使告于諸侯曰：『昔武王克殷，成王靖四方，康王息民，並建母弟，以藩屏周，亦曰：「吾無專享文、武之功，且爲後人之迷敗傾覆而溺入于難，則振救之。」至于夷王，王愆于厥身，諸侯莫不並走其望，以祈王身。至于厲王，王心戾虐，萬民弗忍，居王于彘。諸侯釋位，以間王政。宣王有志，而後效官。至于幽王，天不吊周，王昏不若，用愆厥位。携王奸命，諸侯替之，而建王嗣，用遷郟鄏，則是兄弟之能用力于王室也。至于惠王，天不靖周，生頽禍心，施于叔帶。惠、襄辟難，越去王都。則有晋、鄭咸黜不端，以綏定王家。則是兄弟之能率先王之命也。

在定王六年，秦人降妖，曰：「周其有頿王，亦克能脩其職，諸侯服享，二世共職。王室其有間王位，諸侯不圖，而受其亂災。」至于靈王，生而有頿。王甚神聖，無惡於諸侯。靈王、景王克終其世。今王室亂，單旗、劉狄剥亂天下，壹行不若，謂：「先王何常之有？唯余心所命，其誰敢討之？」帥羣不吊之人，以行亂于王室。侵欲無厭，規求無度，貫瀆鬼神，慢棄刑法，倍姦齊盟，傲狠威儀，矯誣先王。晋爲不道，是攝是贊，思肆其罔極。兹不穀震盪播越，竄在荆蠻，未有攸底。若我一二兄弟甥舅，獎順天法，無助狡猾，以從先王之命，毋速天罰，赦圖不穀，則所願也。敢盡布其腹心及先王之經，而諸侯實深圖之。昔先王之命曰：「王后無適，則擇立長。年鈞以德，德鈞以卜。」王不立愛，公卿無私，古之制也。穆后及太子壽早夭即世，單、劉贊私立少，以間先王。亦唯伯仲叔季圖之！』閔馬父聞子朝之辭，曰：『文辭以行禮也。子朝干景之命，遠晋之大，以專其志，無禮甚矣，文辭何爲？』」

胡氏曰：「取國有五利，寵居一焉。子朝有寵於景王，爲之黨者衆矣，卒不能立，至於奔楚，何也？是非有出於人之本心者，不可以私愛是，亦不可以私惡非，卒歸於公而止矣。景王寵愛子朝，將蕲於見是，而天下不以爲是。疎薄子猛，將蕲於見非，而天下卒不以爲非。徒設此心，兩棄之也。庶孽憑寵，爲羣小之所宗，而人心不附。適子恃正，人心之所向，而羣小不從。故伯服雖殺，而平王亦不能復宗周之盛；申生已死，而奚齊、卓子亦不能勝里克之兵。是兩棄之也。景王不鑒覆車，王猛、子朝之際，危亦甚矣。春秋詳書爲後世戒，可謂深切著明也哉！」

敬王五年。

二十有七年晉頃十一年、齊景三十三年、衛靈二十年、蔡昭四年、鄭定十五年、曹悼九年卒、陳惠十五年、杞悼三年、宋景二年、秦哀二十二年、楚昭王軫元年、吳僚十二年弒。

春，公如齊。公至自齊，居于鄆。

正傳曰：書「公如齊。公至自齊，居于鄆」，志君之出入，猶在外也。左氏曰：「公至自齊，處于鄆，言在外也。」愚謂昭公雖失國，而魯君臣之義未絕也。故史於君之出入必詳書之。仲尼因而存之，以正名分、誅亂賊也。

夏四月，吳弒其君僚。

正傳曰：書「吳弒其君僚」，則亂賊之罪可得矣。左氏曰：「吳子欲因楚喪而伐之，使公子掩餘、公子燭庸帥師圍潛，使延州來季子聘于上國，遂聘于晉，以觀諸侯。楚莠尹然、工尹麇帥師救潛，左司馬沈尹戌帥都君子與王馬之屬以濟師，與吳師遇于窮，令尹子常以舟師及沙汭而還。左尹郤宛、工尹壽帥師至于潛，吳師不能退。吳公子光曰：『此時也，弗可失也。』告鱄設諸曰：『上國有言曰：「不索，何獲？」我，王嗣也，吾欲求之。事若克，季子雖至，不吾廢也。』鱄設諸曰：『王可弒也。母老、子弱，是無若我何？』光曰：『我，爾身也。』夏四月，光伏甲於堀室而享王。王使甲坐於道及其門。門、階、户、席，皆王親也，夾之以鈹。羞者獻體改服於門外，執羞者坐行而入，執鈹者夾承之，及體，以相授也。光僞足疾，入于堀室。鱄設諸寘劍於魚中以進，抽劍刺王，鈹交於胷，遂弑王。闔廬以其子爲卿。季子至，曰：『苟先君無廢祀，民人無廢主，社稷有奉，國家無傾，乃吾君也，吾誰敢怨？哀死事生，以待天命。非我生亂，立者從之，先人之道也。』復命哭墓，復位而待。吴公子掩餘奔徐，公子燭庸奔鍾吾。」愚謂按此，弑吴君僚者，公子光、專諸也，而書曰「吴」者，吴亂，其報畧，故史書之。仲尼因之，使人考其跡而罪人斯得矣。後儒以吴國之亂歸罪於季子之讓國，誤矣。若夫季子所謂知禮者也，方光之弑君，公子掩餘、燭庸皆出，而季子乃曰：「苟先君無廢祀，民人無廢主，社稷有奉，國家無傾，乃吾君也。」曾是以爲知禮乎？季子之罪，獨在此耳。胡氏曰：「此公子光使專諸弑之，而稱國何也？吴子壽夢有四子，長諸樊，次餘祭，次夷昧，次季札。光，諸樊之子也。僚，夷昧之子也。諸樊兄弟以次相及，必欲致國於季子，而季子終不受，則國宜之光者也，僚烏得爲君？故稱國以弑，而不歸獄於光。其稱國以弑者，吴大臣之罪也。大臣任大事，事莫大於置君矣，故君存而國本定，君終而嗣子立。社稷嘉靖，人無間言，此秉政大臣之任，伊、召之所以安商、周，孔明之所以定劉漢也。若廢立進退出於羣小閹寺，而當國大臣不預焉，則將焉用彼相矣？此春秋歸罪大臣、稱國弑君之意，其經世之慮深矣。」

楚殺其大夫郤宛。

正傳曰：書「楚殺其大夫郤宛」，著讒賊之罪也。左氏曰：「郤宛直而和，國人說之。鄢將師爲右領，與費無極比而惡之。令尹子常賄而信讒，無極譖郤宛焉，謂子常曰：『子惡欲飲子酒。』又謂子惡：『令尹欲飲酒於子氏。』子惡曰：『我，賤人也，不足以辱令尹。令尹將必來辱，爲惠已甚，吾無以酬之，若何？』無極曰：『令尹好甲兵，子出之，吾擇焉。』取五甲五兵，曰：『寘諸門。令尹至，必觀之，而從以酬之。』及享日，帷諸門左。無極謂令尹曰：『吾幾禍子。子惡將爲子不利，甲在門矣。子必無往！且此役也，吴可以得志。子惡取賂焉而還，又誤羣帥，使退其師，曰「乘亂不祥」。吴乘我喪，我乘其亂，不亦可乎？』令尹使視郤氏，則有甲焉。不往，召鄢將師而告之。將師退，遂令攻郤氏，且爇之。子惡聞之，遂自殺也。國人弗爇，令曰：『不爇郤氏，與之同辠。』或取一編菅焉，或取一秉秆焉，國人投之，遂弗爇也。令尹炮之，盡滅郤氏之族、黨，殺陽令終與其弟完及佗與晉陳及其子弟。晉陳之族呼於國曰：『鄢氏、費氏自以爲王，專禍楚國，弱寡王室，蒙王與令尹以自利也，令尹盡信之矣，國將如何？』」愚謂此讒人費無極之亂國，囊瓦之賊殺也。春秋特書「楚殺其大夫郤宛」，而罪人斯得矣，何必謂稱國以殺乎？

秋，晉士鞅、宋樂祁犂、衛北宮喜、曹人、邾人、滕人會于扈。

正傳曰：書諸侯、大夫會于扈，則列國善惡之辨、聖人悲喜之情見矣。左氏曰：「秋，會于扈，令戍周，且謀納公也。宋、衛皆利納公，固請之。范獻子取貨於季孫，謂司城子梁與北宮貞子曰：『季孫未知其罪，而君伐之。請囚、請亡，於是乎不獲，君又弗克，而自出也。夫豈無備而能出君乎？季氏之復，天救之也。休公徒之怒，而啓叔孫氏之心。不然，豈其伐人而說甲執冰以游？叔孫氏懼禍之濫，而自同於季氏，天之道也。魯君守齊，三年而無成。季氏甚得其民，淮夷與之，有十年之備，有齊、楚之援，有天之贊，有民之助，有堅守之心，有列國之權，而弗敢宣也，事君如在國。故鞅以爲難。二子皆圖國者也，而欲納魯君，鞅之願也，請從二子以圍魯。無成，死之。』二子懼，皆辭。乃辭小國，而以難復。」愚謂按此傳，則扈之會，列國之大夫爲戍周，謀納魯君也。夫戍周爲勤王，納公爲恤鄰，皆義舉善謀也，可嘉矣。晉鞅以取貨爲詭言以敗之，而其罪惡不容誅矣。聖人書之，其感慨之情千載有遺憾焉，孰謂竊取之深意在乎一字之間乎！

冬十月，曹伯午卒。

正傳曰：書「曹伯午卒」，志與國之大故也。

邾快來奔。

正傳曰：快，邾婁之臣。書「邾快來奔」，則叛君者與納叛者之罪並見矣。夫快背君而奔，爲叛臣；魯納之，爲納叛。昔武王聲紂之罪，爲天下逋逃主萃淵藪。前此邾畀我、庶其二叛臣來奔，并快，則三叛人也。魯皆納之。季孫則固叛人，快之來奔，從其類耳。然而〔一〕季孫無君，公然爲逋逃主而無忌憚，春秋書此，所以並誅之，其意深切矣。

公如齊。

正傳曰：書「公如齊」，志非禮也。左氏曰：「齊侯請饗之。子家子曰：『朝夕立於其朝，又何饗焉，其飲酒也。』乃飲酒，使宰獻，而請安。子仲之子曰重，爲齊侯夫人，曰：『請使重見。』子家子乃以君出。」又按左氏：「孟懿子、陽虎伐鄆，鄆人將戰。子家子曰：『天命不慆久矣，使君亡者，必此衆也。天既禍之，而自福也，不亦難乎！猶有鬼神，此必敗也。嗚乎！爲無望也夫！其死於此乎！』公使子家子如晉。公徒敗于且知。」愚謂按此，則魯君無道，不能自立，見逐於臣，又不能上告天子，下告方伯連帥，聲大義以誅逆賊，復安宗社，而乃棲身於鄆爲懿子、陽虎所敗，而依依於齊、晉之間，其爲不仁不孝甚矣。春秋書之，其憫憾之意深矣。

公至自齊，居于鄆。

正傳曰：書「公至自齊，居于鄆」，憫公也。

敬王六年。二十有八年晉頃十二年、齊景三十四年、衛靈二十一年、蔡昭五年、鄭定十六年卒、曹聲公野元年、陳惠十六年、杞悼四年、宋景三年、秦哀二十三年、楚昭二年、吳闔廬元年。

春王三月，葬曹悼公。

正傳曰：書「葬曹悼公」，志相恤之禮也。

公如晉，次于乾侯。

正傳曰：乾侯，晉境内邑。書「公如晉，次于乾侯」，志非禮也。左氏曰：「公如晉，將如乾侯。子家子曰：『有求於人，而即其安，人孰矜之？其造於竟。』弗聽，使請逆於晉。晉人曰：『天禍魯國，君淹恤在外，君亦不使一个辱在寡人，而即安於甥舅，其亦使逆君？』使公復于竟，而後逆之。」愚謂魯侯見逐於叛臣，不以大義告于天子方伯，一失也。而依依以干人，二失也。入其境，不造其國，而次于乾侯，三失也。晉人不以恤難爲急，無方伯之義，忘盟主之道，胥失之矣。春秋書之，而彼此之罪自見矣。

夏四月丙戌，鄭伯寧卒。

正傳曰：書「鄭伯寧卒」，志鄰國之大故也。

六月，葬鄭定公。

正傳曰：書「葬鄭定公」，志恤鄰之禮也，而鄭葬之非禮見矣。諸侯五月而葬，此其速也。

秋七月癸巳，滕子寧卒。

正傳曰：書「滕子寧卒」，志與國之大故也。

冬，葬滕悼公。

正傳曰：書「冬，葬滕悼公」，志恤鄰之禮也。諸侯五月而葬，禮也。

敬王七年。二十有九年晉頃十三年、齊景三十五年、衛靈二十二年、蔡昭六年、鄭獻公蠆元年、曹聲二年、陳惠十七年、杞悼五年、宋景四年、秦哀二十四年、楚昭三年、吴闔廬二年。

春，公至自乾侯，居于鄆。

正傳曰：書「公至自乾侯，居于鄆」，閔公之久于外也。

齊侯使高張來唁公。

正傳曰：唁者，穀梁以爲「唁公不得入於魯也」。書「齊侯使高張來唁公」，罪齊也，罪齊之虛禮也。左氏曰：「春，公至自乾侯，處于鄆。齊侯使高張來唁公，稱主君。子家子曰：『齊卑君矣，君祇辱焉。』公如乾侯。」胡氏曰：「遣使來唁，淺事也，亦書于經者，罪齊侯不能脩方伯連帥之職也。昔狄人迫逐黎侯，黎侯寓于衛，衛人弗恤，黎之臣子勸其君以歸，而賦式微。其一章曰『微君之故』者，以事求人，而人不有其事，是謂微君之故。若昭公見逐出奔而齊莫之討，淹恤日久而齊莫之納，微君之故矣。其二章曰『微君之躬』者，以身下人，而人不有其身，是謂微君之躬。若齊侯設禮以享而使宰獻，遣使來唁而稱主君，微君之躬矣。諸侯失國，諸侯納之，正也。齊之先世嘗主夏盟，而太公受先王五侯九伯之命矣。魯爲鄰境，甥舅之國也。昭公朝夕立於其朝，曾不能陳師境上，討意如逐君之罪，而遣使唁公，豈得禮乎？」

公如晉，次于乾侯。

正傳曰：書「公如晉，次于乾侯」，譏非禮也。高氏曰：「復如晉，冀見恤而晉復不受，故次于乾侯。」愚謂昭公知不可復進而進，無恥愧之心；晉侯可納而再不納，爲無恤難之義，皆非禮矣。故春秋書之，以見其罪。

夏四月庚子，叔詣卒。

正傳曰：書「叔詣卒」，志忠臣之大故也。穀梁曰：「季孫意如曰：『叔詣無病而死。此皆無公也，是天命也，非我罪也。』」高氏曰：「叔詣欲納公而卒。」由是觀之，是叔詣爲昭公之忠臣，無病而卒，聖人書此，其感嘆之意深矣！

秋七月。

正傳曰：無事亦書時月，義見于前。

冬十月，鄆潰。

正傳曰：書「冬十月，鄆潰」，志昭公之見棄於民也。胡氏曰：「民逃其上曰潰。自是昭公削迹於魯，尺地一民，皆非其有矣。公之出奔，處鄆四年，民不見德，亡無愛徵，至於潰散，豈非昏迷不返，自納於罟擭陷穽之中？其從者又皆艾殺其民，視如土芥，其下不堪，所以潰與？然則去宗廟社稷出奔，而猶不惕然恐懼，蘄改過以補前行之愆也。自棄甚矣，欲不亡，得乎？噫！故書以爲後世戒。」

敬王八年。三十年晉頃十四年卒、齊景三十六年、衛靈二十三年、蔡昭七年、鄭獻二年、曹聲三年、陳惠十八年、杞悼六年、宋景五年、秦哀二十五年、楚昭四年、吴闔廬三年。

春王正月，公在乾侯。

正傳曰：書「公在乾侯」，志出奔也。左氏曰：「不先書鄆與乾侯，非公，且徵過也。」胡氏曰：「公去社稷，于今五年，每歲首月不書公者，在魯四封之内，則無適而非其所也。至是鄆潰客寄乾侯，非其所矣。歲首必書公之所在者，蓋以存君不與季氏之專國也，而罪臣子、譏諸侯之意具矣。唐武后廢遷中宗，革命自立，史臣列於本紀，欲著其罪，而君子以爲非春秋之法，其言曰：『天下者，唐之天下，中宗受之於其父，武后安得絶先君之世？復繫嗣君之年，黜武氏之號，自以爲竊取春秋之義。』信矣。」

夏六月庚辰，晉侯去疾卒。

正傳曰：何以書？志霸主之大故也。

秋八月，葬晉頃公。

正傳曰：書「八月，葬晉頃公」，志相恤之禮也，而晉之非禮見矣。諸侯五月而葬，禮也；速葬，非禮也。左氏曰：「夏六月，晉頃公卒。秋八月，葬。鄭游吉吊，且送葬。魏獻子使士景伯詰之，曰：『悼公之喪，子西吊，子蟜送葬。今吾子無貳，何故？』對曰：『諸侯所以歸晉君，禮也。禮也者，小事大、大字小之謂。事大在共其時命，字小在恤其所無。以敝邑居大國之間，共其職貢，與其備御不虞之患，豈忘共命？先王之制：諸侯之喪，士吊，大夫送葬；唯嘉好、聘饗、三軍之事，於是乎使卿。晉之喪事，敝邑之閒，先君有所助執紼矣。若其不閒，雖士、大夫有所不獲數矣。大國之惠，亦慶其加，而不討其乏，明厎其情，取備而已，以爲禮也。靈王之喪，我先君簡公在楚，我先大夫印段實往；敝邑之少卿也。王吏不討，恤所無也。今大夫曰：「女盍從舊？」舊有豐有省，不知所從。從其豐，則寡君幼弱，是以不共。從其省，則吉在此矣。唯大夫圖之！』晉人不能詰。」

冬十有二月，吴滅徐，徐子章羽奔楚。

正傳曰：何以書？志暴虐之兵也。左氏曰：「吴子使徐人執掩餘，使鍾吾人執燭庸，二公子奔楚。楚子大封，而定其徙，使監馬尹大心逆吴公子，使居養，莠尹然、左司馬沈尹戌城之。取於城父與胡田以與之，將以害吴也。子西諫曰：『吴光新得國，而親其民，視民如子，辛苦同之，將用之也。若好吴邊疆，使柔服焉，猶懼其至。吾又疆其讎，以重怒之，無乃不可乎！吴，周之胄裔也，而棄在海濱，不與姬通，今而始大，比于諸華。光又甚文，將自同於先王。不知天將以爲虐乎，使翦喪吴國而封大異姓乎，其抑亦將卒以祚吴乎，其終不遠矣。我盍姑億吾鬼神，而寧吾族姓，以待其歸，將焉用自播揚焉？』王弗聽。吴子怒。冬十二月，吴子執鍾吾子。遂伐徐，防山以水之。己卯，滅徐。徐子章禹斷其髮，攜其夫人以逆吴子。吴子唁而送之，使其邇臣從之，遂奔楚。楚沈尹戌帥師救徐，弗及。遂城夷，使徐子處之。」愚謂吴子以徐子之不執二公子，而使之奔也，一怒之間，遂至暴其師而滅其國，奔其君而絶其宗祀，虐之甚者也。故春秋書而夷狄之。

三十有一年晋定公午元年、齊景三十七年、衛靈二十四年、蔡昭八年、鄭獻三年、曹聲四年、陳惠十九年、杞悼七年、宋景六年、秦哀二十六年、楚昭五年、吴闔廬四年。敬王九年。

春王正月，公在乾侯。

正傳曰：書「公在乾侯」，著魯君之有在也，而昭公之不君，季氏之不臣，益可見矣。

季孫意如會晉荀躒于適歷。

正傳曰：書「季孫意如會晉荀躒于適歷」，著其會之非也，而濟惡之罪見矣。左氏曰：「晉侯將以師納公。范獻子曰：『若召季孫而不來，則信不臣矣，然後伐之，若何？』晉人召季孫。獻子使私焉，曰：『子必來，我受其無咎。』季孫意如會晉荀躒于適歷。荀躒曰：『寡君使躒謂吾子：「何故出君？有君不事，周有常刑。子其圖之！」』季孫練冠、麻衣，跣行，伏而對曰：『事君，臣之所不得也，敢逃刑命？君若以臣爲有罪，請囚於費，以待君之察也，亦唯君。若以先臣之故，不絕季氏，而賜之死。若弗殺弗亡，君之惠也，死且不朽。若得從君而歸，則固臣之願也，敢有異心？』」愚謂此私會也。胡氏以爲「會〔二〕禮」，非也。陰謀以濟惡也。若季孫之逐君四五年於外，豈待召之不來而後信其不臣哉！士鞅受季孫之貨，爲此詭言以罔其君，晉君遂爲之罔。及季孫素衣伏行，請從君而歸，竟不聞復辟，而晉君遂爲强臣所持，而不遂納焉。不特以哀魯，亦可以觀晉禍之將及矣。胡氏曰：「意如出君不事，專有魯國，晉實主盟，不能致討，而寵以會禮，不亦悖哉？或曰：季孫事君如在國，未知其罪而君伐之，是昭公之過也。則非矣。行貨齊、晉使不納公，禱於煬宮，求君不入，及其復也，猶欲絕其兆域，加之惡謚，安在乎事君如在國？猶曰未知其罪乎？齊、晉不能誅亂禁姦，悖君臣之義，不知其從自及也。陸淳以爲『逐君之臣，晉不之罪，而反與爲會，書曰「意如會晋荀躒于適歷」晋侯之爲盟主可見矣，荀躒之爲人臣可知矣，此不待貶絶而罪惡見者也。』得春秋所書之意矣。」愚謂如此之類，則於何一字取褒貶之義乎？足以見義例之不足信矣。

夏四月丁巳，薛伯穀卒。

正傳曰：書「薛伯穀卒」，志與國之大故也。左氏曰：「同盟，故書。」愚謂聖人存之於册，著相恤之義耳。

晋侯使荀躒唁公于乾侯。

正傳曰：書「晋侯使荀躒唁公于乾侯」，譏之也，譏晋侯之虚禮而無恤難之義也。晋侯始有以師納昭公之章，卒爲强臣所阻而徒唁之而已，何其見義不爲而無勇耶！晋之爲晋亦可知矣，晋之諸臣實與季孫聲勢相倚，同惡相濟，而卒以分晋，其兆於此哉！左氏曰：「夏四月，季孫從知伯如乾侯。子家子曰：『君與之歸。一慙之不忍，而終身慙乎？』公曰：『諾。』衆曰：『在一言矣，君必逐之！』荀躒以晋侯之命唁公，且曰：『寡君使躒以君命討於意如，意如不敢逃死，君其入也！』公曰：『君惠顧先君之好，施及亡人，將使歸糞除宗祧以事君，則不能見夫人。己所能見夫人者，有如河！』荀躒掩耳而走，曰：『寡君其罪之恐，敢與知魯國之難！臣請復於寡君。』退而謂季孫：『君怒未怠，子姑歸祭。』子家子曰：

『君以一乘入于魯師，季孫必與君歸。』公欲從之。衆從者脅公，不得歸。」

秋，葬薛獻公。

正傳曰：書「葬薛獻公」，志禮也。

冬，黑肱以濫來奔。

正傳曰：黑肱，邾大夫。濫，東海昌慮縣，邾婁之邑也。書「黑肱以濫來奔」，則黑肱叛君之賊，季氏納叛之罪皆可見矣。故曰直書其事，而其得失自見，此之謂也。左氏書名重地之説，微顯婉辨，豈不謬哉！至於公羊以爲「叔術讓國之賢、宜有地」，穀梁以爲「不言邾黑肱，別乎邾」，則又皆遠矣。

十有二月辛亥朔，日有食之。

正傳曰：書「辛亥朔，日有食之」，志天變也，所以致警戒之義焉。左氏載：火勝金，决六年此月吴入郢而弗克之説，則謬妄矣。

敬王十年。

三十有二年晋定二年、齊景三十八年、衛靈二十五年、蔡昭九年、鄭獻四年、曹聲五年、陳惠二十年、杞悼八年、宋景七年、秦哀二十七年、楚昭六年、吴闔廬五年。

春王正月，公在乾侯。

正傳曰：書「春王正月，公在乾侯」，著魯君之有在也，亦以憫公也。左氏曰：「言不能外内，又不能用其人也。」愚謂其人謂子家羈也。子家子嘗勸公因季氏至乾侯，乘一乘以入，魯師必與俱歸，公不能用，遂坐困於乾侯，如羈鳥栖栖然附于他林，而莫之定止，可憫之甚也。春秋書此，其感嘆之意深矣！

取闞。

正傳曰：闞，魯地，在東平須昌縣東南。書「取闞」，志非謀也，見昭公之無志於興復而取於微也，而季氏不臣之罪益著矣。夫昭公爲魯君，魯四境之内莫非其有也。昭公無道，强臣據有魯國，乃復取闞，若取諸他國然。春秋書此，則君臣之罪並見矣，感嘆之意益深矣！

夏，吴伐越。

正傳曰：書「吴伐越」，志不義之師也。夫師之興，必有名。無名，斯非義矣，故春秋書之。左氏曰：「始用師於越也。史墨曰：『不及四十年，越其有吴乎！』」

秋七月。

正傳曰：無事亦書時月，義見于前。

冬，仲孫何忌會晋韓不信、齊高張、宋仲幾、衛世叔申、鄭國參、曹人、莒人、薛人、

杞人、小邾人，城成周。

正傳曰：書諸侯大夫會，城成周，著尊王之義也。左氏曰：「秋八月，王使富辛與石張如晉，請城成周。天子曰：『天降禍於周，俾我兄弟並有亂心，以爲伯父憂。我一二親昵甥舅不皇啓處，於今十年，勤戍五年。余一人無日忘之，閔閔焉如農夫之望歲，懼以待時。伯父若肆大惠，復二文之業，弛周室之憂，徼文、武之福，以固盟主，宣昭令名，則余一人有大願矣。昔成王合諸侯城成周，以爲東都，崇文德焉。今我欲徼福假靈於成王，脩成周之城，俾戍人無勤，諸侯用寧，蝥賊遠屏，晉之力也。其委諸伯父，使伯父實重圖之，俾我一人無徵怨於百姓，而伯父有榮施，先王庸之。』范獻子謂魏獻子曰：『與其戍周，不如城之。天子實云，雖有後事，晉勿與知可也。從王命以紓諸侯，晉國無憂，是之不務，而又焉從事？』魏獻子曰：『善。』使伯音對曰：『天子有命，敢不奉承以奔告于諸侯！遲速衰序，於是焉在。』冬十一月，晉魏舒、韓不信如京師，合諸侯之大夫于狄泉，尋盟，且令城成周。魏子南面。衛彪傒曰：『魏子必有大咎。干位以令大事，非其任也。』己丑，士彌牟營成周，計丈數，揣高卑，度厚薄，仞溝洫，物土方，議遠邇，量事期，計徒庸，慮材用，書餱糧，以令役於諸侯。屬役賦丈，書以授帥，而效諸劉子。韓簡子臨之，以爲成命。」愚謂此本傳也。是時，王室危亂，諸侯用命以城成周，則尊王之心猶不忘也，故春秋書以與之。胡氏曰：「天子有道，守在四夷。今至於城王都，可以不書乎？不曰『城京師』，而曰『城成周』者，京師，衆大之稱，成周，地名也，與列國等矣。」愚謂此論鑿矣。成周非地名，乃東都之名，其來久矣，則春秋安得變成周之名而爲京師？若云京師，則與西周何别乎？或云京師，或云成周，其義一也，不然則後書「晋執宋仲幾于京師」，又何耶？以此見義例之不足信也已。文定惑其小者，棄其大義，奚可哉！

十有二月己未，公薨于乾侯。

正傳曰：書「公薨于乾侯」，志非正也，而昏君、逆臣之罪並著矣。左氏曰：「公疾，偏賜大夫，大夫不受。賜子家子雙琥、一環、一璧、輕服，受之。大夫皆受其賜。己未，公薨。子家子反賜於府人，曰：『吾不敢逆君命也。』大夫皆反其賜。書曰『公薨于乾侯』，言失其所也。趙簡子問於史墨曰：『季氏出其君，而民服焉，諸侯與之，君死於外而莫之或罪也。』對曰：『物生有兩、有三、有五、有陪貳。故天有三辰，地有五行，體有左右，各有妃耦，王有公，諸侯有卿，皆有貳也。天生季氏，以貳魯侯，爲日久矣。民之服焉，不亦宜乎！魯君世從其失，季氏世脩其勤，民忘君矣。雖死於外，其誰矜之？社稷無常奉，君臣無常位，自古以然。故詩曰：「高岸爲谷，深谷爲陵。」三后之姓於今爲庶，主所知也。在易卦，雷乘乾曰大壯，天之道也。昔成季友，桓之季也，文姜之愛子也。始震而卜，卜人謁之，曰：

「生有嘉聞，其名曰友，爲公室輔。」及生，如卜人之言，有文在其手曰「友」，遂以名之。既而有大功於魯，受費以爲上卿。至於文子、武子，世增其業，不廢舊績。魯文公薨，而東門遂殺適立庶，魯君於是乎失國，政在季氏，於此君也四公矣。民不知君，何以得國？是以爲君慎器與名，不可以假人。』」愚謂史墨言名器不可假人，探本之論也。魯君之失國而客死於他境，其咎在此矣。至於三五陪貳之説，妄矣。反以啓强臣無君之心。謂若天造地設者，其助亂之罪不小矣。胡氏曰：「諸侯失國出奔者衆矣，鄭伯突爲祭仲所逐而出奔，入于櫟而復國；衛侯衎爲孫、甯所逐而出奔，入于夷儀而復國。昭公在外八年，終以客死，爲天下笑，何也？祭仲雖專，而世權不重於季氏；衛侯失國猶夫人也，而有推挽之者，所以雖失而復得也。魯自季友受費以爲上卿，至於意如，專執國命四世矣，其臣皆季氏之乎也，其民皆季氏之獲也。而昭公有一子家駒，言不見聽，計不行也，不能復國，宜矣。故春秋詳録其所因，爲後世之戒。公雖失國，然每歲之首月必書『公在乾侯』，誅意如也。書『齊侯取鄆』、『公圍成』、『鄆潰』，絶昭公也。爲人臣者，觀每歲必書公所在，必不敢萌跋扈不臣之心；爲人君者，觀春秋所書『圍成』、『鄆潰』，知社稷之無常奉也，亦必少警矣。嗚呼！可謂深切著明者矣。」

校記：

〔一〕「然而」，嘉靖本作「可見」。

〔二〕「會」，原作「謂」，據嘉靖本、胡傳改。

春秋正傳卷之三十四

定公

名宋，襄公庶子，昭公弟，在位十五年。

敬王十一年。元年晉定三年、齊景三十九年、衛靈二十六年、蔡昭十年、鄭獻五年、曹隱公通元年、陳惠二十一年、杞悼九年、宋景八年、秦哀二十八年、楚昭七年、吳闔廬六年。

春王。

正傳曰：書「春王」而不言正月者何？史之逸文也，於此見春秋魯史之文，非仲尼之加損也。公羊以爲公「即位後」故無正月；穀梁以爲「定無正」，明不得「正始」；胡文定從之，以爲「季氏廢太子衍及務人，而立公子宋，宋者，昭公之弟，其主社稷，非先君所命，而專受之於意如者也，故不書『正月』，見定公無正」。皆非也。蓋定公即位後在夏六月，何以先時去其正月見其無正始耶？凡春秋「春王正月」，史氏書時月紀事之法，其文以春字爲讀，王正月爲句，言在春時王之正月也。謂之正月者，以爲正之月，周則子月是也。今書春王而不言正月，以爲定公即位不正故不書，是何文理耶？陸象山謂諸儒説經之謬莫甚於春秋，皆此之類也。故春秋之不明，諸儒壞之也。或云春王連下三月爲文，亦非也。他年或有如此者，即位之元年豈有不書正月之理？斷爲史之缺文無疑矣。

三月，晉人執宋仲幾于京師。

正傳曰：書「晉人執宋仲幾于京師」者何？公羊子曰：「仲幾之罪何？不蓑城也。其言于京師何？伯討也。」夫晉率諸侯城成周，尊王之義也。宋仲幾不肯受功而晉執之，仗義也，而歸于京師，仗義以尊王也。左氏曰：「春王正月辛巳，晉魏舒合諸侯之大夫于狄泉，將以城成周。孟懿子會城成周，庚寅，栽。宋仲幾不受功，曰：『滕、薛、郳，吾役也。』薛宰曰：『宋爲無道，絶我小國於周，以我適楚，故我常從宋。晉文公爲踐土之盟，曰：「凡我同盟，各復舊職。」若從踐土，若從宋，亦唯命。』仲幾曰：『踐土固然。』薛宰曰：『薛之皇祖奚仲居薛，以爲夏車正，奚仲遷于邳，仲虺居薛，以爲湯左相。若復舊職，將承王官，何故以役諸侯？』仲幾曰：『三代各異物，薛焉得有舊？爲宋役，亦其職也。』士彌牟曰：『晉之從政者新，子姑受功，歸，吾視諸故府。』仲幾曰：『縱子忘之，山川鬼神其忘諸乎？』士伯怒，謂韓簡子曰：『薛徵於人，宋徵於鬼。宋罪大矣。且己無辭，而抑我以神，誣我也。啓寵納侮，其此之謂矣。必以仲幾爲戮。』乃執仲幾以歸。三月，歸諸京師。城三旬而畢，乃歸諸侯之戍。」愚謂觀此，則晉之執仲幾，誠伯討矣。公羊以稱人爲貶大夫專執，胡氏從之，則皆非矣。夫士伯以晉君之命而行，必有專制之法。宋仲幾不受功，爲無王，其罪可執而執之，其歸于周，將付之司寇，中間豈無晉侯之命而歸之周者？而遽以爲專執而貶之，可乎？稱人者，他國之史稱之之詞耳。惑其小者，棄其大義，必斯言之謂矣。

夏六月癸亥，公之喪至自乾侯。戊辰，公即位。

正傳曰：書「六月癸亥，公之喪至自乾侯。戊辰，公即位」，見昭公不得正其終，定公不得正其始也，而罪人斯得矣。夫昭公爲季孫所逐，客死于乾侯，且薨至此七月矣，然後喪至自乾侯，是使昭公不得正其終者，季孫也。禮，君薨而世子即位于廟，見羣臣而後喪服，所以定位防變也。昭公薨至此七月矣，喪至又六日，然後即位，是使定公不得正其始者，亦季孫也。春秋詳書之，所以誅季孫之罪者至深切矣！左氏曰：「叔孫成子逆公之喪于乾侯。季孫曰：『子家子亟言於我，未嘗不中吾志也。吾欲與之從政，子必止之，且聽命焉。』子家子不見叔孫，易幾而哭。叔孫請見子家子。子家子辭，曰：『羈未得見，而從君以出。君不命而薨，羈不敢見。』叔孫使告之曰：『公衍、公爲實使羣臣不得事君，若公子宋主社稷，則羣臣之願也。凡從君出而可以入者，將唯子是聽。子家氏未有後，季孫願與子從政。此皆季孫之願也，使不敢以告。』對曰：『若立君，則有卿士、大夫與守龜在，羈弗敢知。若從君者，則貌而出者，入可也。寇而出者，行可也。若羈也，則君知其出也，而未知其入也，羈將逃也。』喪及壞隤，公子宋先入，從公者皆自壞隤反。六月癸亥，公之喪至自乾侯。戊辰，公即位。」胡氏曰：「昭公之薨，已越葬期，猶未得返，至于六月癸亥然後喪至，而定之即位乃在是月之戊辰，蓋遲速進退爲意如所制，不得專也。以周書顧命考之，成王之崩在四月乙丑，宰臣太保即於是日，命仲桓、南宫毛，俾爰齊侯吕伋，以二干戈，虎賁百人，逆王世子釗于南門之外，延入翼室，宅憂爲天下主，不待崇朝而後定也。今昭公喪至，在葬期之後，公子宋自壞隤先入，猶未得立，是知爲意如所制，不得以時定，非謂正棺乎兩楹之間，故定之即位不可不察也。夫即位，大事也。宗嗣先定，則變故不生。蓋代君享國而主其祭，宜戚宜懼，一失機會，或萌窺伺之心，至於生變，則爲不孝矣，古人所以貴於早定國家之本也。今昭公之薨，定公之即位，春秋詳書于策，非爲後法，乃見諸行事爲永鑒耳。」

秋七月癸巳，葬我君昭公。

正傳曰：書「秋七月癸巳，葬我君昭公」，志國之大事也，而非禮之失、强臣之罪並見矣。

夫諸侯之喪，五月而葬，禮也。昭公薨，至此七月乃葬，遲而非禮矣，是孰使之然？季孫之不臣爲之也。春秋書之，所以誅季孫也。左氏曰：「季孫使役如闞公氏，將溝焉。榮駕鵝曰：『生不能事，死又離之，以自旌也？縱子忍之，後必或恥之。』乃止。季孫問於榮駕鵝曰：『吾欲爲君謚，使子孫知之。』對曰：『生弗能事，死又惡之，以自信也？將焉用之？』乃止。秋七月癸巳，葬昭公於墓道南。孔子之爲司寇也，溝而合諸墓。」

九月，大雩。

正傳曰：書「九月，大雩」，志非禮也。大雩，天子祭天以禱雨，既非魯之得用。又龍見而雩，禮也，必待旱而後禱，非禮也。並失之矣。

立煬宮。

正傳曰：書「立煬宮」，則非禮自見矣。左氏曰：「昭公出故，季平子禱于煬公。九月，立煬宮。」公羊曰：「煬宮者何？煬公之宮也。立煬宮，非禮也。」愚按煬公，伯禽之子，祧毀之主也，禮有其廢之，莫敢舉也。故喪事即遠，有進而無退；宮廟即遠，有毀而無立。季平子因昭公之出，乃禱諸煬公，煬公有靈且怒而誅殺之矣，其肯受其禱乎？其肯享其立宮乎？悖禮甚矣！

冬十月，隕霜殺菽。

正傳曰：書「隕霜殺菽」，志災異也。穀梁子曰：「菽，舉重也。未可以殺而殺，舉重。可殺而不殺，舉輕。」胡氏曰：「其象則刑罰不中之應。」愚謂霜殺菽，陰極之徵，臣强君弱之象也。是時，季孫陵君無上，故有此應。

敬王十二年。

二年晋定四年、齊景四十年、衛靈二十七年、蔡昭十一年、鄭獻六年、曹隱二年、陳惠二十二年、杞悼十年、宋景九年、秦哀二十九年、楚昭八年、吴闔廬七年。

春王正月。

正傳曰：無事亦書時月，義見于前。

夏五月壬辰，雉門及兩觀災。

正傳曰：雉門，宫之南門。兩觀，闕也。天火曰災。何氏曰：「天子諸侯臺門，天子外闕兩觀，諸侯外闕一觀。」書「雉門及兩觀災」，志變也，而魯以諸侯僭天子之禮亦並見矣。人火爲常，天火爲變，天之所以儆示乎魯之君臣亦切至矣。災公宫雉門，切近災也；及兩觀，言不足以觀乎遠邇也。是時君弱臣强，權移於季孫，逐昭公，制定公，切近災之象也。三綱陵夷，不足觀于遠邇之象也。

秋，楚人伐吴。

正傳曰：書「楚人伐吴」，志非義也，見吴之召釁也。左氏曰：「桐叛楚。吴子使舒鳩氏〔一〕

誘楚人，曰：『以師臨我，我伐桐，爲我使之無忌。』秋，楚囊瓦伐吴，師于豫章。吴人見舟于豫章，而潛師于巢。冬十月，吴軍楚師于豫章，敗之。遂圍巢，克之，獲楚公子繁〔一〕。」愚謂由是觀之，則吴人詭謀，以召楚而敗之，罪不在楚而在吴矣。春秋書之，使人讀其文、考其事，而其竊取之義可見矣。

冬十月，新作雉門及兩觀。

正傳曰：新作者，改作也。何以書？罪僭竊也。公羊曰：「其言新作之何？脩大也。」胡氏曰：「書新作者，譏僭王制而不能革也。雉門，象魏之門，其外爲庫門，而皋門在庫門之外，其内爲應門，而路門在應門之内，是天子之五門也。僖公嘗脩泮宫、復閟宫，非不用民力，而春秋不書。新作南門則獨書者，南非一門也，必有不當爲者。子家駒以設兩觀爲僭天子，是非諸侯之制明矣。夫撥亂反正者，必本諸身，身正者物必正。春秋於僭君必書者，必正之意也。使定公遇災而懼，革其僭禮，三家陪臣雖欲僭諸侯，執國命，其敢乎？習舊而不知以爲非，何以禁季氏之脅其主矣？故特書『新作』以譏之也。」

三年晋定五年、齊景四十一年、衛靈二十八年、蔡昭十二年、鄭獻七年、曹隱三年、陳惠二十三年、杞悼十一年、宋景十年、秦哀三十年、楚昭九年、吴闔廬八年。敬王十三年。

春王正月，公如晋，至河，乃復。

正傳曰：書「公如晉，至河，乃復」，志君之出入也，而失禮之舉、見拒之辱並可見矣。程子曰：「季孫意如上不請于天子，下不告于方伯，而立定公，故晉怒而公往朝焉。晉辭公而復，故明年因會而請盟于皋鼬。」愚謂諸侯朝覲聘問，邦交之禮也。定公爲逆臣所立，不先行聘告之禮，因晉之怒而後往朝霸主，則非禮矣。召見拒之辱，不亦宜乎！春秋詳書以非之。

二月辛卯，邾子穿卒。

正傳曰：書「邾子穿卒」，志與國之大故也。左氏曰：「春二月辛卯，邾子在門臺，臨廷。閽以缾水沃廷，邾子望見之，怒。閽曰：『夷射姑旋焉。』命執之。弗得，滋怒，自投于牀，廢于鑪炭，爛，遂卒。先葬以車五乘，殉五人。莊公卞急而好潔，故及是。」

夏四月。

正傳曰：無事亦書時月，義見于前。

秋，葬邾莊公。

正傳曰：書「秋，葬邾莊公」，志與國之大事也。

冬，仲孫何忌及邾子盟于拔。

正傳曰：書「盟于拔」，志非禮也。左氏曰：「冬，盟于郯，脩邾好也。」非也。邾子初立，不脩朝王事大之禮，而與大夫私盟，且君臣同盟，皆非禮也。而是時臣强君弱，並可見矣。

敬王十四年。

四年

晉定六年、齊景四十二年、衛靈二十九年、蔡昭十三年、鄭獻八年、曹隱四年弒、陳惠二十四年卒、杞悼十二年卒、宋景十一年、秦哀三十一年、楚昭十年、吳闔廬九年。

春王二月癸巳，陳侯吳卒。

正傳曰：書「陳侯吳卒」，志與國之大故也。

三月，公會劉子、晉侯、宋公、蔡侯、衛侯、陳子、鄭伯、許男、曹伯、莒子、邾子、頓子、胡子、滕子、薛伯、杞伯、小邾子、齊國夏于召陵，侵楚。

正傳曰：書公會劉子、晉侯及諸侯于召陵，侵楚，善攘夷也，而不行討伐之禮焉，見晉侯霸圖之失也。先王之法，天子討而不伐，諸侯伐而不討。夫討者，出命以誅罪，天子之事也。伐者，奉天子之命以誅罪，諸侯之事也。楚恃其强，憑陵諸夏，晉上請天子，合諸侯，奉天子之討以誅之，是得諸侯行伐之義矣。今天王不出命以行討，使王人劉子亦雜於列國之間，天子之討固如是耶！晉侯爲伯不能率諸侯奉天子之命，聲其罪而誅之，而徒爲盜賊之行，以行侵焉，諸侯之伐固如是耶！春秋直書其事，而非之之義自見矣。左氏曰：「三月，劉文公合諸侯于召陵，謀伐楚也。晉荀寅求貨於蔡侯，弗得，言於范獻子曰：『國家方危，諸侯方貳，將以襲敵，不亦難乎！水潦方降，疾瘧方起，中山不服，棄盟取怨，無損於楚，而失中山。不如辭蔡侯。吾自方城以來，楚未可以得志，祇取勤焉。』乃辭蔡侯。晉人假羽旄於鄭。明日，或旆以會。晉於是乎失諸侯。」愚謂晉爲霸主，以王命率天下諸侯而伐楚，乃荀寅以蔡貨之故，不能直己以聲大義，但行侵而還，此功之所以不能成也。胡氏曰：「按左氏傳書『伐』，而經書『侵楚』者，楚爲無道，憑陵諸夏，爲一裘一馬，拘唐、蔡二君，三年而後遣。蔡侯既歸，請師于晉，晉人請命于周，大合諸侯，天子之元老在焉。若能暴明其罪，恭行天討，庶幾哉王者之師，齊桓、晉文之功褊矣。有荀寅者，求貨於蔡侯，弗得，遂辭蔡人，晉由是失諸侯，無功而還。書曰『侵楚』，陋之也。」愚謂實不能聲罪致討而侵之也。程、胡二子皆以爲「無功而還故書『侵』，陋之也。」非矣！

夏四月庚辰，蔡公孫姓帥師滅沈，以沈子嘉歸，殺之。

正傳曰：書「蔡公孫姓帥師滅沈，以沈子嘉歸，殺之」，罪暴虐也。左氏曰：「沈人不會于召陵，晉人使蔡伐之。夏，蔡滅沈。」愚謂沈固有罪，奉天子之命問其罪而伐之可也。蔡不奉天子之命而受命於晉人，可乎？又從而滅之，可乎？又從而以其君歸而殺之，可乎？吾見沈之罪輕而蔡之罪重矣。且晉人取貨於蔡不得而辭蔡，遂以無功，晉之負蔡與沈等耳。春秋書此，皆所以罪晉〔三〕也。胡氏以爲：「書『滅沈』，罪公孫姓也。書『以歸』，罪沈子嘉也。書『殺之』，罪蔡侯也。」其言則支矣。

五月，公及諸侯盟于皋鼬。

正傳曰：書「公及諸侯盟于皋鼬」，非其盟也，以魯之求比於諸侯也。程子曰：「公以不獲見於晉，故因會而求盟焉，則此盟公意也，故書『公及』。」胡氏曰：「定公之立，上不請于天王，下不告于方伯，而受國於季孫意如，故三年如晉，至河而復。今會諸侯求爲此盟，書『公及』者，内爲志也。」愚謂二子之言是也。春秋書此，則其非會盟之正，卑屈之志，蓋由於不能正始，皆可以考其實而知其君臣之罪矣。左氏曰：「將會，衛子行敬子言於靈公曰：『會同難，嘖有煩言，莫之治也。其使祝佗從。』公曰『善』。乃使子魚。子魚辭焉，公曰『行也』。及皋鼬，將長蔡於衛。衛侯使祝佗私於萇弘曰：『聞諸道路，不知信否。若聞蔡將先衛，信乎？』萇弘曰：『信。蔡叔，康叔之兄也，先衛，不亦可乎？』子魚曰：『以先王觀之，則尚德也。昔武王克商，成王定之，選建明德，以藩屏周。故周公相王室，以尹天下，於周爲睦。分魯公以大路、大旂，命以伯禽而封於少皞之虚。分康叔以大路、少帛，命以康誥而封於殷虚。分唐叔以大路、密須之鼓，命以唐誥而封於夏虚。三者皆叔也，而有令德，故昭之以分物。不然，文、武、成、康之伯猶多，而不獲是分也，唯不尚年也。管、蔡啓商，惎間王室，王於是乎殺管叔而蔡蔡叔，以車七乘、徒七十人。其子蔡仲改行帥德，周公舉之，以爲己卿士，見諸王，而命之以蔡。其命書云：「王曰：『胡！無若爾考之違王命也！』」若之何其使蔡先衛也？武王之母弟八人，周公爲大宰，康叔爲司寇，聃季爲司空，五叔無官，豈尚年哉？曹，文之昭也；晉，武之穆也。曹爲伯甸，非尚年也。今將尚之，是反先王也。晉文公爲踐土之盟，衛成公不在，夷叔，其母弟也，猶先蔡。其載書云：「王若曰：晉重、魯申、衛武、蔡甲午、鄭捷、齊潘、宋王臣、莒期。」藏在周府，可覆視也。吾子欲復文、武之畧，而不正其德，將如之何？』萇弘説，告劉子，與范獻子謀之，乃長衛侯於盟。反自召陵，鄭子太叔未至而卒。」

杞伯成卒于會。

正傳曰：何以書？志憫也，以其卒于會也。

六月，葬陳惠公。

正傳曰：何以書？使人因葬而考其會，陳子忘哀之罪見矣。高氏曰：「此見諸侯背殯出會也，蓋君在殯，則辭會可也，雖不得於晉令，而齊亦使國夏來耳。」

許遷于容城。

正傳曰：此楚遷之也。書「許遷于容城」，罪楚也。楚人遷許，與許君之不能自立，其罪並見矣。

秋七月，公至自會。

正傳曰：書「公至自會」，謹君之出入也。

劉卷卒。

正傳曰：劉卷，即劉蚠。公羊曰：「劉卷者何？天子之大夫也。外大夫不卒，此何以卒？我主之也。」愚謂非也。天子之卿大夫視諸侯，故有赴則書，所以尊天子也，所以賢其賢也。

葬杞悼公。

正傳曰：書「葬杞悼公」，志恤小之禮也。

楚人圍蔡。

正傳曰：書「楚人圍蔡」，則楚之憤兵、蔡之召釁並見之矣。左氏曰：「楚爲沈故，圍蔡。」由是觀之，則蔡以滅沈而召釁，楚以憤怒而興兵，一間耳。

晋士鞅、衛孔圉帥師伐鮮虞。

正傳曰：書二國伐鮮虞，著陵弱暴寡之師也。

葬劉文公。

正傳曰：書「葬劉文公」，著非禮也。王臣無外交。劉文公，天子之卿大夫，魯不當葬，故書以非之。

冬十有一月庚午，蔡侯以吴子及楚人戰于柏舉，楚師敗績。楚囊瓦出奔鄭。

正傳曰：書「蔡侯以吴子及楚人戰于柏舉，楚師敗績。囊瓦出奔鄭」，著攘夷之師也。左氏曰：「伍員爲吴行人以謀楚。楚之殺郤宛也，伯氏之族出。伯州犁之孫嚭爲吴太宰以謀楚。楚自昭王即位，無歲不有吴師，蔡侯因之，以其子乾與其大夫之子爲質於吴。冬，蔡侯、吴子、唐侯伐楚。舍舟於淮汭，自豫章與楚夾漢。左司馬戌謂子常曰：『子沿漢而與之上下，我悉方城外以毁其舟，還塞大隧、直轅、冥阸。子濟漢而伐之，我自後擊之，必大敗之。』既謀而行。武城黑謂子常曰：『吴用木也，我用革也，不可久也，不如速戰。』史皇謂子常：『楚人惡子而好司馬。若司馬毁吴舟于淮，塞城口而入，是獨克吴也。子必速戰！不然，不免。』乃濟漢而陳，自小别至于大别。三戰，子常知不可，欲奔。史皇曰：『安求其事，難而逃之，將何所入？子必死之，初罪必盡説。』十一月庚午，二師陳于柏舉。闔廬之弟夫槩王晨請於闔廬曰：『楚瓦不仁，其臣莫有死志。先伐之，其卒必奔。而後大師繼之，必克。』弗許。夫槩王曰：『所謂「臣義而行，不待命」者，其此之謂也。今日我死，楚可入也。』以其屬五千先擊子常之卒。子常之卒奔，楚師亂，吴師大敗之。子常奔鄭。史皇以其乘廣死。」公羊曰：「吴何以稱子？夷狄也，而憂中國。其憂中國奈何？伍子胥父誅乎楚，挾弓而去楚，以干闔廬。闔廬曰：『士之甚！勇之甚！』將爲之興師而復讎于楚。伍子胥復曰：『諸侯不爲匹夫興師，且臣聞之：事君猶事父也。虧君之義，復父之讎，臣不爲也。』於是止。蔡昭公朝乎楚。有美裘焉，囊瓦求之，昭公不與。爲是拘昭公於南郢，數年然後歸之。於其歸焉，用事乎河，曰：『天下諸侯苟有能伐楚者，寡人請爲之前列。』楚人聞之，怒，爲是興師，使囊瓦將而伐蔡。蔡請救于吴。伍子胥復曰：『蔡非有罪也，楚人爲無道。君如有憂中國之心，則若時可矣！』於是興師而救蔡。」穀梁曰：「吴其稱『子』何也？以蔡侯之『以』之，舉其貴者也。蔡侯之『以』之，則其舉貴者何也？吴信中國而攘夷狄，吴進矣。」愚謂春秋之法，中國而夷狄則夷狄之，夷狄而中國則中國之。吴本夷狄，能聽蔡侯之請而伐楚，攘夷狄以尊中國，是吴亦進而爲中國矣，是有憂中國之心，可以愧晉之爲霸主，不能存中國之諸侯者多矣，故春秋書其伐以與之。又書楚之敗奔以褒其全功也。後儒不知吴子爲伯號，而云稱子以與之，殊不知書其事而善之之義已見，不待乎稱子與否也。胡氏又謂「闔廬、子胥、宰嚭皆懷謀楚之心，蔡人往請，會逢其適，非有救災恤鄰、憂中國之實，故不書救。」非也。蓋春秋書其事，而救鄰難、憂中國之義見矣，不待乎書救與否也。使春秋不與吴之救蔡，則此書也竊取之義惡乎在？

庚辰，吴入郢。

正傳曰：獨稱吴者，史承上而省其文耳。公、穀、胡氏皆以爲反狄道，非也。書「吴入郢」，則其窮兵黷武之罪自見矣，不在乎去其子乃罪之也。左氏曰：「吴從楚師，及清發，將擊之。夫槩王曰：『困獸猶鬬，况人乎？若知不免而致死，必敗我。若使先濟者知免，後者慕之，蔑有鬬心矣。半濟而後可擊也。』從之，又敗之。楚人爲食，吴人及之，奔。食而從之，敗諸雍澨。五戰，及郢。己卯，楚子取其妹季芈、畀我以出，涉雎。鍼尹固與王同舟，王使執燧象以奔吴師。庚辰，吴入郢，以班處宫。子山處令尹之宫，夫槩王欲攻之，懼而去之，夫槩王入之。左司馬戌及息而還，敗吴師于雍澨，傷。初，司馬臣闔廬，故耻爲禽焉，謂其臣曰：『誰能免吾首？』吴句卑曰：『臣賤，可乎？』司馬曰：『我實失子，可哉！』三戰皆傷，曰：『吾不可用也已。』句卑布裳，剄而裹之，藏其身，而以其首免。楚子涉雎，濟江，入于雲中。王寢，盜攻之，以戈擊王，王孫由于以背受之，中肩。王奔鄖。鍾建負季芈以從。由于徐蘇而從。鬬辛與其弟巢以王奔隨。吴人從之，謂隨人曰：『周之子孫在漢川者，楚實盡之。天誘其衷，致罰於楚，而君又竄之，周室何罪？君若顧報周室，施及寡人，以奬天衷，君之惠也。漢陽之田，君實有之。』楚子在公宫之北，吴人在其南。子期似王，逃王，而己爲王，曰：『以我與之，王必免。』隨人卜與之，不吉，乃辭吴曰：『以隨之辟小，而密邇於楚，楚實存之，世有盟誓，至於今未改。若難而棄之，何以事君？執事之患不唯一人，若鳩楚竟，敢不聽命？』吴人乃退。鑪金初宦於子期氏，實與隨人要言。王使見，辭，曰：『不敢以約爲利。』王割子期之心以與隨人盟。初，伍員與申包胥友。其亡也，謂申包胥曰：『我必復楚國。』申包胥曰：『勉之！子能復之，我必能興之。』及昭王在隨，申包胥如秦乞師。立，依於庭牆而哭，日夜不絕聲，勺飲不入口七日。秦哀公爲之賦無衣。九頓首而坐。秦師乃出。」穀梁曰：「何以謂之『吴』也？狄之也。何謂狄之也？君居其君之寢，而妻其君之妻；大夫居其大夫之寢，而妻其大夫之妻。蓋有欲妻楚王之母者，不正。乘敗人之績而深爲利，居人之國，故反其狄道也。」愚謂先王之道，天子討而不伐，諸侯伐而不討，諸侯奉天子之命致討，而問其罪、吊其民而止耳。不徇利，不逞怒，不窮兵，不黷武。夫郢者，楚國之都也。入其都，則窮兵黷武，逞憤徇利，固爲三王之罪人矣。雖無分室淫瀆之事，猶不免於春秋之罪，况其傳如此乎？

五年

敬王十五年。晋定七年、齊景四十三年、衛靈三十年、蔡昭十四年、鄭獻九年、曹靖公露元年、陳懷公柳元年、杞僖公過元年、宋景十二年、秦哀三十二年、楚昭十一年、吴闔廬十年。

春王三月辛亥朔，日有食之。

正傳曰：書「日有食之」，志天變也。陰侵陽、下陵上之象。

夏，歸粟于蔡。

正傳曰：歸，猶送也，魯送之也。何以書「歸粟于蔡」？微相恤之惠也。左氏曰：「以周亟，矜無資。」穀梁曰：「諸侯無粟，諸侯相歸粟，正也。」愚謂春秋書「歸粟」，取諸侯周急相歸之小義，而其恤鄰、從簡書之大義則無之。夫蔡困於楚兵之圍，則坐視而不救，此春秋所以進吳之救蔡，而微魯之歸粟，於是諸侯之罪自見矣。曰：諸侯皆歸而不言諸侯者何也？春秋，魯史也，書魯之事，諸侯未有報，則不得書也。

於越入吳。

正傳曰：於越即越也。云於越者，夷方言也，即其俗言稱之。書「於越入吳」，交譏之也。左氏曰：「越入吳，吳在楚也。」愚謂吳之破楚以解蔡圍，有安中國之功，然而趨楚利而忘後備，越窺吳兵之在楚，掩其不意而入之，肆其夷狄貪殘之行，而忘大義，故是書也，於越見其忘義，於吳見其忘備，交譏之義具矣。

六月丙申，季孫意如卒。

正傳曰：書「季孫意如卒」，循國卿之常禮也，使人求其平生逐君之罪惡，則定公不能誅罪，而使得其常以卒，有遺憾矣。左氏曰：「六月，季平子行東野。還，未至，丙申，卒于房。陽虎將以璵璠斂，仲梁懷弗與，曰：『改步改玉。』陽虎欲逐之，告公山不狃。不狃曰：『彼爲君也，子何怨焉？』既葬，桓子行東野，及費。子洩爲費宰，逆勞於郊，桓子敬之。勞仲梁懷，仲梁懷弗敬。子洩怒，謂陽虎：『子行之乎？』」胡氏曰：「内大夫有罪，見討則不書卒，公子翬是也。仲遂殺惡及視，罪與翬同，而書卒者，以事之變卒之也。意如何以書卒？見定公不討逐君之賊，以爲大夫，全始終之禮也。定雖受國於季氏，苟有叔孫婼之見，不賞私勞，致辟意如以明君臣之義，則三綱可正，公室强矣。今苟於利而忘其讎，三綱滅，公室益侵，陪臣執命宜矣，故意如書卒。主人習其讀而問其傳，則未知己之有罪焉耳。」愚謂習讀問傳，凡觀春秋者皆當如此，胡氏何獨明於此而惑於他耶？

秋七月壬子，叔孫不敢卒。

正傳曰：書「叔孫不敢卒」，志國卿之大故也。

冬，晉士鞅帥師圍鮮虞。

正傳曰：書「圍鮮虞」，志非義也。左氏曰：「晉士鞅圍鮮虞，報觀虎之役也。」愚謂以大字小，霸主之道也，晉乃圍鮮虞以報觀虎之役，是憤兵也，非義甚矣。

六年晉定八年、齊景四十四年、衛靈三十一年、蔡昭十五年、鄭獻十年、曹靖二年、陳懷二年、杞僖二年、宋景十三年、秦哀三十三年、楚昭十二年、吴闔廬十一年。敬王十六年。

春王正月癸亥，鄭游速帥師滅許，以許男斯歸。

正傳曰：書「游速滅許，以許男斯歸」，交譏之也。左氏曰：「鄭滅許，因楚敗也。」據此則許以中國諸侯而恃附荆楚之夷，爲楚四遷國都，卒不能賴楚以全其國，見滅於鄭以亡宗社，許固有以自取之矣。鄭之於許，非有問罪之義，而擅興大衆以滅其國，絶其宗祀，而俘辱其君，暴亦甚矣，故春秋書之，以並見其罪。

二月，公侵鄭。

正傳曰：書「公侵鄭」，見非義之兵也。左氏曰：「二月，公侵鄭，取匡，爲晋討鄭之伐胥靡也。往，不假道於衛。及還，陽虎使季、孟自南門入，出自東門，舍於豚澤。衛侯怒，使彌子瑕追之。公叔文子老矣，輦而如公，曰：『尤人而效之，非禮也。昭公之難，君將以文之舒鼎，成之昭兆，定之鞶鑑，苟可以納之，擇用一焉。公子與二三臣之子，諸侯苟憂之，將以爲之質。此羣臣之所聞也。今將以小忿蒙舊德，無乃不可乎？大姒之子，唯周公、康叔爲相睦也，而效小人以棄之，不亦誣乎？天將多陽虎之罪以斃之，君姑待之，若何？』乃止。」愚謂此本傳也。觀此，則魯之侵鄭，乃以鄭之伐胥靡，故爲晋討之耳。夫鄭有罪而問之，與鄭兵加於己而應之，可也。今乃爲晋報怨而討之，又行侵暴之事，故春秋書以罪之。

公至自侵鄭。

正傳曰：書「公至自侵鄭」，始終乎非義之舉也。公爲晋報怨，以搆怨而危其國，則其告廟之詞亦難矣。

夏，季孫斯、仲孫何忌如晉。

正傳曰：書「季孫斯、仲孫何忌如晉」，譏非所如也。左氏曰：「夏，季桓子如晉，獻鄭俘也。陽虎强使孟懿子往報夫人之幣，晉人兼享之。」愚謂觀此，則季桓子非所獻而獻矣。夫魯既爲晉討鄭，以助其憤，又獻鄭俘以爲媚，其如晉也，非聘問之禮矣，況二事兼行乎！故春秋書其「如晉」以非之。

秋，晉人執宋行人樂祁犂。

正傳曰：此何以書？志非義也，使人讀其文，求其事，知由强臣之讒致君於非義之罪矣。左氏曰：「秋八月，宋樂祁言於景公曰：『諸侯唯我事晉，今使不往，晉其憾矣。』樂祁告其宰陳寅。陳寅曰：『必使子往。』他日，公謂樂祁曰：『唯寡人説子之言，子必往！』陳寅曰：『子立後而行，吾室亦不亡，唯君亦以我爲知難而行也。』見溷而行。趙簡子逆，而飲之酒於緜上，獻楊楯六十於簡子。陳寅曰：『昔吾主范氏，今子主趙氏，又有納焉，以楊楯賈禍，弗可爲也已。然子死晉國，子孫必得志於宋。』范獻子言於晉侯曰：『以君命越疆而使，未致使而私飲酒，不敬二君，不可不討也。』乃執樂祁。」愚謂觀此，則宋來脩好於晉，而晉以小故執其行人，可謂禮義乎？致君於非禮非義者，范獻子與趙簡子争權爲之也。然則晋之爲晋可知矣。胡氏曰：「執異國行人，出於列卿私意，威福之柄移矣。三家分晋，而請公廢爲家人，豈一朝一夕之故哉！」愚謂書晋人者，魯史總稱他國之詞。或謂稱人以執非伯討，則非矣。夫晋君以讒臣之言而執他國行人於行禮之時，其不爲伯討，有不待稱人而後知之矣。

冬，城中城。

正傳曰：書「城中城」，譏非禮也。冬，城時也，何以非禮？曰：不正，雖時亦非也。穀梁曰：「城中城者，三家張也。或曰：非外民也。」愚謂二者皆非矣。夫城其中，以外城外之民，非也。三家爲之，以自張其勢，亦非也。春秋書之，而義自見矣。

季孫斯、仲孫忌帥師圍鄆。

正傳曰：忌，何忌。書「季孫斯、仲孫忌帥師圍鄆者」，二氏之擅興也，無公命也。杜氏曰：「鄆貳於齊也。」高氏曰：「鄆自昭二十五年齊取之以居昭公。後鄆雖潰，而猶貳於齊。何忌不言何，史之闕文也。」公羊以爲「譏二名，非禮」，非也。春秋書二卿圍鄆，則見其無公室兆於此矣。又按左氏，其明年齊人歸鄆陽關，陽虎居之以爲政，則見其無三桓之機，亦兆於此矣。

敬王十七年。七年晋定九年、齊景四十五年、衛靈三十二年、蔡昭十六年、鄭獻十一年、曹靖三年、陳懷三年、杞僖三年、宋景十四年、秦哀三十四年、楚昭十三年、吴闔廬十二年。

春王正月。

正傳曰：無事亦書時月，義見于前。

夏四月。

正傳曰：無事亦書時月，史之舊文也，史法也。

秋，齊侯、鄭伯盟于鹹。

正傳曰：鹹，衛地。書「盟于鹹」，志善會也。左氏曰：「齊侯、鄭伯盟于鹹，徵會于衛。」愚謂徵會于衛，故齊、鄭於衛地盟之。是時，周儋翩入于儀栗以叛，天王處于姑蕕以避其亂。晋爲盟主，不能興勤王之師，霸圖隳矣，故齊景公與鄭伯盟而徵會于衛，以復興桓公之霸業也，故春秋善之。

齊人執衛行人北宫結以侵衛。

正傳曰：書「齊人執衛行人北宫結以侵衛」，志非義也。行人之如齊，其事傳不可考。以上文齊、鄭盟鹹，左氏以爲徵會于衛，下文齊、衛盟于沙，蓋必衛侯貳齊而不與會，故齊執而侵之，然後乃與盟于沙也。然齊方會盟諸侯以興霸圖，衛不與會，舉兵向之，問其罪，則衛無不服而齊爲霸討矣。不此之圖而執其行人，行人何罪焉！潛師掠境，境内之民何罪焉！是舍大義而窺小利，不足爲霸矣。故春秋非其執與侵也。穀梁以爲「重結」，先儒又以稱人爲貶，皆義例之誤也。

齊侯、衛侯盟于沙。

正傳曰：沙，晋地。書「齊侯、衛侯盟于沙」，譏劫盟也。夫盟者，忠信之薄也，況劫盟乎！齊、鄭徵會于衛，衛使行人辭之，齊執其行人以伐其國，乃與盟于沙，非劫盟乎！何以質諸鬼神而結其忠信乎！左氏曰：「衛侯欲叛晋，諸大夫不可。使北宫結如齊，而私於齊侯曰：『執結以侵我。』齊侯從之，乃盟于瑣。」愚謂此左氏傳聞附會之過也。審如是，則衛靈公之詭謀，齊景公之詭行，皆背忠信之大者也，何以相固結乎？何以盟告于鬼神乎？

大雩。

正傳曰：書大雩，志國之大事也，而其非禮見矣。

齊國夏帥師伐我西鄙。

正傳曰：何以書？志警也，而齊報怨之罪見矣。夫魯方意如逐君，定公擅立，齊於是時不能約與國興師而問罪，今齊、鄭爲黨，惡魯事晋，故爲鄭伐魯，且報二卿圍鄆之怨，則非義兵矣。左氏曰：「齊國夏伐我。陽虎御季桓子，公斂處父御孟懿子，將宵軍齊師。齊師聞之，墮，伏而待之。處父曰：『虎不圖禍，而必死。』苫夷曰：『虎陷二子於難，不待有司，余必殺汝。』虎懼，乃還，不敗。」

九月，大雩。

正傳曰：書「九月，大雩」，志國之大事也，而其非時非禮並見矣。

冬十月。

正傳曰：無事亦書，史之法也。

校記：

〔一〕「舒鳩氏」下，嘉靖本有小字注：「楚屬國。」

〔二〕「公子繁」下，嘉靖本有小字注：「楚守巢大夫。」

〔三〕「晋」，嘉靖本作「蔡」。

春秋正傳卷之三十五

定公

敬王十八年。八年晉定十年、齊景四十六年、衛靈三十三年、蔡昭十七年、鄭獻十二年、曹靖四年卒、陳懷四年卒、杞僖四年、宋景十五年、秦哀三十五年、楚昭十四年、吴闔廬十三年。

春王正月，公侵齊。

正傳曰：書「公侵齊」，志憤怨之兵也。以去年齊伐我西鄙，故報其怨。夫潛師掠境謂之侵，魯定公不聲齊之罪而潛師以掠其境焉，境之民何罪乎！杜氏謂「傳言魯無軍政，士無鬬志。」高氏謂：「魯政不復在公，而三家欲公親行以歸怨於公。」左氏曰：「門于陽州。士皆坐列，曰：『顔高之弓六鈞。』皆取而傳觀之。陽州人出，顔高奪人弱弓，籍丘子鉏擊之，與一人俱斃。偃，且射子鉏，中頰，殪。顔息射人中眉，退曰：『我無勇，吾志其目也。』師退，冉猛僞傷足而先。其兄會乃呼曰：『猛也殿！』」愚謂此亦可見魯之無軍政，而政不在公矣。

公至自侵齊。

正傳曰：書「公至自侵齊」，志反面之禮也，始終乎非義之行也。

二月，公侵齊。

正傳曰：書「公侵齊」，志非義之甚也。公以正月侵齊而未得志，故復侵之，則結怨之甚矣。左氏曰：「攻廩丘之郛。主人焚衝，或濡馬褐以救之，遂毀之。」

三月，公至自侵齊。

正傳曰：書「公至自侵齊」，謹君之出入也，始終乎非義之甚也。

曹伯露卒。

正傳曰：書「曹伯露卒」，志與國之大故也。來赴，故書之。

夏，齊國夏帥師伐我西鄙。

正傳曰：何以書？志國警也，而齊之報怨，公之召釁，並見矣。

公會晉師于瓦。

正傳曰：瓦，衛地。書公會晉師于瓦，善會也。或曰：晉師，其君不來而公與其大夫會，得爲善乎？據左氏：「晉士鞅、趙鞅、荀寅救我。公會晉師于瓦，范獻子執羔，趙簡子、中行文子皆執雁。魯於是始尚羔。」愚謂夫義何常之有？夫晉之師，雖其君不親行，而遣三大夫以師來救，魯之見侵於齊，且三大夫皆有禮焉，公不往會之，何以答其恤鄰救難之義乎？春秋書以善之，宜矣。

公至自瓦。

正傳曰：書「公至自瓦」，謹君之出入也，著以善至也。

秋七月戊辰，陳侯柳卒。

正傳曰：何以書「卒」？著恤鄰之義也，來赴，則書之也。

晉士鞅帥師侵鄭，遂侵衛。

正傳曰：書「晉士鞅帥師侵鄭，遂侵衛」，譏暴兵也。鄭、衛之盟齊，以晉霸圖之衰也。晉爲霸國之餘烈，天王播越而不能約與國以定周〔一〕，乃區區忿鄭、衛與齊之貳己焉，惡足以服諸侯、興霸圖乎！左氏曰：「晉師將盟衛侯于鄟澤。趙簡子曰：『羣臣誰敢盟衛君者？』涉佗、成何曰：『我能盟之。』衛人請執牛耳。成何曰：『衛，吾温、原也，焉得視諸侯？』將歃，涉佗捘衛侯之手，及捥。衛侯怒，王孫賈趨進，曰：『盟以信禮也，有如衛君，其敢不唯禮是事而受此盟也？』衛侯欲叛晉，而患諸大夫。王孫賈使次于郊。大夫問故，公以晉詬語之，且曰：『寡人辱社稷，其改卜嗣，寡人從焉。』大夫曰：『是衛之禍，豈君之過也？』公曰：『又有患焉，謂寡人「必以而子與大夫之子爲質」。』大夫曰：『苟有益也，公子則往，羣臣之子敢不皆負羈絏以從？』將行，王孫賈曰：『苟衛國有難，工商未嘗不爲患，使皆行而後可。』公以告大夫，乃皆將行之。行有日，公朝國人，使賈問焉，曰：『若衛叛晉，晉五伐我，病何如矣？』皆曰：『五伐我，猶可以能戰。』賈曰：『然則如叛之，病而後質焉，何遲之有？』乃叛晉。晉人請改盟，弗許。秋，晉士鞅會成桓公侵鄭，圍蟲牢，報伊闕也。遂侵衛。」由是觀之，則不能自反，而徒以攻人，晉之爲晉可知矣。

葬曹靖公。

正傳曰：書「葬曹靖公」，志恤鄰之義也，志時也。

九月，葬陳懷公。

正傳曰：何以書？志恤鄰之義也，而速葬之失禮見矣，蓋卒至是三月也。

季孫斯、仲孫何忌帥師侵衛。

正傳曰：何以書「侵衛」？志非義之兵也。左氏曰：「師侵衛，晉故也。」愚謂衛無可聲之罪，魯特以貳晉之故而爲晉侵之。書「侵」，譏之也。〔二〕

冬，衛侯、鄭伯盟于曲濮。

正傳曰：曲濮，衛地。書衛、鄭盟于曲濮，譏非禮之盟也，搆怨也。諸侯之義在守其社稷宗祀，承天子之命以爲民而已。敵來侵己，不得已而應之，所以自安也。鄭、衛附齊而叛晉，私盟會以結怨，與晉憤其貳己而伐之，一間耳，皆春秋之所惡也。

從祀先公。

正傳曰：書「從祀先公」，志慢祀也。從祀者，以昭公從祀先公之昭穆也。昭公薨于乾侯，而不得正其正寢之終，至此九年矣，乃從祀，而不得正其祔廟之禮。春秋書之，所以罪定公也，所以罪季孫也。左氏曰：「季寤、公鉏極、公山不狃皆不得志於季氏，叔孫輒無寵於叔孫氏，叔仲志不得志於魯，故五人因陽虎。陽虎欲去三桓，以季寤更季氏，以叔孫輒更叔孫氏，己更孟氏。冬十月，順祀先公而祈焉。辛卯，禘于僖公。」公羊曰：「從祀者何？順祀也。文公逆祀，去者三人。定公順祀，叛者五人。」胡氏曰：「蜀人馮山曰：『昭公至是始得從祀於太廟。』其説是也。季氏逐君而制其死生之命。公薨乾侯，不得終於正寢。既薨七月，又不得以時歸葬。既葬，絶其兆域，又不得同於先君，而在墓道之南，至孔子爲司寇，然後溝而合諸墓，則其主雖久未得從昭穆而祔祭，宜矣。及意如已卒，陽虎專季氏，將殺季孫斯而亂魯國，托於正以售其不正，始以昭公之主從祀太廟，蓋欲著季氏之罪，以取媚於國人。然其事雖順，其情則逆。春秋原情制法，故不書禘事與日，特曰『從祀先公』於『盜竊寶玉、大弓』之上，見事出陽虎而不可詳也，其亦深切著明矣。」

盜竊寶玉、大弓。

正傳曰：寶玉，穀梁以爲封圭。大弓，武王之戎弓，周公受而藏之者也。盜謂陽貨，不名之者，欲人習其文，考其事，取其義，而盜人斯得也。何以書？誅亂賊也。左氏曰：「壬辰，將享季氏于蒲圃而殺之，戒都車曰『癸巳至』。成宰公斂處父告孟孫，曰：『季氏戒都車，何故？』孟孫曰：『吾弗聞。』處父曰：『然則亂也，必及於子，先備諸。』與孟孫以壬辰爲期。陽虎前驅。林楚御桓子，虞人以鈹、盾夾之，陽越殿，將如蒲圃。桓子咋謂林楚曰：『而先皆季氏之良也，爾以是繼之。』對曰：『臣聞命後。陽虎爲政，魯國服焉，違之徵死，死無益於主。』桓子曰：『何後之有？而能以我適孟氏乎？』對曰：『不敢愛死，懼不免主。』桓子曰：『往也！』孟氏選圉人之壯者三百人以爲公期築室於門外。林楚怒馬，及衢而騁。陽越射之，不中。築者闔門。有自門間射陽越，殺之。陽虎劫公與武叔，以伐孟氏。公斂處父帥成人自上東門入，與陽氏戰于南門之内，弗勝。又戰于棘下，陽氏敗。陽虎説甲如公宮，取寶玉、大弓以出，舍于五父之衢，寢而爲食。其徒曰：『追其將至。』虎曰：『魯人聞余出，喜于徵死，何暇追余？』從者曰：『嘻！速駕，公斂陽在。』公斂陽請追之，孟孫弗許。陽欲殺桓子，孟孫懼而歸之。子言辨舍爵於季氏之廟而出。陽虎入于讙、陽關以叛。」

敬王十九年。**九年**晉定十一年、齊景四十七年、衛靈三十四年、蔡昭十八年、鄭獻十三年卒、曹伯陽元年、陳閔公越元年、杞僖五年、宋景十六年、秦哀三十六年卒、楚昭十五年、吴闔廬十四年。

春王正月。

正傳曰：無事亦書時月，義見于前。

夏四月戊申，鄭伯蠆卒。

正傳曰：書「鄭伯蠆卒」，志鄰國之大故也。

得寶玉、大弓。

正傳曰：書「得寶玉、大弓」，重寶也，罪國君大臣也。始終乎失得，所以重寶也。寶者，先世之遺，祭則陳之，以致孝者也。重寶所以重孝先也。左氏曰：「夏，陽虎歸寶玉、大弓，書曰『得』，器用也。凡獲器用曰得，得用焉曰獲。六月，伐陽關。陽虎使焚萊門。師驚，犯之而出，奔齊。請師以伐魯，曰：『三加，必取之。』齊侯將許之。鮑文子諫曰：『臣嘗爲隸於施氏矣，魯未可取也。上下猶和，衆庶猶睦，能事大國，而無天菑，若之何取之？陽虎欲勤齊師也，齊師罷，大臣必多死亡，己於是乎奮其詐謀。夫陽虎有寵於季氏，而將殺季孫，以不利魯國，而求容焉。親富不親仁，君焉用之？君富於季氏，而大於魯國，茲陽虎所欲傾覆也。魯免其疾，而君又收之，無乃害乎？』齊侯執陽虎，將東之。陽虎願東，乃囚諸西鄙。盡借邑人之車，鍥其軸，麻約而歸之。載葱靈，寢於其中而逃。追而得之，囚於齊。又以葱靈逃，奔宋，遂奔晉，適趙氏。仲尼曰：『趙氏其世有亂乎！』」公羊曰：「何以書？國寶也。喪之，書；得之，書。」穀梁曰：「惡得之？得之堤下。或曰：陽虎以解衆也。」胡氏曰：「穀梁子曰：『寶玉，封圭。大弓，武王之戎弓。周公受賜，藏之魯。』或曰：夏侯氏之璜，封父之繁弱也。子孫世守，罔敢失墜，以昭先祖之德，存肅敬之心耳。古者告終易代，弘璧琬琰、天球夷玉、兑之戈、和之弓、垂之竹矢，莫不陳列，非直爲美觀也。先王所寶，傳及其身，能全而歸之，則可以免矣。魯失其政，陪臣擅權，雖先公分器，猶不能守，而盜得竊諸公宫，其能國乎？故失之書，得之書，所以譏公與執政之臣，見不恭之大也。此義行，則有天下國家者，各知所守之職，不敢忽矣。」

六月，葬鄭獻公。

正傳曰：書「葬鄭獻公」，志恤鄰之禮也。

秋，齊侯、衛侯次于五氏。

正傳曰：五氏，晋地。書「齊侯、衛侯次于五氏」，著非義之謀也。諸侯有罪，則諸侯告于天子，率與國而伐之，乃義也。次于五氏，實伐晉也。晉爲霸主，因其衰，齊、衛與鄭叛晉相盟，以致兵連禍結，而伐之可謂義乎？故春秋書以非之。

秦伯卒。

正傳曰：書「秦伯卒」，志與〔三〕國之大故也。不名，史畧之也，秦遠在西戎，故畧也。

冬，葬秦哀公。

正傳曰：書「葬秦哀公」，志相恤之義也。

敬王二十年。十年晉定十二年、齊景四十八年、衛靈三十五年、蔡昭十九年、鄭聲公勝元年、曹陽二年、陳閔二年、杞僖六年、宋景十七年、秦惠公元年、楚昭十六年、吳闔廬十五年。

春王三月，及齊平。

正傳曰：書「及齊平」，善釋怨也。孔子爲政於魯，釋怨以安民也，於是再侵齊之怨平矣。

夏，公會齊侯于夾谷。

正傳曰：夾谷之會何以書？志善會也。左氏曰：「夏，公會齊侯于祝其，實夾谷，孔丘相。犂彌言於齊侯曰：『孔丘知禮而無勇，若使萊人以兵劫魯侯，必得志焉。』齊侯從之。孔丘以公退，曰：『士兵之！兩君合好，而裔夷之俘以兵亂之，非齊君所以命諸侯也。裔不謀夏，夷不亂華，俘不干盟，兵不偪好。於神爲不祥，於德爲愆義，於人爲失禮，君必不然。』齊侯聞之，遽辟之。將盟，齊人加於載書曰：『齊師出竟而不以甲車三百乘從我者，有如此盟！』孔丘使兹無還揖對，曰：『而不反我汶陽之田，吾以共命者，亦如之！』齊侯將享公，孔丘謂梁丘據曰：『齊、魯之故，吾子何不聞焉？事既成矣，而又享之，是勤執事也。且犧象不出門，嘉樂不野合。享而既具，是棄禮也。若其不具，用秕稗也。用秕稗，君辱；棄禮，名惡。子盍圖之！夫享，所以昭德也。不昭，不如其已也。』乃不果享。齊人來歸鄆、讙、龜陰之田。」胡氏曰：「仲尼一言，威重於三軍，亦順於理而已矣。故天下莫大於理，而强衆不與焉。」愚謂此見聖人之作用，感動人心之機，綏來動和之驗也。彼管、晏之徒矜尚智力，平時無事動以儒者無用相訾，如犂彌之言者，多見其不知量矣。

公至自夾谷。

正傳曰：書「公至自夾谷」，謹君之出入也。始終乎禮會之善也。穀梁以爲「危之，故以地致」，非也。夫既以爲危之，則孔子何爲相危會乎？於此見禮之足以服人矣。穀梁子曰：「夾谷之會，孔子相焉。兩君就壇，兩相相揖。齊人鼓譟而起，欲以執魯君。孔子歷階而上，不盡一等，而視歸乎齊侯，曰：『兩君合好，夷狄之民何爲來爲？』命司馬止之。齊侯逡巡而謝曰：『寡人之過也。』退而屬其二三大夫曰：『夫人率其君與之行古人之道，二三子獨率我而入夷狄之俗，何爲？』罷會，齊人使優施舞於魯君之幕下。孔子曰：『笑君者罪當死！』使司馬行法焉，首足異門而出。『齊人來歸鄆、讙、龜陰之田』者，蓋爲此也。因是以見雖有文事，必有武備，孔子於夾谷之會見之矣。」

晋趙鞅帥師圍衛。

正傳曰：書晋圍衛，志報怨之兵也。左氏曰：「晋趙鞅圍衛，報夷儀也。初，衛侯伐邯鄲午於寒氏，城其西北而守之，宵熸。及晋圍衛，午以徒七十人門於衛西門，殺人於門中，曰：『請報寒氏之役。』涉佗曰：『夫子則勇矣。然我往，必不敢啓門。』亦以徒七十人旦門焉，步左右，皆至而立，如植。日中不啓門，乃退。反役，晋人討衛之叛故，曰：『由涉佗、成何。』於是執涉佗，以求成于衛。衛人不許。晋人遂殺涉佗，成何奔燕。君子曰：『此之謂棄禮，必不鈞。詩曰：「人而無禮，胡不遄死？」涉佗亦遄矣哉！』」

齊人來歸鄆、讙、龜陰田。

正傳曰：杜氏謂三邑皆汶陽田也。泰山博縣北有龜山，陰田在其北也。何以書？志復舊物也，善齊之服禮也。公羊曰：「齊人曷爲來歸鄆、讙、龜陰田？孔子行乎季孫，三月不違，齊人爲是來歸之。」程子曰：「齊服義而來歸之，故書『來歸』。」愚謂孔子相定公，與齊侯會于夾谷，以禮卻萊兵而罷其享，辨嘉禮、野合之非，故齊人服義而自歸其侵田。聖人功化神速如此，期月而已可也，豈虛語哉！或謂此書孔子自叙其績而不以爲嫌，小之矣！夫春秋，魯史也，孔子因其舊文而筆之于册，豈孔子所得加損哉！直書其實事耳，因附其説于後。胡氏曰：「齊人前此嘗歸濟西田矣，後此嘗歸讙及闡矣，而此獨書『來歸』，何也？曰『歸』者，魯請而得之也。曰『來歸』者，齊人心服而歸之也。定公、齊侯會于夾谷，孔子攝相事，具左右司馬以從，至于會所，以禮相見，郤裔俘，拒兵車之命，而罷享禮之設于野，由是齊侯歸三邑以謝過。故揚子法言曰：『仲尼用於魯，齊人章章，歸其侵疆。』桓公以義責楚而楚人求盟，夫子以禮責齊而齊人歸地，皆書曰『來』，序績也。春秋，夫子之筆削，自序其績，可乎？聖人會人物於一身，萬象異形而同體；通古今於一息，百王異世而同神。於土皆安而無所避也，於我皆真而無所妄也。其曰：『天之將喪斯文也，後死者不得與於斯文也。天之未喪斯文也，匡人其如予何？』是以天自處矣，而亦何嫌之有？」

叔孫州仇、仲孫何忌帥師圍郈。

正傳曰：郈，叔孫之邑。書二卿帥師圍郈，志討叛也，而魯政之亂自見矣。左氏曰：「初，叔孫成子欲立武叔，公若藐固諫，曰：『不可。』成子立之而卒。公南使賊射之，不能殺。公南爲馬正，使公若爲郈宰。武叔既定，使郈馬正侯犯殺公若，弗能。其圉人曰：『吾以劍過朝，公若必曰：「誰之劍也？」吾稱子以告，必觀之。吾僞固而授之末，則可殺也。』使如之。公若曰：『爾欲吴王我乎？』遂殺公若。侯犯以郈叛，武叔、懿子圍郈，弗克。」愚謂據此而觀，則二子之圍郈，爲侯犯據郈以叛也。侯犯之叛，爲殺公若也。公若之見殺，爲固諫立武叔也。夫天下有道，征伐自天子出；天下無道，征伐自諸侯出；諸侯失政，征伐自大夫出，則陪臣亦叛之矣。今叔孫、仲孫上不能事其君，下不能御其臣，擅興大衆，自圍其邑而猶不克焉，則魯之無道，從可見矣。

秋，叔孫州仇、仲孫何忌帥師圍郈。

正傳曰：再志圍郈，再志討叛，而甚魯之無道也。左氏曰：「秋，二子及齊師復圍郈，弗克。叔孫謂郈工師駟赤曰：『郈非唯叔孫氏之憂，社稷之患也，將若之何？』對曰：『臣之業在揚水卒章之四言矣。』叔孫稽首。駟赤謂侯犯曰：『居齊、魯之際而無事，必不可矣。子盍求事於齊以臨民？不然，將叛。』侯犯從之。齊使至，駟赤與郈人爲之宣言於郈中曰：『侯犯將以郈易于齊，齊人將遷郈民。』衆兇懼。駟赤謂侯犯曰：『衆言異矣。子不如易於齊，與其死也，猶是郈也，而得紓焉，何必此？齊人欲以此偪魯，必倍與子地。且盍多舍甲于子之門以備不虞。』侯犯曰：『諾。』乃多舍甲焉。侯犯請易于齊，齊有司觀郈。將至，駟赤使周走呼曰：『齊師至矣』，郈人大駭，介侯犯之門甲，以圍侯犯。駟赤將射之，侯犯止之，曰：『謀免我。』侯犯請行，許之。駟赤先如宿，侯犯殿。每出一門，郈人閉之。及郭門，止之，曰：『子以叔孫氏之甲出，有司若誅之，羣臣懼死。』駟赤曰：『叔孫氏之甲有物，吾未敢以出。』犯謂駟赤曰：『子止而與之數。』駟赤止，而納魯人。侯犯奔齊。齊人乃致郈。」胡氏曰：「郈，叔孫氏邑也。侯犯以郈叛，不書于策。書『圍郈』，則叛可知矣。再書二卿帥師圍郈，則彊亦可知矣。天子失道，征伐自諸侯出，而後大夫彊。諸侯失道，征伐自大夫出，而後家臣彊。其逆彌甚，則其失彌速。故自諸侯出，十世希不失矣；自大夫出，五世希不失矣；陪臣執國命，三世希不失矣。三家專魯，爲日已久，至是家臣争叛，亦其理宜矣。春秋制法本忠恕，施諸己而不願亦勿施諸人。故所惡於上，不以使下；所惡於下，不以事上。二三子知傾公室以自張，而不知家隸之擬其後也。凡此類，皆據事直書，深切著明矣。」

宋樂大心出奔曹。

正傳曰：書「樂大心出奔曹」，交罪之也。高氏曰：「辭使非大譴而讒言乘之，罪累上也，則是景公之過也。」王氏曰：「宋公信讒而刑罰無章，然大心不能任家國之難而進退無據，且挾詐以避事，是則大心之過也。」故春秋書此，而其君臣之罪並見矣。

宋公子地出奔陳。

正傳曰：書「宋公子地出奔陳」，則君臣之罪並見矣。左氏曰：「宋公子地嬖蘧富獵，十一分其室，而以其五與之。公子地有白馬四，公嬖向魋，魋欲之。公取而朱其尾、鬣以與之。地怒，使其徒抶魋而奪之。魋懼，將走，公閉門而泣之，目盡腫。母弟辰曰：『子分室以與獵也，而獨卑魋，亦有頗焉。子爲君禮，不過出竟，君必止子。』公子地出奔陳，公弗止。」愚謂觀此傳，則景公以嬖魋之故，而使地不能自安其身；地以不忍其愛物之故，而去父母之邦，皆有罪矣，故春秋書之。

冬，齊侯、衛侯、鄭游速會于安甫。

正傳曰：安甫，齊地。書齊、衛、鄭會于安甫，善之也。會而不盟，善之也，志脩好也，其進於盟鹹盟沙之善矣。

叔孫州仇如齊。

正傳曰：此謝致郈之事。書叔孫如齊，非所如也，使人讀其文，考其事，而知其取義在非之矣。左氏曰：「武叔聘于齊，齊侯享之，曰：『子叔孫！若使郈在君之他竟，寡人何知焉？屬與敝邑際，故敢助君憂之。』對曰：『非寡君之望也。所以事君，封疆社稷是以，敢以家隸勤君之執事？夫不令之臣，天下之所惡也，君豈以爲寡君賜？』」愚謂觀此，則見齊景公之言私而驕，武叔之對公而正矣。然魯君不能攬其政而授于大夫，大夫不能御其家臣而借威於鄰國，不可以言智矣，他尚何取耶？

宋公之弟辰暨仲佗、石彄出奔陳。

正傳曰：書「宋公之弟辰暨仲佗、石彄出奔陳」，則奔者與奔之者之罪並見矣。胡氏曰：「按左氏：『宋公子地有白馬四，公以與桓魋。地怒，扶魋奪之。魋懼，將走，公泣之。母弟辰曰：「子爲君禮，不過出境，君必止子。」地出奔陳，公弗止。辰爲之請，弗聽。辰曰：「是我迋吾兄也。吾以國人出，君誰與處？」』書曰：『宋公之弟辰暨仲佗、石彄出奔陳』，其『弟』云者，罪宋公以嬖魋故以失二弟，無親親之恩；『暨』云者，罪辰以兄故帥其大夫出奔，無尊君之義。夫『暨』者，不得已之詞。又以見仲佗、石彄見脅於辰，不能自立，無大臣之節也。」愚謂胡氏所以責三臣者，是也。至於謂「暨」爲不得已之詞，則鑿矣。宋君以嬖而奔其弟辰，佗、彄以小忿而去其君，其罪均矣。

敬王二十一年。十有一年晉定十三年、齊景四十九年、衛靈三十六年、蔡昭二十年、鄭聲二年、曹陽三年、陳閔三年、杞僖七年、宋景十八年、秦惠二年、楚昭十七年、吳闔廬十六年。

春，宋公之弟辰及仲佗、石彄、公子地自陳入于蕭以叛。

正傳曰：及，亦暨之義。胡氏分別以爲「不得已」與「得已而不〔四〕已」則鑿矣。何以書？誅亂黨也。

夏四月。

正傳曰：無事亦書時月，義見于前。

秋，宋樂大心自曹入于蕭。

正傳曰：書「宋樂大心自曹入于蕭」，志黨亂也。左氏曰：「宋公母弟辰暨仲佗、石彄、公子地入于蕭以叛。秋，樂大心從之，大爲宋患，寵向魋故也。」愚謂四叛臣自罹于惡逆，故春秋詳書以罪之，然宋公以寵嬖生亂亦可罪矣，均爲萬世有國者之大戒也，可不慎乎！

冬，及鄭平。叔還如鄭涖盟。

正傳曰：叔還，叔弓曾孫。書「及鄭平」，善釋怨也，於是六年侵鄭取匡之怨平矣。書「如鄭涖盟」，著魯志也。左氏曰：「始叛晉也。」吴氏曰：「及鄭平者，我欲之故。鄭卿不來盟而我卿往涖盟也。」愚謂先平侵鄭之怨，而乃往涖盟以絶晉也，然而不能無比黨之私矣。

敬王二十二年。**十有二年**晋定十四年、齊景五十年、衛靈三十七年、蔡昭二十一年、鄭聲三年、曹陽四年、陳閔四年、杞僖八年、宋景十九年、秦惠三年、楚昭十八年、吴闔廬十七年。

春，薛伯定卒。

正傳曰：書「薛伯定卒」，志與國之大故也。

夏，葬薛襄公。

正傳曰：何以書葬？我會葬之也，志禮也。

叔孫州仇帥師墮郈。

正傳曰：墮、隳同，毁其城也。穀梁以爲墮猶取，非也。書「墮郈」，志去患也，禮也。孔子曰：「家無藏甲，邑無百雉之城。」欲隳三都。高氏曰：「是時，三家之邑皆爲城以自固，故其家臣因之以叛，於是毁之。」愚謂所謂惟禮可以止亂，此之謂矣。

衛公孟彄帥師伐曹。

正傳曰：書公孟彄伐曹，志陵暴之兵也。左氏曰：「夏，衛公孟彄伐曹，克郊。還，滑羅殿。未出，不退於列。其御曰：『殿而在列，其爲無勇乎！』羅曰：『與其素厲，寧爲無勇。』」

季孫斯、仲孫何忌帥師墮費。

正傳曰：何以前書「墮郈」，此書「墮費」？志除患也，而定公能任聖人率禮爲國之善可見矣。左氏曰：「仲由爲季氏宰，將墮三都，於是叔孫氏墮郈。季氏將墮費，公山不狃、叔孫輒帥費人以襲魯。公與三子入于季氏之宫，登武子之臺。費人攻之，弗克。入及公側，仲尼命申句須、樂頎下，伐之，費人北。國人追之，敗諸姑蔑。二子奔齊，遂墮費。」公羊曰：「曷爲帥師墮郈、帥師墮費？孔子行乎季孫，三月不違，曰：『家不藏甲，邑無百雉之城。』

於是帥師墮郈，帥師墮費。雉者何？五板而堵，五堵而雉，百雉而城。」胡氏曰：「禮曰：『制國不過千乘，都城不過百雉，家富不過百乘，以此坊民，諸侯猶有叛者。』故家不藏甲，邑無百雉之城，禮所當謹也。郈、費、成者，三家之邑，政在大夫，三卿越禮，各固其城，公室欲張而不得也。三桓既微，陪臣擅命，憑倚其城，數有叛者，三家亦不能制也。而問於仲尼，遂墮三都，是謂以禮爲國，可以爲之兆也。推而行諸魯國而準，則地方五百里，凡侵小而得者，必有興滅國、繼絶世之義。諸侯大夫各謹於禮，不以所惡於上者使其下，亦不以所惡於下者事其上，上下交相順而王政行矣。故曰：『苟有用我者，期月而可，三年有成。』」

秋，大雩。

正傳曰：書「大雩」，志非禮也。

冬十月癸亥，公會齊侯，盟于黄。

正傳曰：黄，齊地。書「公會齊侯，盟于黄」，志魯之求也，結信也，蓋齊非有同心於魯，乃魯往求於齊耳，以其地而知之也。夫春秋無善盟，盟者忠信之薄也。心已相信，何必外要鬼神乎？春秋志魯之事，非取之也。

十有一月丙寅朔，日有食之。

正傳曰：何以書？志天變也。

公至自黄。

正傳曰：書「公至自黄」，謹君之出入也。

十有二月，公圍成。

正傳曰：成，孟氏邑。書「公圍成」何？穀梁子曰：「圍成，大公也。」左氏曰：「將墮成，公斂處父謂孟孫：『墮成，齊人必至于北門。且成，孟氏之保障也。無成，是無孟氏也。子僞不知，我將不墮。』冬十二月，公圍成，弗克。」愚謂語有之：「尾大不掉」，其成之謂乎！夫成，孟孫之邑耳。易置，初若易然。然三家越禮，城以自固。陪臣據以作叛，遂如敵國矣。至於勤公親圍之而弗克，豈一朝一夕之故？其所由來者漸矣，是以君子謹履霜之戒焉。胡氏曰：「仲由爲季氏宰，孔子爲魯司寇，而不能墮成，何也？按，是冬，公圍成，不克。越明年，孔子由大司寇攝相事，然後誅少正卯，與聞國政，三月而商賈信於市，男女别於途。及齊饋女樂，孔子遂行。然則圍成之時，仲尼雖用事，未能專得魯國之政也，而辯言亂政如少正卯等，必肆疑沮於其間矣。成雖未墮，無與爲比，亦不能爲患。使聖人得志行乎魯國以及期月，則不待兵革而自墮矣。」

公至自圍成。

正傳曰：書「公至自圍成」，謹君之出入也，而强臣之罪自見矣。或謂其致危之，非也。

敬王二十三年。

十有三年

晉定十五年、齊景五十一年、衛靈三十八年、蔡昭二十二年、鄭聲四年、曹陽五年、陳閔五年、杞僖九年、宋景二十年、秦惠四年、楚昭十九年、吳闔廬十八年。

春，齊侯、衛侯次于垂葭。

正傳曰：垂葭，衛地，一名郹氏。書「齊、衛次于垂葭」，志非義也，黨謀晉也。左氏曰：「春，齊侯、衛侯次于垂葭，實郹氏。使師伐晉，將濟河，諸大夫皆曰不可。邴意兹曰：『可。鋭師伐河内，傳必數日而後及絳。絳不三月不能出河，則我既濟水矣。』乃伐河内。齊侯皆斂諸大夫之軒，唯邴意兹乘軒。齊侯欲與衛侯乘，與之宴而駕乘廣，載甲焉。使告曰：『晉師至矣！』齊侯曰：『比君之駕也，寡人請攝。』乃介而與之乘，驅之。或告曰：『無晉師。』乃止。」愚謂按此，二國謀晉也。夫晉，天下之霸國也，當其盛時，天下諸侯奔走朝聘之不暇，及其霸業之衰，齊、衛與鄭諸國乃相與謀叛之，又相與謀伐之，多見其背義之甚矣。

夏，築蛇淵囿。

正傳曰：書「夏，築蛇淵囿」，志不時也。時者，農食所自出，民之天也，而違之，是棄民也。

大蒐于比蒲。

正傳曰：何以書？志非禮也。蒐，春畋也，而行之於夏，且大聚衆焉，非禮矣。

衛公孟彄帥師伐曹。

正傳曰：書「衛伐曹」，著陵弱之亟也。曹本無罪可聲，衛特以其不叛晉而亟伐之，非義也。

秋，晉趙鞅入于晉陽以叛。

正傳曰：背君曰叛。書「趙鞅入于晉陽以叛」，則無上之罪見矣。左氏曰：「晉趙鞅謂邯鄲午曰：『歸我衛貢五百家，吾舍諸晉陽。』午許諾。歸告其父兄，父兄皆曰：『不可。衛是以爲邯鄲，而寘諸晉陽，絶衛之道也。不如侵齊而謀之。』乃如之，而歸之于晉陽。趙孟怒，召午，而囚諸晉陽，使其從者説劒而入，涉賓不可。乃使告邯鄲人曰：『吾私有討於午也，二三子唯所欲立。』遂殺午。趙稷、涉賓以邯鄲叛。夏六月，上軍司馬籍秦圍邯鄲。邯鄲午，荀寅之甥也。荀寅，范吉射之姻也，而相與睦，故不與圍邯鄲，將作亂。董安于聞之，告趙孟曰：『先備諸？』趙孟曰：『晉國有命，始禍者死，爲後可也。』安于曰：『與其害於民，寧我獨死，請以我説。』趙孟不可。秋七月，范氏、中行氏伐趙氏之宫，趙鞅奔晉陽，晉人圍之。」愚謂君臣之義，無所逃於天地之間者也，故臣叛之，間不容以髮。趙孟專權自恣，始欲易置邯鄲午而不可，遂擅殺午以召中行之伐，而奔晉陽。其背君無上甚矣！非叛而何？胡氏曰：「趙鞅之入，拒范、中行也，而直書曰『叛』何也？人臣專土，與君爲市，則是篡弑之階。堅冰之戒，豈無以有己之義乎？後世大臣有困於讒間，遷延居外，不敢釋兵，卒以憂死者，亦未明人臣之義故爾，故直書『入于晉陽以叛』。」

冬，晉荀寅、士吉射入于朝歌以叛。

正傳曰：朝歌，晉屬邑。書「荀寅、士吉射入于朝歌以叛」，討無上之罪也。左氏曰：「范皋夷無寵於范吉射，而欲爲亂於范氏。梁嬰父嬖於知文子，文子欲以爲卿。韓簡子與中行文子相惡，魏襄子亦與范昭子相惡。故五子謀，將逐荀寅，而以梁嬰父代之；逐范吉射，而以范皋夷代之。荀躒言於晉侯曰：『君命大臣，始禍者死，載書在河。今三臣始禍，而獨逐鞅，刑已不鈞矣。請皆逐之。』冬十一月，荀躒、韓不信、魏曼多奉公以伐范氏、中行氏，弗克。二子將伐公。齊高彊曰：『三折肱知爲良醫。唯伐君爲不可，民弗與也。我以伐君在此矣。三家未睦，可盡克也。克之，君將誰與？若先伐君，是使睦也。』弗聽，遂伐公。國人助公，二子敗，從而伐之。丁未，荀寅、士吉射奔朝歌。」愚謂臣叛之間不能以髮者也。二子擅伐趙鞅而逐之，則背君無上矣。又奔朝歌，是背君無上之大者也。故春秋書以罪之。胡氏曰：「按左氏：知文、韓簡、魏襄子與荀寅、范吉射相惡，將逐荀、范。言於晉侯曰：『君命大臣，始禍者死，載書在河。今三臣始禍，而獨逐鞅，刑不均矣。請皆逐之。』遂奉公以伐二子。二子敗，奔朝歌。晉主夏盟，威服天下，及大夫專政，賄賂公行，内外離析，示威平丘而齊叛，辭請召陵而蔡叛，盟于沙、鹹而鄭叛，次于五氏而衛叛，涖于鄭會于夾谷、畝于黄而魯叛。諸侯叛于外，大夫叛于内，故奔于晉陽而趙鞅叛，入于朝歌而荀寅與士吉射叛。以晉國之大，天下莫强焉，邦分崩而不能守也。春秋於晉事，或略而不序，或賤而稱人，或書侵以陋之，責亦備矣。至是三卿内叛，直書于策，見其效也。故臧哀伯曰：『國家之敗，由官邪也，官之失德，寵賂章也。』晉卿始禍，緣衛貢也。樂祁見執，獻楊楯也。蔡侯從吳，荀寅貨也。昭公弗納，范鞅賂也。而晉室自是不復能主盟矣。故爲國以義不以利，春秋之大法在焉。見諸行事，亦可謂深切著明矣。」

晉趙鞅歸于晉。

正傳曰：書「晉趙鞅歸于晉」，則晉君縱賊之罪見矣。左氏曰：「韓、魏以趙氏爲請。十二月辛未，趙鞅入于絳，盟于公宫。」愚謂趙鞅之背君無上，春秋既以叛書之矣，此其來歸，韓、魏爲之請耳。趙鞅負叛君之大罪，而聽韓、魏之請以歸之，春秋書此，見晉君之無刑政也。胡氏曰：「三子之叛，其罪一也，鞅以有援故得復，寅、吉射以無助故終叛。春秋書『鞅歸于晉』，非與之也，以罪晉侯縱失有罪，無政刑耳。叛逆，人臣之大惡，始禍晉國之載書，既不能致辟於鞅，奉行天討以警亂臣，又亢不衷，徇韓、魏之請而許之復，無政刑矣，其能國乎？先儒或謂：『言「歸」者，以地正國也。鞅取晉陽之甲，以逐君側之惡人。』則其説誤矣。以地正國而可，是人主可得而脅，人臣擅興無罪，以兵諫者，真愛其君也！使後世賊臣，稱兵向闕，以誅君側爲名，而實欲脅君取國者，則此説啓之也，大失春秋之意矣。」

薛弑其君比。

正傳曰：書「薛弑其君比」，使人求其跡而罪人斯得矣。何以言薛而不名其人？史緣報以書之，未實其人也，疑以傳疑，史之法也，故書「薛」，然而弑君之罪人不可終逃矣。胡氏以「稱國而弑，爲大臣之罪」，與孫復以爲「舉國之人皆可誅」，均之爲誤矣。

敬王二十四年。

十有四年晉定十六年、齊景五十二年、衛靈三十九年、蔡昭二十三年、鄭聲五年、曹陽六年、陳閔六年、杞僖十年、宋景二十一年、秦惠五年、楚昭二十年、吳闔廬十九年卒。

春，衛公叔戌來奔。衛趙陽出奔宋。

正傳曰：何以並書「奔」？志衛侯之不君、公叔戌之不臣也。左氏曰：「初，衛公叔文子朝，而請享靈公。退，見史鰌而告之。史鰌曰：『子必禍矣！子富而君貪，罪其及子乎！』文子曰：『然。吾不先告子，是吾罪也。君既許我矣，其若之何？』史鰌曰：『無害。子臣，可以免。富而能臣，必免于難。上下同之。戌也驕，其亡乎！富而不驕者鮮，吾唯子之見。驕而不亡者，未之有也。戌必與焉。』及文子卒，衛侯始惡於公叔戌，以其富也。公叔戌又將去夫人之黨，夫人愬之曰：『戌將爲亂。』」又曰：「春，衛侯逐公孫戌與其黨，故趙陽奔宋，戌來奔。」愚謂由二傳觀之，則靈公以貪而信讒，故不能容其臣。公叔戌以驕而行怨，故不能安其身。春秋直書屢書其事，而君不君、臣不臣之罪並見矣。胡氏曰：「公叔戌將去南子之黨，夫人愬曰：『戌將爲亂。』故公叔來奔。趙陽、北宮結，皆戌黨也，故亦出奔。而靈公無道，不能正家，以喪其大臣之罪著矣。戌又以富見惡於衛侯。夫富者，怨之府也。使戌積而能散，以財發身，不爲貪人之所怨，於以保其爵位，尚庶幾乎！」

二月辛巳，楚公子結、陳公孫佗人帥師滅頓，以頓子牂歸。

正傳曰：書楚、陳滅頓，以頓子牂歸，則二國陵暴之罪見矣。左氏曰：「頓子牂欲事晉，背楚而絶陳好。二月，楚滅頓。」愚謂由是觀之，頓無可聲之罪，惟以欲事晋而背楚以絶陳耳。愛人不親反其仁，而遽以其不親己，合二國之衆以伐微小之國，俘其君，滅其宗社，可爲愛人乎？於繼滅舉廢之義何如也？

夏，衛北宮結來奔。

正傳曰：結與趙陽皆公叔戌之黨。書「衛北宮結來奔」，罪靈公之棄其臣也。左氏曰：「公叔戌之故也。」愚謂靈公以南子之讒而棄三臣，結等三臣附黨行私，使身見逐而宗祀不守，則不知世卿貴戚無可去之義。春秋屢書，交譏之也。

五月，於越敗吴于檇李。吴子光卒。

正傳曰：何以書？著詐兵也。左氏曰：「吴伐越，越子勾踐禦之，陳于檇李。勾踐患吴之整也，使死士再禽焉，不動。使罪人三行，屬劍於頸而辭曰：『二君有治，臣奸旗鼓。不敏於君之行前，不敢逃刑，敢歸死。』遂自剄也。師屬之目，越子因而伐之，大敗之。靈姑浮以戈擊闔廬，闔廬傷將指，取其一屨。還，卒於陘，去檇李七里。夫差使人立於庭，苟出入，必謂己曰：『夫差！而忘越王之殺而父乎？』則對曰：『唯。不敢忘！』三年乃報越。」愚按此，乃越詐兵陰謀以取勝者也。先使死士再禽而不動，又使罪人三行屬劍自剄，以亂吴師之心目而伐之，此敗吴之詭謀也。吴雖有擅興首禍之罪，然而越之以詐而敗人之兵，比擅興之罪又加一等矣。胡氏曰：「書『敗』者，詐戰也。定公五年，於越入吴，至是敗吴于檇李，會黄池之歲，越又入吴，悉書于史，以其告也。哀之元年，吴子敗越，棲勾踐於會稽之上，豈獨不告而史策不書？疑仲尼削之也。吴子光卒，夫差使人立於庭，苟出入，必謂己曰：『而忘越王之殺而父乎？』則對曰：『唯。不敢忘！』三年乃報越。然則夫椒之戰，復父讎也，非報怨也。春秋削而不書，以爲常事也，其旨微矣。」愚謂非仲尼削之以爲常事也，夫春秋無義戰，而書之者多矣。夫差爲父報讎，庶幾義戰矣，仲尼乃削而不書，惡乎書？大抵史之法，爲報書也，不報則不書，聖人因史之文而不改耳。

公會齊侯、衛侯于牽。

正傳曰：書公會齊、衛于牽，著非義之會也。左氏曰：「晋人圍朝歌，公會齊侯、衛侯于脾、上梁之間，謀救范、中行氏。析成鮒、小王桃甲率狄師以襲晋，戰于絳中，不克而還。士鮒奔周，小王桃甲入于朝歌。」愚謂由是觀之，三國之會于牽，謀救范、中行氏也。張氏曰：「齊景公苟欲求霸，誅晋之亂臣以正其國可也。當是時，孔子已去魯，故會齊、衛，合謀救范、中行氏。」三國之君同爲會而助不衷，得春秋書之之旨矣。

公至自會。

正傳曰：何以書？謹君之出入也，而不義之會，將何以致反面之詞乎？

秋，齊侯、宋公會于洮。

正傳曰：書齊、宋會于洮，著不義之會也。左氏曰：「范氏故也。」然則此會爲助范、中行氏也。齊侯前既與魯、衛爲牽之會，今復與宋爲洮之會，是果於不義之行而不知悔矣！

天王使石尚來歸脤。

正傳曰：公羊以爲：「石尚，天子之士，脤者，俎實也。腥曰脤，熟曰膰。」何以書？志非禮也，受胙禮也，致胙非禮也。「相維辟公，天子穆穆」，言諸侯助王祭也。天子祭而受胙於神，乃頒胙於助祭之諸侯，以諸侯助祭同受之於神故也。魯未嘗助祭於周，而天王致之胙，何謂乎？春秋書之，見天子之不君，而諸侯之不臣，其所感慨深矣！

衛世子蒯聵出奔宋。

正傳曰：書「蒯聵出奔宋」，則父子亂倫之罪並著矣。左氏曰：「衛侯爲夫人南子召宋朝，會于洮。太子蒯聵獻盂于齊，過宋野。野人歌之曰：『既定爾婁豬，盍歸吾艾豭？』太子羞之，謂戲陽速曰：『從我而朝少君，少君見我，我顧，乃殺之。』速曰：『諾。』乃朝夫人。夫人見太子。太子三顧，速不進。夫人見其色，啼而走，曰：『蒯聵將殺余。』公執其手以登臺。太子奔宋。盡逐其黨，故公孟彄出奔鄭，自鄭奔齊。太子告人曰：『戲陽速禍余。』戲陽速告人曰：『太子則禍余。太子無道，使余殺其母。余不許，將戕於余。若殺夫人，將以余説。余是故許而弗爲，以紓余死。諺曰「民保於信」，吾以信義也。』」胡氏曰：「世子，國本也。以寵南子，故不能保世子而使之去國；以欲殺南子，故不能安其身至於出奔。是輕宗廟社稷之所付托，而恣行矣。春秋兩著其罪，故特書『世子』，其義不繫於與蒯聵之世其國也，而靈公無道，不能正家，以危其國本，至使父子相殘，毀滅天理之所由著矣。」

衛公孟彄出奔鄭。

正傳曰：公孟彄曾帥師，乃衛用事之卿也。靈公疑其爲蒯聵之黨而逐之，遂出奔鄭。靈公惑於南子，所以不正，凡正人皆爲所惡。春秋書「出奔」，著靈公之無道也。正人盡去，而邪道大行矣。

宋公之弟辰自蕭來奔。

正傳曰：何以書？交譏之也。宋景公寵嬖向魋，公子地出奔，母弟辰爲之請止，弗聽，而辰亦出奔，入蕭，與地叛，又自蕭而來奔。春秋書之，一以見景嬖佞、棄親爲不君；辰不勝一朝之忿，出奔忘君，爲不臣，胥得罪矣。

大蒐于比蒲。

正傳曰：書「大蒐」，譏亟也。五年大蒐，禮也。

邾子來會公。

正傳曰：會者，偶相見之詞。先儒以爲會公于比蒲。夫小之事大，當脩朝禮于都，受之于廟。邾子偶因比蒲之蒐而來會公，於此則非禮矣。春秋書之，譏非禮也，見邾子之來、定公之受皆非禮也。

城莒父及霄。

正傳曰：莒父及霄，魯二邑。書城二邑，譏勞民也。夫既方墮費、郈矣，今又城莒父及霄，魯可謂反覆而政令不一矣。或曰：蓋公叛晉，助范、中行氏，故懼而城二邑，是則惑之甚也。己不治而欲治人以不正，可得乎？墮三都，孔子深謀也。既墮費、郈，未能墮成，孔子遽以女樂去司寇，自此而孔子之説不行矣。此二邑之所以復城也。或曰：此或者譏不時乎？曰：非也。或曰：此當是冬事其蒐，其城非不時也。逸其文，故是年無冬耳。應之者曰：然則先儒謂春秋以一字爲褒貶，苟文有脱誤，惡乎徵諸？

十有五年晉定十七年、齊景五十三年、衛靈四十年、蔡昭二十四年、鄭聲六年、曹陽七年、陳閔七年、杞僖十一年、宋景二十二年、秦惠六年、楚昭二十一年、吴夫差元年。敬王二十五年。

春王正月，邾子來朝。

正傳曰：何以書？志禮也。以小事大，邦交之宜也，悔過之善也。邾子以比蒲之會爲不成禮，故正月來朝，悔前過，蓋前愆，而得以小事大邦交之禮矣，故春秋善之。左氏曰：「邾隱公來朝。子貢觀焉。邾子執玉高，其容仰；公受玉卑，其容俯。子貢曰：『以禮觀之，二君者，皆有死亡焉。夫禮，死生存亡之體也，將左右周旋，進退俯仰，於是乎取之；朝、祀、喪、戎，於是乎觀之。今正月相朝，而皆不度，心已亡矣。嘉事不體，何以能久？高、仰，驕也；卑、俯，替也。驕近亂，替近疾，君爲主，其先亡乎！』」

鼷鼠食郊牛，牛死，改卜牛。

正傳曰：鼷鼠即小鼠，噬牛傷皮，無不死者。何以書？志災異也，著不敬也。穀梁子曰：「不敬莫大焉。」愚謂災異由天，敬謹由人，故能致敬謹，盡視牲之禮，重典守之責，則雖有天災，無從生矣。故郊牛鼠食而死，雖或天災，乃不敬所致也。春秋書此，則魯君臣之不敬，而僭竊之非禮，皆可見矣。

二月辛丑，楚子滅胡，以胡子豹歸。

正傳曰：書「楚子滅胡，以胡子豹歸」，著楚之憤暴也。左氏曰：「吴之入楚也，胡子盡俘楚邑之近胡者。楚既定，胡子豹又不事楚，曰：『存亡有命，事楚何爲？多取費焉。』二月，楚滅胡。」胡氏曰：「夫滅人之國，其罪大矣！然胡子豹乘楚之約，盡俘其邑之近胡者，所謂『國必自滅而後人滅之』，非滅之者獨有罪也。國君造命，不可委命者，既以爲有命，而又貪生忍辱，不死于社稷，則是不知命矣。書『以歸』，罪豹之不能死位而與歸也，故楚子書爵而胡子豹名。」愚謂直書其事，而其罪自見，不繫乎名與否矣。若夫楚子滅人之罪大，胡子侵楚〔五〕之罪小，春秋書之，特罪其大者耳，非罪豹也。

夏五月辛亥，郊。

正傳曰：此周之夏五月，即夏之春三月也。此因郊牛死，改卜牛滌之，故在五月也。何以書？失禮之中又失禮焉，於此見矣。魯不當郊，一失也。郊牛之死，二失也。行之夏五月，非時，三失也。

壬申，公薨于高寢。

正傳曰：書「公薨于高寢」，志國君之大故也，而其非正見矣。左氏曰：「夏五月壬申，公薨。仲尼曰：『賜不幸言而中，是使賜多言者也。』」穀梁曰：「高寢，非正也。」愚謂命不可言，禮則有定。子貢以高卑俯仰而知公之不久，偶中耳，至於諸侯死正寢，禮也。曾子曰：「吾何求哉？吾得正而斃焉，斯已矣。」貴正也。公之薨，不於正寢而於高寢，非正終矣。其生也，爲叛臣季孫意如所立，已不得正其始；其終也，於高寢，又不得正其終，春秋書之，竊取之情可見矣！

鄭罕達帥師伐宋。

正傳曰：書鄭伐宋，志非義之兵也。左氏曰：「鄭罕達敗宋師于老丘。」愚謂鄭納宋叛人公子地，又爲地伐大國，欲取地以居之，蓋不待貶而罪惡見矣。

齊侯、衛侯次于渠蒢。

正傳曰：何以書？志義舉也。左氏曰：「齊侯、衛侯次于蘧挐，謀救宋也。」愚謂據此，則二君渠蒢之會，蓋因鄭爲叛人公子地伐宋，故合兵救之也。其義則善矣，然而次于渠蒢，不免逗遛觀望，所謂見義而不爲，無勇矣。

邾子來奔喪。

正傳曰：書「邾子來奔喪」，則非禮自見矣。公羊子曰：「其言來奔喪何？奔喪，非禮也。天子崩，諸侯奔喪會葬。諸侯薨，諸侯使士吊賻之，大夫葬之，禮也。今邾子不知禮之品秩，而惟大國之畏，以所行於天子者行之同列，失禮之甚者也。故春秋書之，而取義自見。」

秋七月壬申，姒氏卒。

正傳曰：姒氏，哀公之母，定公之妾。其稱姒氏者，妾母以子貴，哀公未君，不得推貴其母也。故公羊氏曰：「何以不稱夫人？哀未君。」是也。左氏以爲「不赴且不祔」者，非也。

何以書？志君母之大故也。

八月庚辰朔，日有食之。

正傳曰：書日有食之，志天變也。

九月，滕子來會葬。

正傳曰：書「滕子來會葬」，志非禮也，以所事天子者事魯也。

丁巳，葬我君定公，雨，不克葬。戊午，日下昃，乃克葬。

正傳曰：書「雨，不克葬。戊午，日〔下〕〔六〕昃乃葬」，志不得乎禮也。夫葬必有備，有備無患，何雨不克葬之有？書「雨，不克葬」，則是無備，非禮矣。葬之日，日中而虞，所以安親之神也。今「日下昃，乃克葬」，則是無虞祭。無虞，非禮矣。穀梁子曰：「葬既有日，不爲雨止，禮也。雨，不克葬，喪不以制也。」左氏以爲「雨，不克襄事，禮也」，非矣。

辛巳，葬定姒。

正傳曰：書「葬定姒」，志君母之大事也。公羊子曰：「定姒何以書葬？未踰年之君也。有子則廟，廟則書葬。」胡氏曰：「曾子問：『並有喪，則如之何？』子曰：『葬，先輕而後重；其奠也，其虞也，先重而後輕。』」

冬，城漆。

正傳曰：書「冬，城漆」，志非禮也。定公、定姒連喪，繼葬，土血未乾，而興不急之役，忘哀以勞民，非禮矣。張氏曰：「城漆，謀伐邾也。」定公之喪，邾子來奔，事魯謹矣。哀公初立，不務善鄰，而以土地之故，勞民力，啓民怨。二年取其田，七年俘其君，卒使吳人乘間以伐其國，齊人問罪而取讙、闡，利未得而害隨之。謀國如此，其不終也宜哉！

校記：

〔一〕「周」下，嘉靖本有「難」字。

〔二〕此句，嘉靖本作「不義甚矣」。

〔三〕「與」，嘉靖本作「霸」。

〔四〕「不」下，原有一「得」字，據胡傳及嘉靖本，應爲衍字，今删。

〔五〕「侵楚」，嘉靖本作「俘邑」。

〔六〕「下」，據此條春秋經文補。

春秋正傳卷之三十六

哀公

名蔣，定公子，母定姒。四歲即位，在位二十七年，其十四年春，春秋絶筆。

敬王二十六年。元年晋定十八年、齊景五十四年、衛靈四十一年、蔡昭二十五年、鄭聲七年、曹陽八年、陳閔八年、杞僖十二年、宋景二十三年、秦惠七年、楚昭二十二年、吴夫差二年。

春王正月，公即位。

正傳曰：書「公即位」，正始也。

楚子、陳侯、隨侯、許男圍蔡。

正傳曰：書楚子、三國之君圍蔡，志報怨也。左氏曰：「春，楚子圍蔡，報柏舉也。里而栽，廣丈，高倍。夫屯晝夜九日，如子西之素。蔡人男女以辨，使疆于江、汝之間而還。蔡於是乎請遷于吴。」胡氏曰：「夫男女以辨，則是降也；疆于江、汝，則遷其國也。而獨書

『圍蔡』，何也？蔡嘗以吴師入郢，昭王奔隨，壞宗廟，徙陳器，撻平王之墓矣。至是楚國復寧，帥師圍蔡，降其衆，遷其國，而春秋書之畧者，見蔡宜得報，而楚子復讎之事可恕也。聖人本無怨，而怨出於不怨，故議讎之輕重，有至於不與共戴天者。今楚人禍及宗廟，辱逮父母，若包羞忍恥而不能一洒之，則不可以有立而天理滅矣，故特書『圍蔡』而稱爵，恕楚之罪詞也。」愚謂胡氏之論是矣，然不必稱爵乃可恕楚之罪也。

鼷鼠食郊牛，改卜牛。夏四月辛巳，郊。

正傳曰：何以書？穀梁曰：「『鼷鼠食郊牛角，改卜牛』，志不敬也。郊牛日展觓角而知傷。夏四月郊，不時也。」胡氏曰：「昔者周公郊祀后稷以配天，此成王亮陰之時，位冢宰攝國政，行天子之事也。魯何以得郊？成王追念周公有大勳勞於天下，而欲尊魯，故賜以重祭，得郊禘大雩。然則可乎？孔子曰：『魯之郊禘，非禮也，周公其衰矣！』欲尊魯，而賜以人臣不得用之禮樂，豈所以康周公也哉？天子祭天地，諸侯祭社稷，大夫祭五祀，庶人祭先祖，此定理也。今魯得郊，以爲常事，春秋欲削而不書，則無以見其失禮。盡書之乎，則有不勝書者，故聖人因其失禮之中又有失焉者，則書于策，所謂由性命而發言也，聖人奚容心哉？因事而書，以誌其失，爲後世戒，其垂訓之義大矣。」

秋，齊侯、衛侯伐晉。

正傳曰：書「齊、衛伐晋」，罪黨叛也。左氏曰：「齊侯衛侯會于乾侯，救范氏也。師及齊師、衛孔圉、鮮虞人伐晋，取棘蒲。」愚謂晋爲天下主盟之國，范、中行，晋之叛臣也。齊景公當脩霸業，率與國往正其罪可也，乃與衛伐晋取地，以助范氏之叛，負不義之罪於天下矣！

冬，仲孫何忌帥師伐邾。

正傳曰：書「伐邾」，志非義也。邾事魯甚謹，無罪而伐之，是昧恩德之報，無恤小之義矣。

二年 晋定十九年、齊景五十五年、衛靈四十二年卒、蔡昭二十六年、鄭聲八年、曹陽九年、陳閔九年、杞僖十三年、宋景二十四年、秦惠八年、楚昭二十三年、吴夫差三年。敬王二十七年。

春王二月，季孫斯、叔孫州仇、仲孫何忌帥師伐邾，取漷東田及沂西田。癸巳，叔孫州仇、仲孫何忌及邾子盟于句繹。

正傳曰：何以書取田？志貪利也。何以書盟？志爲利也。左氏曰：「伐邾，將伐絞。邾人愛其土，故賂以漷、沂之田而受盟。」是貪利之兵也。穀梁子曰：「三人伐而二人盟，何也？各盟其得也。」是以得利而盟也。夫以利而伐人者，亦以利而受伐於人。以利而盟者，亦利盡而寒盟，何以質於神而結忠信於人乎？胡氏曰：「曷爲列書三卿？哀公得國，不張公室，三卿並將，魯衆悉行。伐國取地以盟其君，而已不與焉，適越之辱兆矣。定公之薨，邾子來奔喪，事魯恭矣，而不免於見伐，徒自辱焉，不知以禮爲國之故也。邾在邦域之中，不加矜恤，而諸卿相繼伐之，既取其田，而又强與之盟，不知以義睦鄰之故也，故詳書以著其罪。三人伐則曷爲二人盟？盟者各盟其所得也。莫强乎季孫，何獨無得？季氏四分公室有其二，昭公伐意如，叔孫氏救意如，而昭公孫。陽虎囚桓子，孟孫氏救桓子，而陽虎奔。今得邾田，蓋季氏以歸二家而不取也。」

夏四月丙子，衛侯元卒。

正傳曰：書「衛侯元卒」，志鄰國之大故也，是以有相恤之義焉。左氏曰：「初，衛侯遊於郊，子南僕。公曰：『余無子，將立女。』不對。他日又謂之，對曰：『郢不足以辱社稷，君其改圖。君夫人在堂，三揖在下，君命祇辱。』夏，衛靈公卒。夫人曰：『命公子郢爲太子，君命也。』對曰：『郢異於他子，且君没於吾手，若有之，郢必聞之。且亡人之子輒在。』乃立輒。」愚謂蒯聵得罪出奔而立輒，是立子以拒父也，且郢已有靈公之命矣，若遵公命以立郢，則輒免於拒父之罪，而聵負殺母之名，必不敢動，則衛無後來之亂矣。惟立輒，則以子拒父，子不子，父不父，亂大倫以危其國家，實在〔一〕此舉矣。

滕子來朝。

正傳曰：何以書？志邦交之禮也。

晉趙鞅帥師納衛世子蒯聵于戚。

正傳曰：戚，衛邑。何以書「納」？志猶夫義也，憾其非大義也，不以大義告於天王以正名分，而徒以力納之也。左氏曰：「六月乙酉，晉趙鞅納衛太子于戚。宵迷，陽虎曰：『右河而南，必至焉。』使太子絻，八人衰絰，僞自衛逆者。告於門，哭而入，遂居之。」然則何以志猶夫義？納也。靈公志溺於愛而亂其家，太子志在正家而自陷於惡，夫人啼愬之言已入，靈公廢立之命未出，則太子者，固昔太子耳。太子未有廢命，爲國人之所拒，爲子輒之所拒。晉帥師納之，於義未爲不可也。獨晉以霸國不能奉王命聲大義以正之，此春秋所以書之之意乎！夫蒯聵雖得罪於父，而繼以出奔，輒不可以居位而得罪於父，宜不用夫人之亂命，避位以讓父，安社稷、重宗廟可也。是則輒之義得矣。乃居位據國以拒父，天下豈有無父之人而可以爲人君乎？晉帥師納之于戚，比之爲子以拒父者有間矣，未爲過舉也。胡氏以「納，爲國人不受，而鞅爲不知義」，過矣。夫輒拒之，而晉固納之。納之書，實事也，何義例之有？胡氏曰：「世子不言納，位其所固有，國其所宜君，謂之儲副，則無所事乎納矣。凡公子出奔，復而得國者，其順且易則曰『歸』，有奉焉則曰『自』，其難也則曰『入』，不稱『納』矣，況世子哉？今趙鞅帥師以蒯聵復國，而書『納』者，見蒯聵無道，爲國人之所不受也。國人不受而稱『世子』者，罪衛人之拒之也。所以然者，緣蒯聵出奔，靈公未嘗有命廢之而立他子，及公之卒，大臣又未嘗謀於國人數蒯聵之罪，選公子之賢者以主其國，乃從輒之所欲而君之。以子拒父，此其所以稱『世子』也。人莫不愛其親，而志於殺；莫不敬其父，而忘其喪；莫不慈其子，欲其子之富且貴也，而奪其位。蒯聵之於天理逆矣，何疑於廢黜？然父雖不父，子不可以不子，輒乃據國而與之争，可乎？故特繫『納衛世子蒯聵于戚』於『趙鞅帥師』之下。而鞅不知義，靈公與衛國大臣不能早正國家之本以致禍亂，其罪皆見矣。」

秋八月甲戌，晋趙鞅帥師及鄭罕達帥師戰于鐵。鄭師敗績。

正傳曰：書晋趙鞅及鄭罕達戰于鐵，鄭師敗績，而其善惡自見矣。左氏曰：「秋八月，齊人輸范氏粟，鄭子姚、子般送之。士吉射逆之，趙鞅禦之，遇於戚。陽虎曰：『吾車少，以兵車之旆與罕、駟兵車先陳。罕、駟自後隨而從之，彼見吾貌，必有懼心，於是乎會之，必大敗之。』從之。卜戰，龜焦。樂丁曰：『詩曰：「爰始爰謀，爰契我龜。」謀協，以故兆詢可也。』簡子誓曰：『范氏、中行氏反易天明，斬艾百姓，欲擅晋國而滅其君。寡君恃鄭而保焉。今鄭爲不道，棄君助臣，二三子順天明，從君命，經德義，除詬恥，在此行也。克敵者，上大夫受縣，下大夫受郡，士田十萬，庶人、工、商遂，人臣、隸、圉免。志父無罪，君實圖之！若其有罪，絞縊以戮，桐棺三寸，不設屬辟，素車、樸馬，無入于兆，下卿之罰也。』甲戌，將戰，郵無恤御簡子，衛太子爲右。登鐵上，望見鄭師衆，太子懼，自投于車下。子良授太子綏，而乘之，曰：『婦人也。』簡子巡列，曰：『畢萬，匹夫也，七戰皆獲，有馬百乘，死於牖下。羣子勉之！死不在寇。』繁羽御趙羅，宋勇爲右。羅無勇，麇之。吏詰之，御對曰：『痁作而伏。』衛太子禱曰：『曾孫蒯聵敢昭告皇祖文王、烈祖康叔、文祖襄公：鄭勝亂從，晋午在難，不能治亂，使鞅討之。蒯聵不敢自佚，備持矛焉。敢告無絶筋，無折骨，無面傷，以集大事，無作三祖羞。大命不敢請，佩玉不敢愛。』鄭人擊簡子中肩，斃于車中，獲其蠭旗。太子救之以戈。鄭師北，獲温大夫趙羅。太子復伐之，鄭師大敗，獲齊粟千車。趙孟喜曰：『可矣。』傅傁曰：『雖克鄭，猶有知在，憂未艾也。』初，周人與范氏田，公孫尨税焉，趙氏得而獻之。吏請殺之，趙孟曰：『爲其主也，何罪？』止而與之田。及鐵之戰，以徒五百人宵攻鄭師，取蠭旗于子姚之幕下，獻曰：『請報主德。』追鄭師，姚、般、公孫林殿而射，前列多死。趙孟曰：『國無小。』既戰，簡子曰：『吾伏弢嘔血，鼓音不衰，今日我上也。』太子曰：『吾救主於車，退敵於下，我，右之上也。』郵良曰：『我兩靷將絶，吾能止之，我，御之上也。』駕而乘材，兩靷皆絶。」愚謂觀此，趙簡子數范、中行與鄭之罪，則簡子忠於晋者也。齊、鄭忘晋君之好以助叛臣，黨惡者也，其善惡功罪較然矣。然而二子皆書名而不言大夫，則諸儒所謂義例者何在乎？故直書其事而善惡自見者，爲不易之論矣。

冬十月，葬衛靈公。

正傳曰：書「葬衛靈公」，志恤鄰〔二〕之禮也。

十有一月，蔡遷于州來。蔡殺其大夫公子駟。

正傳曰：何以並書之？並譏蔡君也，見蔡君之無道也。既召禍機而遷國，又殺忠臣以媚敵，故曰並譏之也。左氏曰：「吴洩庸如蔡納聘，而稍納師。師畢入，衆知之。蔡侯告大夫，殺公子駟以説。哭而遷墓。冬，蔡遷于州來。」胡氏曰：「州來，吴所滅也。蔡雖請遷于吴而中悔，吴人如蔡納聘而師畢入，蔡侯告大夫殺公子駟以説，哭而遷墓。如此，則實吴人之所遷也，而經以自遷爲文，何也？楚既降蔡，使疆于江、汝，蔡人聽命而還師矣，復背楚請遷于吴，而又自悔也，其謀之不臧甚矣。夫遷國，大事也。盤庚五遷，利害甚明，衆猶胥怨，不適有居，至于丁寧反復，播告之脩而後定也。今蔡介于吴、楚二大國之間，背楚誑吴，及其事急，又委罪於執政，其誰之咎也？故經以自遷爲文。而殺公子駟，則書『大夫』而稱國，言君與用事大臣擅殺之也；放公孫獵，則書『大夫』而稱『人』，言國亂無政，衆人擅放之也。駟與獵，其以請遷于吴爲非者乎？而委之罪以説，誰敢有復盡忠而與謀其國者哉？」愚謂或稱大夫或不稱，或書國或不書，史之文也，而仲尼取義則固不係乎此也。何居？曰：文之不一也。

敬王二十八年。三年晉定二十年、齊景五十六年、衛出公輒元年、蔡昭二十七年、鄭聲九年、曹陽十年、陳閔十年、杞僖十四年、宋景二十五年、秦惠九年卒、楚昭二十四年、吴夫差四年。

春，齊國夏、衛石曼姑帥師圍戚。

正傳曰：何以書「圍戚」？罪黨惡也。夫國之所以爲國，君之所以爲君，以其有人倫也。舜竊負而逃，遵海濱，終身樂忘天下，以人倫爲重也。蒯聵傷家之亂，而欲割恩正義，以陷於大惡，其得罪於父，非有關於宗社也。輒未嘗受命於靈公，乃夫人先以公命命郢，郢不居，故立輒耳。國夏與曼姑不能因晉之納以輒，迎蒯聵於戚而避位讓父，以正倫理，乃助人之子以拒〔三〕人之父，是無人倫矣。其得罪於舜也大矣，何以立國而爲人主大臣乎？公羊以輒不以父命辭王父命而宜立，以曼姑受命於靈公，義可以拒之。是不知天理人倫爲君國之本也。胡氏曰：「按左氏：『靈公游于郊，公子郢御。公曰：「余無子，將立汝。」對曰：「郢不足以辱社稷。君其改圖！君夫人在堂，三揖在下，君命祇辱。」靈公卒，夫人曰：「命公子郢爲太子，君命也。」對曰：「郢異於他子，且君没於吾手，若有郢必聞，且亡人之子輒在。」乃立輒以拒蒯聵。』蒯聵前稱世子者，所以深罪輒之見立不辭而拒其父也。輒若可立，則蒯聵爲未絶，未絶則是世子尚存，而可以拒乎？主兵者，衛也，何以序齊爲首？罪齊人與衛之爲惡而黨之也。公孫文仲主兵伐鄭，而序宋爲首以誅殤公；石曼姑主兵圍戚，而序齊爲首以誅國夏。訓天下後世討亂臣賊子之法也。古者孫從祖，又孫氏王父之字，考於廟制，昭常爲昭，穆常爲穆，不以父命辭王父命，禮也。輒雖由嫡孫得立，然非有靈公之命，安得云受之王父辭父命哉？故冉有謂子貢曰：『夫子爲衛君乎？』子貢曰：『諾。吾將問之。』入，曰：『伯夷、叔齊何人也？』曰：『古之賢人也。』曰：『怨乎？』曰：『求仁而得仁，又何怨？』出，曰：『夫子不爲也。』伯夷以父命爲尊而讓其弟，叔齊以天倫爲重而讓其兄，仲尼以爲求仁而得仁者也。然則爲輒者奈何？宜辭於國曰：『若以父爲有罪，將從王父之命，則有社稷之鎮公子在，我焉得爲君？以爲無罪，則國乃世子之所有也，天下豈有無父之國哉，而使我立乎其位？』如此則言順而事成矣。是故輒辭其位以避父，則衛之臣子拒蒯聵而輔之可也；輒利其位以拒父，則衛之臣子舍爵禄而去之可也。烏有父不慈、子不孝，争利其國，滅天理而可爲者乎！」

夏四月甲午，地震。

正傳曰：書「地震」，志異也。夫地道尚静，而震動焉，失其道矣。當是之時，天子、諸侯之國皆君弱而臣强，是其應乎！

五月辛卯，桓宮、僖宮災。

正傳曰：書「桓宮、僖宮災」，志變也。天火曰災，災從天降也，所以示譴戒乎魯也。諸侯之廟，五親盡則遷，天之道也。所謂遷者，主遷而廟不遷，謂之桓宮、僖宮，則桓、僖親盡而不遷，非天之道矣。因天變以驗人事，其咎固在此乎！左氏曰：「夏五月辛卯，司鐸火，火踰公宮，桓、僖災。救火者皆曰顧府。南宮敬叔至，命周人出御書，俟於宮，曰：『庀女而不在，死。』子服景伯至，命宰人出禮書，以待命。命不共，有常刑。校人乘馬，巾車脂轄，百官官備，府庫慎守，官人肅給。濟濡帷幕，鬱攸從之。蒙葺公屋，自太廟始，外内以悛，助所不給。有不用命，則有常刑，無赦。公父文伯至，命校人駕乘車。季桓子至，御公立於象魏之外，命救火者傷人則止，財可爲也。命藏象魏，曰：『舊章不可亡也。』富父槐至，曰：『無備而官辦者，猶拾瀋也。』於是乎去表之稾，道還公宮。孔子在陳，聞火，曰：『其桓、僖乎！』」愚謂春秋書此，不過志二宮之災耳，而公、穀又鑿爲「不言及，敵也，一也」之説，而胡氏從之，又有「不言及，等也」，「稱及則祖有尊卑矣」之説，皆穿鑿之過，而不知經之取義不係乎此也。

季孫斯、叔孫州仇帥師城啓陽。

正傳曰：何以書？譏不宜城也。黨范啓釁，懼晋而城，一不宜也。不顧民時，大興工役，二不宜也。地震，廟災，不知脩省，三不宜也。

宋樂髡帥師伐曹。

正傳曰：書「宋樂髠帥師伐曹」，志陵暴之兵也。曹爲小國，以宋之大，宜以大字小可也，乃肆其陵弱暴寡之心，擅興大衆以伐之，宋爲無道矣。然而曹以小弱界乎其鄰，不能盡事大之禮，以致禍變，惡得無罪？故此年樂髠伐，六年向巢伐，七年圍，八年入，而以曹伯歸，有由然矣！

秋七月丙子，季孫斯卒。

正傳曰：書「季孫斯卒」，志國卿之大故也。左氏曰：「秋，季孫有疾，命正常曰：『無死！南孺子之子，男也，則以告而立之；女也，則肥也可。』季孫卒，康子即位。既葬，康子在朝。南氏生男，正常載以如朝，告曰：『夫子有遺言，命其圉臣曰：「南氏生男，則以告於君與大夫而立之。」今生矣，男也，敢告。』遂奔衛。康子請退。公使共劉視之，則或殺之矣。乃討之。召正常，正常不反。」

蔡人放其大夫公孫獵于吴。

正傳曰：放猶逐也，以其公子駟之黨也。何以書？罪擅放也。胡氏謂駟、獵其以請遷于吴爲非者，故蔡因吴怒其貳於楚而遷其國，遂殺駟逐獵以説吴，此則無政刑而陵替以亡之漸矣。

冬十月癸卯，秦伯卒。

正傳曰：書「秦伯卒」，志鄰〔四〕國之大故也，於是乎有吊賻贈葬之禮焉，是以書之。

叔孫州仇、仲孫何忌帥師圍邾。

正傳曰：書二卿圍邾，則不義之罪自見矣。夫既與邾盟于句繹，而又伐之，背信棄義甚矣。夫邾之事魯，來會，來奔喪，獻漷沂之田，亦已至矣，不得免焉，何以示信義於諸侯哉？

敬王二十九年。四年晉定二十一年、齊景五十七年、衛出二年、蔡昭二十八年殺、鄭聲十年、曹陽十一年、陳閔十一年、杞僖十五年、宋景二十六年、秦悼公元年、楚昭二十五年、吳夫差五年。

春王二年庚戌，盜殺蔡侯申。

正傳曰：「盜殺蔡侯申」，何以書？志亂賊也，以報之未詳也，使人考其跡而罪人斯得矣。如下文蔡昭公書葬，公孫辰奔，公孫姓、公孫霍見殺，即此盜矣。左氏曰：「蔡昭侯將如吳。諸大夫恐其又遷也，承。公孫翩逐而射之，入於家人而卒。以兩矢門之，衆莫敢進。文之鍇後至，曰：『如牆而進，多而殺二人。』鍇執弓而先，翩射之，中肘，鍇遂殺之。故逐公孫辰而殺公孫姓、公孫盱。」公、穀、胡氏皆以稱盜不名人爲賤微，又言「蔡侯不能以禮信自衛，夫人得而害之，故變文稱盜以警有國」，皆非矣。夫如是，則使弑君之賊得逸其罪名，將何憚而不爲乎？是又與於弑逆之甚者也。

蔡公孫辰出奔吴。

正傳曰：書「蔡公孫辰出奔吴」，志逸賊也。其出奔吴，蔡人逐之也。辰蓋與聞乎盗殺者，故書「出奔」，而盗人之名斯得矣。

葬秦惠公。

正傳曰：書「葬秦惠公」，志恤鄰之義也。

宋人執小邾子。

正傳曰：書「宋人執小邾子」，志陵暴之罪也。小邾子無罪可聲，而宋伐其國，俘其君，以私意擅行，又不歸之京師，故春秋罪之。

夏，蔡殺其大夫公孫姓、公孫霍。

正傳曰：霍即盱，二人，翩之黨也。何以書？誅弑君之黨也，於是乎盗殺之名斯得矣。

晋人執戎蠻子赤歸于楚。

正傳曰：書「晋人執戎蠻子赤歸于楚」，罪晋也。晋以伯國不能自振，詐蠻子而執之歸楚，是背信以尊荆夷也。詐戎蠻，背信也；尊荆夷，忘義也。春秋書以惡之。左氏曰：「夏，楚人既克夷虎，乃謀北方。左司馬眅、申公壽餘、葉公諸梁致祭於負函，致方城之外於繒關，曰：『吴將泝江入郢，將奔命焉。』爲一昔之期，襲梁及霍。單浮餘圍蠻氏，蠻氏潰。蠻子赤奔晋陰地。司馬起豐、析與狄戎，以臨上雒。左師軍于菟和，右師軍于倉野，使謂陰地之命大夫士蔑曰：『晋、楚有盟，好惡同之。若將不廢，寡君之願也。不然，將通於少習以聽命。』士蔑請諸趙孟。趙孟曰：『晋國未寧，安能惡於楚？必速與之！』士蔑乃致九州之戎，將裂田以與蠻子而城之，且將爲之卜。蠻子聽卜，遂執之與其五大夫，以畀楚師于三户。司馬致邑立宗焉，以誘其遺民，而盡俘以歸。」愚謂言歸于楚者，猶曰歸于京師，尊楚之詞也。

城西郛。

正傳曰：外城謂之郛。書「城西郛」，著不宜城也。城西郛，則城西之民盡棄之矣。杜氏曰：「魯城西郛，備晋也。夫魯助晋叛臣，以召怨於晋，又城西郛以備之，非謀國之道矣。」

六月辛丑，亳社災。

正傳曰：書「亳社災」，志災變也。穀梁子曰：「亳社者，亳之社也。亳，亡國也。亡國之社以爲廟屏，戒也。其屋，亡國之社不得達上也。」程子曰：「書曰：『湯既勝夏，欲遷其社，不可，作夏社。』國既亡，則社自當遷。湯存之以爲後戒，故但屋之，則與遷之無異。既爲亡國之社，則自王都至國都皆有之，使爲戒也。記曰：『喪國之社屋之，不受天陽也。』」

又曰：『亳社北牖，使陰明也。』魯有亳社災，屋之，故有災，此制計之必始于湯也。」

秋八月甲寅，滕子結卒。

正傳曰：書「滕子結卒」，志與國之大故也。

冬十有二月，葬蔡昭公。

正傳曰：書「葬蔡昭公」，志禮也。君弑，不討賊則不葬，禮也。今公孫姓等已討，故葬，禮也。

葬滕頃公。

正傳曰：書「葬滕頃公」，志恤鄰之禮也。

五年晉定二十二年、齊景五十八年卒、衛出三年、蔡成公朔元年、鄭聲十一年、曹陽十二年、陳閔十二年、杞僖十六年、宋景二十七年、秦悼二年、楚昭二十六年、吴夫差六年。敬王三十年。

春，城毗。

正傳曰：書「春，城毗」，譏不時也，不宜城也。杜氏以爲：「城毗，備晉也。」夫禮義維城，而金湯不與焉。魯助晉叛人以啓晉釁，可謂墮禮義之大閑，而乃屢城以自備焉，末矣，豈其時乎？豈其宜乎？

夏，齊侯伐宋。

正傳曰：書「齊侯伐宋」，則無名擅興之罪自見矣。定十四年，齊侯、宋公爲洮之會，今甫六年耳。宋未有可聲之罪，而齊遽興無名之師，故春秋書以惡之。晏子以其君顯，固如是乎？

晉趙鞅帥師伐衛。

正傳曰：書「晉趙鞅帥師伐衛」，善討黨叛也。衛助范氏以叛，是黨臣叛君，負罪大矣。趙鞅討而伐之，忠於晉，正矣，故春秋書而善之。左氏曰：「春，晉圍柏人，荀寅、士吉射奔齊。初，范氏之臣王生惡張柳朔，言諸昭子，使爲柏人。昭子曰：『夫非而讎乎？』對曰：『私讎不及公，好不廢過，惡不去善，義之經也，臣敢違之？』及范氏出，張柳朔謂其子：『爾從主，勉之！我將止死，王生授我矣，吾不可以僭之。』遂死於柏人。夏，趙鞅伐衛，范氏之故也，遂圍中牟。」

秋九月癸酉，齊侯杵臼卒。

正傳曰：書「齊侯杵臼卒」，志鄰國之大故也。諸侯有吊賻贈葬之禮焉。左氏曰：「齊燕姬生子，不成而死，諸子鬻姒之子荼嬖。諸大夫恐其爲太子也，言於公曰：『君之齒長矣，未有太子，若之何？』公曰：『二三子間於憂虞，則有疾疢，亦姑謀樂，何憂於無君？』公疾，使國惠子、高昭子立荼，寘羣公子於萊。秋，齊景公卒。冬十月，公子嘉、公子駒、公子黔奔衛，公子鉏、公子陽生來奔。萊人歌之曰：『景公死乎不與埋，三軍之事乎不與謀，師乎師乎，何黨之乎？』」愚謂此景公卒時事也。大學之道，誠意、正心、脩身、齊家、治國、平天下，此其始終本末之貫也。晏子不知聖賢大學之道，引君當道，脩身正家以及其國，徒矜智能，卒之家道不正，孽嬖立而羣子奔，至於危亡，可哀也已。君子因其卒而遡其平生，而善惡見矣。

冬，叔還如齊。

正傳曰：叔還〔五〕，魯卿。如齊，往吊且會葬也。何以書？志邦交之禮也，而非禮自見矣。諸侯卒，諸侯使士吊，使大夫會葬，禮也；而使卿焉，非禮矣。

閏月，葬齊景公。

正傳曰：書「閏月，葬齊景公」，志恤鄰之禮也，而非禮見矣。何謂非禮？公羊曰：「閏不書，此何以書？喪以閏數也。喪曷爲以閏數？喪數畧也。」穀梁子曰：「不正其閏也。」愚謂喪事不數閏，數閏則哀殺矣。諸侯五月而葬，以閏月葬，則數閏矣，數閏則哀殺矣，非仁人孝子之心也。此春秋竊取之義乎？

敬王三十一年。**六年**晉定二十三年、齊安孺子荼元年弑、衛出四年、蔡成二年、鄭聲十二年、曹陽十三年、陳閔十三年、杞僖十七年、宋景二十八年、秦悼三年、楚昭二十七年卒、吴夫差七年。

春，城邾瑕。

正傳曰：書「春，城邾瑕」，志非時也，譏非所宜城也。魯以備晉城瑕，一非所城。强取邾之邑而城之，二非所城。春，農方殷，而奪時以妄作，三非所城。春秋非之之意備矣。

晉趙鞅帥師伐鮮虞。

正傳曰：鮮虞，即中山之狄。書「晉趙鞅帥師伐鮮虞」，善誅黨叛也。左氏曰：「春，晉伐鮮虞，治范氏之亂也。」杜氏曰：「晉伐鮮虞，納荀寅于柏人。」愚按：四年鮮虞納荀寅于柏人，則固黨叛者也。晉鞅伐之有名矣，宜春秋善之。

吴伐陳。

正傳曰：書「吴伐陳」，志憤怨之兵也。左氏曰：「復脩舊怨也。楚子曰：『吾先君與陳有盟，不可以不救。』乃救陳，師于城父。」高氏曰：「陳，楚與國也，吴之入楚，使召陳侯。陳侯不來，吴人怨之，故元年既侵之，今復伐之，脩怨也。陳自是與吴成。」愚謂陳非有可聲之罪，其不肯貳於己，猶己之不肯貳於人耳，乃怨而侵之，而伐之，必强與之成焉，則吴之爲夷可知矣，故春秋惡之。

夏，齊國夏及高張來奔。

正傳曰：書「齊國夏及高張來奔」，則奔之者之罪見矣。左氏曰：「齊陳乞僞事高、國者，每朝，必驂乘焉。所從，必言諸大夫曰：『彼皆偃蹇，將棄子之命。皆曰：「高、國得君，必偪我，盍去諸？」固將謀子，子早圖之！圖之，莫如盡滅之。需，事之下也。』及朝，則曰：『彼，虎狼也。見我在子之側，殺我無日矣，請就之位。』又謂諸大夫曰：『二子者禍矣，恃得君而欲謀二三子，曰：「國之多難，貴寵之由，盡去之而後君定。」既成謀矣，盍及其未作也，先諸？作而後，悔亦無及也。』大夫從之。夏六月戊辰，陳乞、鮑牧及諸大夫以甲入于公宮。昭子聞之，與惠子乘如公。戰于莊，敗。國人追之，國夏奔莒，遂及高張、晏圉、弦施來奔。」愚謂據此，則讒人亂國者，陳乞也。既以僞事高、國，進讒言使與諸大夫生隙，又以詭言進讒諸大夫，使與高、國有隙，遂兩下興兵相殺，使高、國貴戚之卿不能安其位，以守其宗祀〔六〕，而出奔他國。讒人亂國，豈虛語哉！詩曰：「取彼譖人，投畀有北。」其亦春秋之意乎！

叔還會吴于柤。

正傳曰：書「叔還會吴于柤」，非其會也。許氏曰：「叔還以吴在柤，故往會之，始結〔七〕吴好也。」愚謂以堂堂中國之望，禮義之宗，吴不慕義來會，而魯下與會焉，則爲妄動，所以感之者不誠矣，安能以固結其好哉？

秋七月庚寅，楚子軫卒。

正傳曰：書「楚子軫卒」，志與國之大故也。來赴，故書之。左氏曰：「秋七月，楚子在城父，將救陳。卜戰，不吉；卜退，不吉。王曰：『然則死也。再敗楚師，不如死；棄盟、逃讎，亦不如死。死一也，其死讎乎！』命公子申爲王，不可，則命公子結，亦不可；則命公子啓，五辭而後許。將戰，王有疾。庚寅，昭王攻大冥，卒于城父。子閭退，曰：『君王舍其子而讓，羣臣敢忘君乎？從君之命，順也；立君之子，亦順也。二順不可失也。』與子西、子期謀，潛師閉塗，逆越女之子章立之，而後還。是歲也，有雲如衆赤烏，夾日以飛三日。楚子使問諸周太史。周太史曰：『其當王身乎！若禜之，可移於令尹、司馬。』王曰：『除腹心之疾，而寘諸股肱，何益？不穀不有大過，天其夭諸？有罪受罰，又焉移之？』遂弗禜。初，昭王有疾，卜曰：『河爲祟。』王弗祭。大夫請祭諸郊。王曰：『三代命祀，祭不越望。江、漢、睢、漳，楚之望也。禍福之至，不是過也。不穀雖不德，河非所獲罪也。』遂弗祭。孔子曰：『楚昭王知天〔八〕道矣，其不失國也，宜哉！』」

齊陽生入于齊。齊陳乞弑其君荼。

正傳曰：書「齊陽生入于齊。齊陳乞弑其君荼」，而簒弑之罪見矣。左氏曰：「陳僖子使召公子陽生。陽生駕而見南郭且于，曰：『嘗獻馬于季孫，不入于上乘，故又獻此，請與子乘之。』出萊門而告之故。闞止知之，先待諸外。公子曰：『事未可知，反，與壬也處。』戒之，遂行。逮夜，至于齊，國人知之。僖子使子士之母養之，與饋者皆入。冬十月丁卯，立之。將盟，鮑子醉而往。其臣差車鮑點曰：『此誰之命也？』陳子曰：『受命于鮑子。』遂誣鮑子曰：『子之命也！』鮑子曰：『女忘君之爲孺子牛而折其齒乎，而背之也？』悼公稽首，曰：『吾子，奉義而行者也。若我可，不必亡一大夫；若我不可，不必亡一公子。義則進，否則退，敢不唯子是從？廢興無以亂，則所願也。』鮑子曰：『誰非君之子？』乃受盟。使胡姬以安孺子如賴，去鬻姒，殺王甲，拘江説，囚王豹於句竇之丘。公使朱毛告于陳子，曰：『微子，則不及此。然君異于器，不可以二。器二不匱，君二多難，敢布諸大夫。』僖子不對而泣，曰：『君舉不信羣臣乎？以齊國之困，困又有憂，少君不可以訪，是以求長君，庶亦能容羣臣乎！不然，夫孺子何罪？』毛復命，公悔之。毛曰：『君大訪于陳子，而圖其小可也。』使毛遷孺子於駘。不至，殺諸野幕之下，葬諸殳冒淳。」公羊曰：「景公謂陳乞曰：『吾欲立舍，何如？』陳乞曰：『所樂乎爲君者，欲立之則立之，不欲立則不立。君如欲立之，則臣請立之。』陽生謂陳乞曰：『吾聞子蓋將不欲立我也。』陳乞曰：『夫千乘之主將廢正而立不正，必殺正者。吾不立子者，所以生子者也，走矣！』與之玉節而走之。景公死而舍立，陳乞使人迎陽生于諸其家。除景公之喪，諸大夫皆在朝。陳乞曰：『常之母有魚菽之祭，願諸大夫之化我也。』諸大夫皆曰：『諾。』於是皆之陳乞之家。坐。陳乞曰：『吾有所爲甲，請以示焉。』諸大夫皆曰：『諾。』於是使力士舉巨囊而至于中霤。諸大夫見之，皆色然而駭。開之，則闖然公子陽生也。陳乞曰：『此君也已！』諸大夫不得已，皆逡巡北面，再拜稽首而君之爾。自是往弑舍。」愚謂春秋但書陽生入、陳乞弑，則主謀與弑君之罪自見矣。夫主謀與弑其君之罪，罪莫大焉！公羊謂弑立不當國而國。穀梁謂「弑君以陳乞，不以陽生君荼」。胡氏又謂不稱『公子』，以爲先君立荼而己弑之，爲非先君之子；稱齊，著亂由景公。則所求於義者末矣，所以誅陽生者反薄矣。

冬，仲孫何忌帥師伐邾。

正傳曰：書「伐邾」，志陵暴之師也。

宋向巢帥師伐曹。

正傳曰：書「伐曹」，著擅興陵暴之罪也。

七年晋定二十四年、齊悼公陽生元年、衛出五年、蔡成三年、鄭聲十三年、曹陽十四年、陳閔十四年、杞僖十八年、宋景二十九年、秦悼四年、楚惠王章元年、吴夫差八年。敬王三十二年。

春，宋皇瑗帥師侵鄭。

正傳曰：何以書「宋皇瑗侵鄭」？志貪暴之師也。左氏以爲「爲鄭叛晋」，非也。宋久叛晋，豈復討鄭叛晋哉？當是之時，世無霸主，諸侯肆其狼貪虎噬之心，以無名之兵加于人，豈知脩德之爲務乎？故春秋惡之。

晋魏曼多帥師侵衛。

正傳曰：書「晋魏曼多帥師侵衛」，非伯討也。夫伯討者，必奉詞聲罪而致討也。左氏曰：「晋師侵衛，衛不服也。」愚謂觀此，則此舉特爲衛不服耳。衛輒拒父，天下之罪人也。晋不行聲罪之師，而爲私竊以行侵焉，春秋直書，而其罪見矣。

夏，公會吳于鄫。

正傳曰：書「公會吳于鄫」，志非禮也。左氏曰：「夏，公會吳于鄫。吳來徵百牢。子服景伯對曰：『先王未之有也。』吳人曰：『宋百〔九〕牢我，魯不可以後宋。且魯牢晋大夫過十，吳王百牢，不亦可乎？』景伯曰：『晋范鞅貪而棄禮，以大國懼敝邑，故敝邑十一牢之。君若以禮命於諸侯，則有數矣。若亦棄禮，則有淫者矣。周之王也，制禮，上物不過十二，以爲天之大數也。今棄周禮，而曰必百牢，亦唯執事。』吳人弗聽。景伯曰：『吳將亡矣，棄天而背本。不與，必棄疾於我。』乃與之。太宰嚭召季康子，康子使子貢辭。太宰嚭曰：『國君道長，而大夫不出門，此何禮也？』對曰：『豈以爲禮？畏大國也。大國不以禮命於諸侯，苟不以禮，豈可量也？寡君既共命焉，其老豈敢棄其國？大伯端委以治周禮，仲雍嗣之，斷髮文身，羸以爲飾，豈禮也哉？有由然也。』反自鄫，以吴爲無能爲也。」愚謂會者，中國諸侯脩好講睦之道，必有禮義以交接，有誠意以交乎。吴爲夷狄，與中國其類既殊，其心自異，安可以禮義誠信相交接？魯不務自脩其德，畏吴之强，欲藉其勢，而往與之遠會于鄫，自卑屈甚矣，卒致百牢之徵，不亦宜乎？

秋，公伐邾。八月己酉，入邾，以邾子益來。

正傳曰：書公伐邾、入邾、以邾子益來，而貪暴之罪自見矣。左氏曰：「季康子欲伐邾，乃饗大夫以謀之。子服景伯曰：『小所以事大，信也；大所以保小，仁也。背大國，不信；伐小國，不仁。民保於城，城保於德。失二德者，危，將焉保？』孟孫曰：『二三子以爲何如？惡賢而逆之？』對曰：『禹合諸侯於塗山，執玉帛者萬國。今其存者，無數十焉，唯大不字小、小不事大也。知必危，何故不言？魯德如邾，而以衆加之，可乎？』不樂而出。秋，伐邾，及范門，猶聞鐘聲。大夫諫，不聽。茅成子請告於吴，不許，曰：『魯擊柝聞於邾，吴二千里，不三月不至，何及於我？且國内豈不足？』成子以茅叛，師遂入邾，處其公宫。衆師晝掠，邾衆保于繹。師宵掠，以邾子益來，獻于亳社，囚諸負瑕。負瑕故有繹。邾茅夷鴻以束帛乘韋自請救於吴，曰：『魯弱晋而遠吴，馮恃其衆，而背君之盟，辟君之執事，以陵我小國。邾非敢自愛也，懼君威之不立。君威之不立，小國之憂也。若夏盟於鄫衍，秋而背之，成求而不違，四方諸侯其何以事君？且魯賦八百乘，君之貳也；邾賦六百乘，君之私也。以私奉貳，唯君圖之！』吴子從之。」愚謂觀此傳，則主此役者，康子也。康子親聞仲尼之教音，其恣欲如此，又不聽景伯、孟孫之忠言，果失二德，伐邾，入處其宫，虜其君，獻于亳社，囚諸負瑕，其罪大惡極矣。其致邾之愬，召吴之兵克東陽，宜哉！胡氏謂：「春秋隱魯之惡，故滅國書取，婉以成章而不失其實」，非也。如此經直書其事，而罪惡不可掩矣，烏乎能隱？

宋人圍曹。

正傳曰：書「宋人圍曹」，罪陵弱也。

冬，鄭駟弘帥師救曹。

正傳曰：書「鄭駟弘帥師救曹」，善之也。恤災救難，固春秋之所善也。左氏曰：「宋人圍曹，鄭桓子思曰：『宋人有曹，鄭之患也，不可以不救。』冬，鄭師救曹，侵宋。」愚按此，則鄭之救曹雖出于有意，而其事則善矣。故春秋與〔一〇〕之，所謂假之者，其此之類乎！

校記：

〔一〕「實在」，嘉靖本作「必自」。

〔二〕「鄰」，嘉靖本作「哀」。
〔三〕「拒」，嘉靖本作「圍」。
〔四〕「鄰」，嘉靖本作「霸」。
〔五〕「還」下，嘉靖本有小字注：「音旋。」
〔六〕「祀」，嘉靖本作「社」。
〔七〕「結」，原作「終」，據嘉靖本改。
〔八〕「天」，左傳作「大」。
〔九〕「百」，原作「伯」，據左傳改。
〔一〇〕「與」下，嘉靖本有「進」字。

春秋正傳卷之三十七

哀　公

八年晋定二十五年、齊悼二年、衛出六年、蔡成四年、鄭聲十四年、曹陽十五年國亡、陳閔十五年、杞僖十九年卒、宋景三十年、秦悼五年、楚惠二年、吳夫差九年。敬王三十三年。

春王正月，宋公入曹，以曹伯陽歸。

正傳曰：書「宋公入曹，以曹伯陽歸」，罪滅國也。公羊以爲「不言滅，爲魯同姓不救諱」，胡氏以爲「滅者，亡國之善辭。不言滅，其君臣自取也」，皆非矣。書入曹、俘君，則不必言滅而實滅也。左氏曰：「春，宋公伐曹，將還，褚師子肥殿。曹人詬之，不行，師待之。公聞之，怒，命反之，遂滅曹，執曹伯及司城彊以歸，殺之。」又曰：「曹伯陽好田弋，鄙人公孫彊獲白雁，獻之，且言田弋之説，因訪政事，大説之。彊言霸説於曹伯，因背晋而姦宋。

宋人伐之，晉人不救。」

吳伐我。

正傳曰：書「吳伐我」，志國難也，而魯之自取之釁見矣。左氏曰：「吳爲邾故，將伐魯，問於叔孫輒。叔孫輒對曰：『魯有名而無情，伐之，必得志焉。』退而告公山不狃。公山不狃曰：『非禮也。君子違，不適讎國。未臣而有伐之，奔命焉，死之可也。所托也則隱。且夫人之行也，不以所惡廢鄉。今子以小惡而欲覆宗國，不亦難乎？若使子率，子必辭。王將使我。』子張〔一〕病之。王問於子洩。對曰：『魯雖無與立，必有與斃；諸侯將救之，未可以得志焉。晉與齊、楚輔之，是四讎也。夫魯，齊、晉之脣。脣亡齒寒，君所知也，不救何爲？』三月，吳伐我，子洩率，故道險，從武城。初，武城人或有因於吳竟田焉，拘鄫人之漚菅者，曰：『何故使吾水滋？』及吳師至，拘者道之以伐武城，克之。王犯嘗爲之宰，澹臺子羽之父好焉，國人懼。懿子謂景伯：『若之何？』對曰：『吳師來，斯與之戰，何患焉？且召之而至，又何求焉？』吳師克東陽而進，舍於五梧。明日，舍於蠶室。公賓庚、公甲叔子〔二〕與戰于夷，獲叔子與析朱鉏，獻於王。王曰：『此同車，必使能，國未可望也。』明日，舍於庚宗，遂次於泗上。微虎欲宵攻王舍，私屬徒七百人，三踊於幕庭，卒三百人，有若與焉。及稷門之內，或謂季孫曰：『不足以害吳，而多殺國士，不如已也。』乃止之。

吴子聞之，一夕三遷。吴人行成，將盟，景伯曰：『楚人圍宋，易子而食，析骸而爨，猶無城下之盟。我未及虧，而有城下之盟，是棄國也。吴輕而遠，不能久，將歸矣，請少待之。』弗從。景伯負載，造於萊門。乃請釋子服何於吴，吴人許之，以王子姑曹當之，而後止。吴人盟而還。」愚謂此即魯滅邾以召吴釁爲自取，且不聽懿子之言而與之决戰，又弗從景伯之言而與吴盟於城下，其辱甚矣。胡氏以爲：「經書『伐我』，不言四鄙及與吴盟者，諱之也。」非也。蓋直書吴伐我，則使人讀其文，考其實，而其召釁之由、城下之辱並見矣，其能諱乎？夫春秋垂世之典，爲後人戒者也，非若章奏言詞之類，可得而暫諱者也。

夏，齊人取讙及闡。

正傳曰：闡，魯地。書「齊人取讙及闡」，譏非義也。公羊以爲：「賂齊也。曷爲賂齊？爲以邾婁子益來也。」穀梁子曰：「惡内也。」程子曰：「魯入邾，而以其君來，致齊怒，吴伐，故賂齊以説之。」愚謂魯擅興入邾而虜其君，固可罪，而齊爲邾來討，乃取其非有之二邑，其罪均矣，何以伐人乎？

歸邾子益于邾。

正傳曰：書「歸邾子益于邾」，志復于正也。左氏曰：「齊侯使如吴請師，將以伐我，乃歸邾子。邾子又無道，吴子使太宰子餘討之，囚諸樓臺，栫之以棘。使諸大夫奉太子革以爲政。」愚謂此雖魯畏齊、吴之伐而歸邾子，出於有爲，然而事則正矣，春秋書之，亦與人爲善之義。

秋七月。

正傳曰：無事亦書時月，義見于前。

冬十有二月癸亥，杞伯過卒。

正傳曰：書「杞伯過卒」，志與國之大故也。

齊人歸讙及闡。

正傳曰：何以書？志反正也。程子曰：「不云我由，既歸邾子，亦歸其田，非以爲惠也。」胡氏曰：「按左氏：『邾子益，齊出也。』魯以益來，則齊人取讙及闡，又如吴請師，而怒猶未怠也，以此見國君之造惡不悛，則四鄰謀取其國家，莫能保矣。歸邾子益于邾，則齊人歸讙及闡，又辭師于吴，而德猶未泯也，以此見國君去惡而不積，則四鄰不侵其封境，而自安矣。曰『以』曰『取』者，逆詞也。曰『歸』者，順詞也。去逆效順，息争休兵，齊無取地之罪，魯無失地之辱，以此見遷善之優，改過之大。而春秋不諱『入邾，以邾子益來』者，以明『歸益于邾』之能掩其前惡而美之也。」愚謂我以順感，彼以順應，理之必然也。胡氏之説善矣，但謂「春秋不諱『入邾，以邾子益來』者，以明『歸益于邾』之能掩其前惡而美之」，則春秋出于有意之爲，而不足以見聖人灑然無意必固我之心，前後際斷者矣。

敬王三十四年。九年晉定二十六年、齊悼三年、衛出七年、蔡成五年、鄭聲十五年、陳閔十六年、杞閔公維元年、宋景三十一年、秦悼六年、楚惠三年、吴夫差十年。

春王二月，葬杞僖公。

正傳曰：書「葬杞僖公」，志恤鄰之義也。

宋皇瑗帥師取鄭師于雍丘。

正傳曰：取者，覆其師而盡敗之也。何以書？志忿暴之師也。左氏曰：「鄭武子賸之嬖許瑕求邑，無以與之。請外取，許之，故圍宋雍丘。宋皇瑗圍鄭師，每日遷舍，壘合，鄭師哭。子姚救之，大敗。二月甲戌，宋取鄭師于雍丘，使〔三〕有能者無死，以郟張與鄭羅歸。」愚謂觀此傳，則鄭先以兵深入宋境，皇瑗禦之，圍其師，盡覆其軍而殺之，使能者無死，僅以郟張、鄭羅歸，宋之報之亦暴甚矣，然亦鄭有以自取之也。

夏，楚人伐陳。

正傳曰：書「楚人伐陳」，志忿暴之師也。左氏曰：「陳即吴故也。」夫陳以弱國屢見伐於楚，而附托於吴以自安，楚不自反，逞其怨忿之私而屢伐之，楚固有罪矣；爲陳者不思脩其政刑，自立其國，而徒以附托於人，鮮不召釁者矣。春秋書之，非特罪楚，亦以陳之不自立而召禍者爲世戒也。

秋，宋公伐鄭。

正傳曰：書「宋公伐鄭」，志報怨之師也。鄭以貪兵深入其境，故宋怨而復伐以報之。夫所謂義兵者，敵來而禦之，斯已矣，前已覆其師，今復伐其國，則暴已甚矣。

冬十月。

正傳曰：無事亦書時月，義見于前。

十年 晋定二十七年、齊悼四年卒、衛出八年、蔡成六年、鄭聲十六年、陳閔十七年、杞閔二年、宋景三十二年、秦悼七年、楚惠四年、吴夫差十一年。敬王三十五年。

春王二月，邾子益來奔。

正傳曰：書「邾子益來奔」，使人讀其文，求其事，而其罪自見矣。夫國君之奔，是失其死社稷之義，已不可矣，況無故而奔乎？陳氏曰：「吴人討邾，奉太子爲政而後奔」，則非有不得已之故，存圖後之謀，而自去其國，其爲得罪於宗社大矣！故春秋惡之。

公會吴伐齊。三月戊戌，齊侯陽生卒。

正傳曰：書公會吴伐齊，齊侯陽生卒，使人讀其文，考其事，則伐齊之故與齊侯之卒，皆得其義之是非矣。左氏曰：「公會吴子、邾子、郯子伐齊南鄙，師于鄎。齊人弑悼公，赴于師。吴子三日哭于軍門之外。徐承帥舟師將自海入齊，齊人敗之，吴師乃還。」愚謂夫吴之伐齊，以齊初請吴師伐魯，會以魯平而辭吴師，魯以歸邾子而獲免，齊、吴之師皆是矣。魯復與吴怨齊而伐之〔四〕，齊人以悼公辭吴以召兵而弑之〔五〕。其不書弑者，齊以卒來赴也〔六〕。胡氏以爲：「不著齊人弑君之罪，而以卒書者，不忍以夷狄之民加中國之君。」〔七〕審如此，則齊弑君之賊不亦免乎？

夏，宋人伐鄭。

正傳曰：何以屢書？志脩怨之無已也。既取其師，又再三伐之，宋之罪甚矣。

晉趙鞅帥師侵齊。

正傳曰：書趙鞅侵齊，罪伐喪也。齊侯之弑，晉爲霸主，上不能率諸侯以問罪，次不能致恤死之義，與吴子三日哭于軍門之外而去之者遠矣，反夷狄之不如也，何以爲霸主？左氏曰：「夏，趙鞅帥師伐齊，大夫請卜之。趙孟曰：『吾卜於此起兵，事不再令，卜不襲吉。行也！』於是乎取犂及轅，毁高唐之郭，侵及賴而還。」

五月，公至自伐齊。

正傳曰：書「至」以志反面之禮也。

葬齊悼公。

正傳曰：書「葬齊悼公」，志鄰國之大事也。

衛公孟彄自齊歸于衛。

正傳曰：書「衛公孟彄自齊歸于衛」，譏納叛也。孟彄黨蒯聵，爲叛衛；挾齊之勢而歸衛，爲叛蒯聵，是爲二叛人矣。故十五年春，蒯聵入國，彄復奔齊。

薛伯夷卒。

正傳曰：書「薛伯夷卒」，志與國之大故也。

秋，葬薛惠公。

正傳曰：書「葬薛惠公」，志恤鄰之大義也。

冬，楚公子結帥師伐陳。吴救陳。

正傳曰：何以兩書之？義與不義並著矣。左氏曰：「楚子期伐陳，吴延州來季子救陳，謂子期曰：『二君不務德，而力争諸侯，民何罪焉？我請退，以爲子名，務德而安民。』乃還。」愚謂此則楚子期伐陳，無名之師，不義也。季子救陳，已爲義舉矣。又言二君不務德而殃民，請退以爲其名，是又義之大者也。故春秋書之，褒貶之義見矣。胡氏曰：「春秋惡首亂，善解紛。自誅亂臣討賊子之外，凡書『救』者，未有不善之也。救在王室，則罪諸侯，子突救衛是也；救在遠國，則罪四鄰，晉陽處父救江是也；救在夷狄，則罪中國，楚公子貞救鄭、狄救齊、吴救陳是也。吴雖蠻夷之國，來會于戚，則進而書『人』矣。使季札聘，則又進而書『子』矣。救而果善，曷爲獨以號舉而不進之也？其以號舉而不進之者，深著楚罪而傷中國之衰也。陳者，有虞之後，嘗爲楚滅而僅存耳。今又無故興師，肆行侵伐，而列國諸侯縱其暴横，不能脩方伯連帥之職，而吴能救之，故獨以號舉，深著楚罪而傷中國之衰也。子欲居九夷，乘桴浮于海，而曰『夷狄之有君，不如諸夏之亡也』，其書『吴救陳』之意乎？」愚謂吴、楚皆以遠而畧之。胡氏謂「以號舉而不進之者」，以文害義，義例之咎也。

敬王三十六年。十有一年晉定二十八年、齊簡公壬元年、衛出九年、蔡成七年、鄭聲十七年、陳閔十八年、杞閔三年、宋景三十三年、秦悼八年、楚惠五年、吴夫差十二年。

春，齊國書帥師伐我。

正傳曰：書「齊國書帥師伐我」，志國讐也，而曲在齊、直在魯可考見矣。夫擅興脩怨，越國而伐人，犯先王之禁者，曲也。守境應敵，志在社稷者，直也。左氏曰：「齊爲鄎故，國書、高無丕帥師伐我，及清。季孫謂其宰冉求曰：『齊師在清，必魯故也，若之何？』求曰：『一子守，二子從公禦諸竟。』季孫曰：『不能。』求曰：『居封疆之間。』季孫告二子，二子不可。求曰：『若不可，則君無出。一子帥師，背城而戰，不屬者，非魯人也。魯之羣室，衆於〔八〕齊之兵車，一室敵車優矣，子何患焉？二子之不欲戰也宜，政在季氏。當子之身，齊人伐魯而不能戰，子之恥也，大不列於諸侯矣。』季孫使從於朝，俟於黨氏之溝。武叔呼而問戰焉。對曰：『君子有遠慮，小人何知？』懿子强問之，對曰：『小人慮材而言，量力而共者也。』武叔曰：『是謂我不成丈夫也。』退而蒐乘。孟孺子洩帥右師，顔羽御，邴洩爲右。冉求帥左師，管周父御，樊遲爲右。季孫曰：『須也弱。』有子曰：『就用命焉。』季氏之甲七千，冉有以武城人三百爲己徒卒，老幼守宮，次于雩門之外。五日，右師從之。公叔務人見保者而泣，曰：『事充，政重，上不能謀，士不能死，何以治民？吾既言之矣，敢不勉乎！』師及齊師戰于郊。齊師自稷曲，師不踰溝。樊遲曰：『非不能也，不信子也，請三刻而踰之。』如之，衆從之。師入齊軍。右師奔，齊人從之。陳瓘、陳莊涉泗。孟之側後入以爲殿，抽矢策其馬，曰：『馬不進也。』林不狃之伍曰：『走乎？』不狃曰：『誰不如？』曰：『然則止乎？』不狃曰：『惡賢？』徐步而死。師獲甲首八十，齊人不能師。宵諜曰：『齊人遁。』冉有請從之三，季孫不許。孟孺子語人曰：『我不如顔羽，而賢於邴洩。子羽鋭敏，我不欲戰而能默，洩曰「驅之」。』公爲與其嬖僮汪錡乘，皆死，皆殯。

孔子曰：『能執干戈以衛社稷，可無殤也。』冉有用矛於齊師，故能入其軍。孔子曰：『義也。』」愚謂由是觀之，則齊乃侵人之師也，魯乃禦敵之師也，其曲直判矣。

夏，陳轅頗出奔鄭。

正傳曰：書「陳轅頗出奔鄭」，使人求其奔之故，而其罪可知矣。左氏曰：「初，轅頗爲司徒，賦封田以嫁公女，有餘，以爲己大器。國人逐之，故出。道渴，其族轅咺進稻醴、粱糗、腶脯焉。喜曰：『何其給也？』對曰：『器成而具。』曰：『何不吾諫？』對曰：『懼先行。』」許氏曰：「春秋書轅頗之奔，所以爲人臣附上刻下、托公營私者之戒也。」家氏曰：「聚斂媚上固當有討，然國不能自討，致衆怒而逐之，是衆爲政也而可哉！」愚謂欺公剥下，頗之罪也；國人逐之，衆之罪也；國不能討，國之罪也。一書而三罪著矣。

五月，公會吴伐齊。

正傳曰：書「公會吴伐齊」，志報怨之兵也。夫魯與齊，姻戚之國也；吴，外夷之國也。姻戚不睦，固可援外人以伐之乎？春，彼來伐我。夏，我往伐之。是搆怨於無窮也，故春秋惡之。

甲戌，齊國書帥師及吴戰于艾陵，齊師敗績，獲齊國書。

正傳曰：艾陵，齊地。何以書？志吴爲陵人之師，齊爲禦敵之師也，而曲直見矣。左氏曰：「爲郊戰故，公會吴子伐齊。五月，克博。壬申，至于嬴。中軍從王，胥門巢將上軍，王子姑曹將下軍，展如將右軍。齊國書將中軍，高無丕將上軍，宗樓將下軍。陳僖子謂其弟書：『爾死，我必得志。』宗子陽與閭丘明相厲也。桑掩胥御國子。公孫夏曰：『二子必死。』將戰，公孫夏命其徒歌虞殯。陳子行命其徒具含玉。公孫揮命其徒曰：『人尋約，吴髮短。』東郭書曰：『三戰必死，于此三矣。』使問弦多以琴，曰：『吾不復見子也。』陳書曰：『此行也，吾聞鼓而已，不聞金矣。』甲戌，戰于艾陵。展如敗高子，國子敗胥門巢，王卒助之，大敗齊師，獲國書、公孫夏、閭丘明、陳書、東郭書，革車八百乘，甲首三千，以獻于公。將戰，吴子呼叔孫，曰：『而事何也？』對曰：『從司馬。』王賜之甲、劍鈹，曰：『奉爾君事，敬無廢命！』叔孫未能對。衛賜進曰：『州仇奉甲從君。』而拜。公使大史固歸國子之元，寘之新篋，褽之以玄纁，加組帶焉。寘書於其上，曰：『天若不識不衷，何以使下國？』」

秋七月辛酉，滕子虞母卒。

正傳曰：書「滕子虞母卒」，志與國之大故也。

冬十有一月，葬滕隱公。

正傳曰：何以書？志恤鄰之義也。

衛世叔齊出奔宋。

正傳曰：書「衛世叔齊出奔宋」，使人求其故，而齊之罪見矣。左氏曰：「冬，衛大叔疾出奔宋。初，疾娶于宋子朝，其娣嬖。子朝出，孔文子使疾出其妻而妻之。疾使侍人誘其初妻之娣寘於犂，而爲之一宮，如二妻。文子怒，欲攻之，仲尼止之。遂奪其妻。或淫于外州，外州人奪之軒以獻。恥是二者，故出。衛人立遺，使室孔姞。疾臣向魋，納美珠焉，與之城鉏。宋公求珠，魋不與，由是得罪。及桓氏出，城鉏人攻大叔疾，衛莊公復之，使處巢，死焉。殯于鄖，葬于少禘。初，晋悼公子慭亡在衛，使其女僕而田，大叔懿子止而飲之酒，遂聘之，生悼子。悼子即位，故夏戊爲大夫。悼子亡，衛人翦夏戊。孔文子之將攻大叔也，訪於仲尼。仲尼曰：『胡簋之事，則嘗學之矣；甲兵之事，未之聞也。』退，命駕而行，曰：『鳥則擇木，木豈能擇鳥？』文子遽止之，曰：『圉豈敢度其私，訪衛國之難也。』將止，魯人以幣召之，乃歸。」愚謂觀此，則疾之奔乃其自取之也，使疾不淫于嬖娣，則圉雖欲使之出妻而妻之，吾固守糟糠不下堂之義，夫誰能奪之志？疾則不然，嬖于妻之娣，而圉得以使出其妻而妻之，又通于初妻之娣，圉怒而奪其妻，或淫于外州，外州人奪之軒以獻。恥此二者，疾所以奔也，非自取而何？然則仲尼親〔見〕〔九〕其事而書法不加褒貶之詞者，可以見褒貶之義。仲尼固竊取之而書，因史之文未嘗有所〔加〕〔一〇〕損也。由是觀之，則義例之説不攻而自破矣。

十有二年晋定二十九年、齊簡二年、衛出十年、蔡成八年、鄭聲十八年、陳閔十九年、杞閔四年、宋景三十四年、秦悼九年、楚惠六年、吴夫差十三年。

春，用田賦。

正傳曰：何以書？公羊曰：「譏。何譏爾？譏始用田賦也。」左氏曰：「春王正月，用田賦。」穀梁子曰：「古者公田什一，用田賦，非正也。」胡氏曰：「哀公問於有若曰：『年饑，用不足，如之何？』有若對曰：『盍徹乎？』曰：『二，吾猶不足，如之何其徹也？』曰：『百姓足，君孰與不足？百姓不足，君孰與足？』古者公田什一，助而不税。魯自宣公初税畝，後世遂以爲常而不復矣，至是二猶不足，故又以田賦也。夫先王制土，籍田以力而砥其遠邇，賦里以入而量其有無。今用田賦軍旅之征，非矣。田以出粟爲主而足食，賦以出軍爲主而足兵。周制，宅不毛者有里布，無職事者征夫家。漆林之税，二十而五，則弛力薄征，當以農民爲急，而增賦竭作，不使末業者獨幸而免也。今二猶不足而用田賦，是重困農民而削其本，何以爲國？書曰『用田賦』，用者，不宜用也。近世議弛商賈之征，達於時政者欲先省國用，首寬農民，後及商賈，知春秋譏田賦之意矣。」愚謂胡氏之説是矣，但謂「用者，不宜用也」乃公、穀義例之拘語，曰「如用之」之類，則言用者亦多矣，豈亦云不宜用乎？夫既書「用田賦」，則不必言不宜用，而其失已章章乎明矣，是故義例行而春秋隱矣。莊子曰：「鑿七日而混沌死」，鑿之爲害也，混沌之疚也。

夏五月甲辰，孟子卒。

正傳曰：孟子，昭公夫人。公平日已諱其同姓，而謂之吴孟子矣，故史氏因稱爲孟子而卒之，非今乃稱而隱諱之，如三傳、胡氏所云也。夫生稱之，死亦稱之，而失禮之實始終生死不可掩矣。左氏曰：「死不赴，故不稱夫人。不反哭，故不言葬小君。孔子與吊，適季氏。季氏不絻，放絰而拜。」愚謂書「卒」，志國母之大故也，且在本國，何云「不赴」、「不稱夫人」、「不言葬」？若是，則孔子亦不當吊之矣。蓋以其失禮，好事者因爲之也，夫魯史爲魯之臣子，固可擅削其君母夫人之號乎？烏乎宜？蓋史有詳畧，聖人筆之，因舊而已，而其失自見矣。胡氏曰：「孟子，吴女，昭公之夫人。其曰『孟子』云者，諱取同姓也。禮，取妻不取同姓，買妾不知其姓則卜之，厚男女之别也。同姓從宗合族屬，異姓主名治際會，名著而男女有别矣。四世而緦，服之窮也；五世而袒免，殺同姓也；六世親屬竭矣。其庶姓别於上，戚單於下，昏姻可以通乎？綴之以姓而弗别，合之以食而弗殊，雖百世而昏姻不通，周道然也。昭公不謹於禮，欲結好强吴以去三家之權，忍取同姓以混男女之别，不命於天子以弱其配，不見於廟，不書於策，以廢其常典，禮之大本喪矣，其失國也宜。故陳司敗問：『昭公知禮乎？』子曰：『知禮。』子退，揖巫馬期而進之，曰：『吾聞君子不黨，君子亦黨乎？君娶於吴爲同姓，謂之吴孟子。君而知禮，孰不知禮？』巫馬期以告。子曰：『丘也幸，苟有過，人必知之。』書『孟子卒』，雖曰爲君隱，而實亦不可揜矣。」

公會吴于橐皋。

正傳曰：橐皋，吴地。書「公會吴于橐皋」，志善會也。左氏曰：「吴子使太宰嚭請尋盟。公不欲，使子貢對曰：『盟，所以周信也，故心以制之，玉帛以奉之，言以結之，明神以要之。寡君以爲苟有盟焉，弗可改也已。若猶可改，日盟何益？今吾子曰「必尋盟」，若可尋也，亦可寒也。』乃不尋盟。」愚謂尋盟者即寒盟也，以其不信也，故尋之。夫盟者，忠信之薄也，況尋盟乎！哀公用子貢之一言而卻吴人之請尋盟，而與之會，而信益結。春秋書之，善會也。仁人之言，其利溥矣。不有君子，其能國乎？（一）

秋，公會衛侯、宋皇瑗于鄖。

正傳曰：鄖，廣陵地名。書「公會衛侯、宋皇瑗于鄖」，志善會也。公先會吴，于衛、宋來會而會之，故復言會也。經不書盟，是不盟也，以其已辭吴盟可見矣。左氏曰：「吴徵會于衛。初，衛殺吴行人且姚而懼，謀於行人子羽。子羽曰：『吴方無道，無乃辱吾君，不如止也。』子木曰：『吴方無道，國無道，必棄疾於人。吴雖無道，猶足以患衛。往也！長木之斃，無不摽也；國狗之瘈，無不噬也，而況大國乎！』秋，衛侯會吴於鄖。公及衛侯、宋皇瑗盟，而卒辭吴盟。吴人藩衛侯之舍。子服景伯謂子貢曰：『夫諸侯之會，事既畢矣，侯伯致禮，地主歸餼，以相辭也。今吴不行禮於衛，而藩其君舍以難之，子盍見太宰？』乃請束錦以行。語及衛故，太宰嚭曰：『寡君願事衛君，衛君之來也緩，寡君懼，故將止之。』子貢曰：『衛君之來，必謀於其衆，其衆或欲或否，是以緩來。其欲來者，子之黨也；其不欲來者，子之讎也。若執衛君，是墮黨而崇讎也，夫墮子者得其志矣。且合諸侯而執衛君，誰敢不懼？墮黨、崇讎，而懼諸侯，或者難以霸乎！』太宰嚭説，乃舍衛侯。衛侯歸，效夷言。子之尚幼，曰：『君必不免，其死於夷乎！執焉而又説其言，從之固矣。』」愚謂子貢一言而解吴、衛之難，以言語稱於聖門，豈小小哉！左氏以爲「公及衛侯、宋皇瑗盟，而卒辭吴盟」，非也，豈有一時之會，魯與宋、衛盟而不與吴盟之理乎？且先已辭吴矣，又許宋、衛盟，可乎？以經辨傳，知其斷不然矣。

宋向巢帥師伐鄭。

正傳曰：書「宋向巢帥師伐鄭」，志怨憤之兵也。左氏曰：「宋、鄭之間有隙地焉，曰彌作、頃丘、玉暢、嵒、戈、錫。子産與宋人爲成，曰：『勿有是。』及宋平、元之族自蕭奔鄭，鄭人爲之城嵒、戈、錫。九月，宋向巢伐鄭，取錫，殺元公之孫，遂圍嵒。十二月，鄭罕達救郘。丙申，圍宋師。」愚謂春秋善釋怨而惡脩怨，自皇瑗取鄭師之後，宋已大逞其憤矣，又宋公、宋人伐鄭者再，可以釋怨而不釋，今向巢之兵又怨平、元之族，而欲殺之，以取錫、圍郘，其怨暴矣，卒致全師覆没，理有施報，豈不信哉！

冬十有二月，螽。

正傳曰：周之冬，夏之秋、冬之間。周十二月，夏十月蟄藏之時也。故公羊曰：「何以書？記異也。何異爾？不時也。」愚謂螽將爲災，春秋書之，志災異也，非特不時而已也。

十有三年晋定三十年、齊簡三年、衛出十一年、蔡成九年、鄭聲十九年、陳閔二十年、杞閔五年、宋景三十五年、秦悼十年、楚惠七年、吴夫差十四年。敬王三十八年。

春，鄭罕達帥師取宋師于郘。

正傳曰：取者，全師覆没之謂。何以書？志暴怨之兵。左氏曰：「宋向魋救其師。鄭子賸使徇曰：『得桓魋者有賞。』魋也逃歸。遂取宋師于郘，獲成讙、郜延。以六邑爲虚。」愚謂易「失前禽」，湯開一面之網，仁也。前此宋取鄭師，今則鄭取宋師報復，逞一己之怨，覆没殺百萬之命，不仁甚矣。此春秋之所深惡而痛絶者也。

夏，許男成卒。

正傳曰：書「許男成卒」，志與國之大故也。

公會晉侯及吴子于黄池。

正傳曰：黄池，衛地。吴子，夫差。先言公，史先内也。先言公會晉侯而後及吴子，先中國而後夷狄，史之序也。吴子者，魯史稱之之詞也。公羊謂「主會」，穀梁謂「進之」，皆非也。曰吴王者，彼國人僭稱之之詞也。何以書？志善會也，善其會而不盟也，衣冠之會也。公羊曰：「吴在是，則天下諸侯莫敢不至也。」穀梁子曰：「吴，夷狄之國也，祝髮文身，欲因魯之禮，因晉之權，而請冠、端而襲。其籍于成周，以尊天王。」又曰：「吴，東方之大國也，累累致小國以會諸侯，以合乎中國。吴能爲之，則不臣乎？吴進矣。王，尊稱也。子，卑稱也。辭尊稱而居卑稱，以會乎諸侯，以尊天王。吴王夫差曰：『好冠來！』孔子曰：『大矣哉！夫差未能言冠而欲冠也。』」愚故曰：書會于黄池，志善會也，爲其會諸侯以尊天王也。夷狄而中國則中國之，固春秋之志也。胡氏曰：「其言『及』者，會兩伯之詞也。春秋内中國而外諸夷，吴人主會，其先晉，紀常也。春秋四夷雖大，皆曰『子』。吴僭王矣，其稱『子』，正名也。以會兩伯之詞而言『及』者，先吴則拂經而失序，列書則泯實而傳疑，特書曰『及』，順天地之經，著盟會之實，又以見夷狄之强而抑其横也。定公以來，晉失霸業，不主夏盟。夫差暴横，勢傾上國，自稱周室，於己爲長，蓋太伯之後以族屬言，則伯父也。而黄池之會，聖人書法如此者，則訓後世治中國、御四夷之道也。明此義，則知漢宣帝待單于位在諸侯王上，蕭傅之議非矣；唐高祖稱臣於突厥，倚以爲助，劉文靖之策失矣。何況於以父事之如石晋者，將欲保國而免其侵暴，得乎？或曰：苟不爲此，至於亡國，則如之何？曰：存亡者，天也。得失者，人也。不可逆者，理也。以人勝天，則事有在我者矣。必若顛倒冠履而得天下，其能一朝居乎？故春秋撥亂反正之書，不可以廢焉者也。」

楚公子申帥師伐陳。

正傳曰：何以書？志不義之兵也。高氏曰：「楚畏吴之强，無如之何，故乘吴之出會而伐陳也，其無名不義之舉可見矣。」

於越入吴。

正傳曰：書「於越入吴」，志詭謀也。左氏曰：「六月丙子，越子伐吴，爲二隧，疇無餘、謳陽自南方，先及郊。吴太子友、王子地、王孫彌庸、壽於姚自泓上觀之。彌庸見姑蔑之旗，曰：『吾父之旗也。不可以見讎而弗殺也。』太子曰：『戰而不克，將亡國，請待之。』彌庸不可，屬徒五千，王子地助之。乙酉，戰，彌庸獲疇無餘，地獲謳陽。越子至，王子地守。丙戌，復戰，大敗吴師，獲太子友、王孫彌庸、壽於姚。丁亥，入吴。吴人告敗于王。王惡其聞也，自剄七人於幕下。」愚謂吴子不自量力度德，舍其國，遠會於黄池，以圖霸業，而不知越議其後。語曰：「螳蜋捕蟬，黄雀在其後。」蓋善喻也。夫惟先王之制，諸侯各守封疆以奉天子之命，可以無後患矣。胡氏曰：「吴自柏舉以來，憑陵中國。黄池之會，遂及夏盟，可謂强矣。而春秋繼書『於越入吴』，所謂因事屬辭，垂戒後世，而見深切著明之義也。曾子曰：『戒之戒之，出乎爾者，反乎爾。』老氏曰：『佳兵，不祥之器。』『其事好還。』夫以力勝人者，人亦以力勝之矣。吴嘗破越，遂有輕楚之心，及其破楚，又有驕齊之志，既勝齊師，復與晋人争長，自謂莫之敵也，而越已入其國都矣。吴侵中國，而越滅之；越又不監，而楚滅之；楚又不監，而秦滅之；秦又不監，而漢滅之。老氏、曾子其言，豈欺也哉！春秋初書『於越入吴』，在柏舉之後，再書『於越入吴』，在黄池之後，皆因事屬辭，垂戒後世，不待貶絶而見深切著明之義也，而可廢乎？」

秋，公至自會。

正傳曰：書「公至自會」，謹君之出入也。

晋魏曼多帥師侵衛。

正傳曰：何以書「侵衛」，罪晋也。春秋無義戰，爲彼善於此則有之，侵，其最惡者也。天子之命曰討，諸侯奉命征之曰伐，後世連兵結怨，征伐自諸侯出，已得罪於先王矣。又其下，則潛師掠境而侵焉，非有問罪之師，而境内之民何罪焉？故書「侵衛」，罪晋爲霸國之後而冒盜賊之行也。

葬許元公。

正傳曰：何以書？志會葬之禮，諸侯相恤之義也。

九月，螽。

正傳曰：書「九月，螽」，志災異也。高氏曰：「周之九月，夏之七月也，其爲農災，又非十二月之比也。」

冬十有一月，有星孛于東方。

正傳曰：光芒四出曰孛，彗之别名也。公羊曰：「其言『于東方』何？見于旦也。何以書？記異也。」何氏曰：「周十一月，夏九月，日在房心。房心，天子明堂布政之庭，於此旦見，與日争光，諸侯代王治，典法滅絶之象。」

盜殺陳夏區夫。

正傳曰：區夫，徵舒之後。徵舒弑逆，楚人殺之，而陳猶使世執國政。以書「盜殺」，見區夫之自取，而陳國之無政矣。

十有二月，螽。

正傳曰：書「十有二月，螽」，志災異也。

敬王三十九年。十有四年晉定三十一年、齊簡四年、衛出十二年、蔡成十年、鄭聲二十年、陳閔二十一年、杞閔六年、宋景三十六年、秦悼十一年、楚惠八年、吴夫差十五年。

春，西狩獲麟。

正傳曰：西狩，狩於大野。大野，在魯西也。公、穀皆以爲非狩，爲采薪者所獲，曰「狩」，大麟也。非也。何以書獲麟？志異也。春秋感之而始作，故亦以是而終也。麟者，非常有之瑞也，公、穀以爲非中國之獸，誤矣。左氏曰：「春，西狩於大野，叔孫氏之車子鉏商獲麟，以爲不祥，以賜虞人。仲尼觀之，曰：『麟也。』然後取之。」公羊曰：「麟者，仁獸也，有王者則至，無王者則不至。有以告者，曰：『有麕而角者。』孔子曰：『孰爲來哉？孰爲來哉？』反袂拭面，涕沾袍。顔淵死，子曰：『噫！天喪予！』子路死，子曰：『噫！天祝予！』西狩獲麟，孔子曰：『吾道窮矣！』春秋何以始乎隱？祖之所逮聞也。所見異辭，所聞異辭，所傳聞異辭。何以終乎哀十四年？曰：備矣！君子曷爲爲春秋？撥亂世，反諸正，莫近諸春秋。則未知其爲是與？其諸君子樂道堯舜之道與？末不亦樂乎堯舜之知君子也！制春秋之義以俟後聖，以君子之爲亦有樂乎此也。」程子曰：「始隱，周之衰也；終麟，感之始也。世衰，道不行，有述作之意舊矣，但因麟而發耳。麟不出，春秋亦必作也。春秋之作，不過因魯國之史，而天地四時之無窮，所以察其遷變而紀其差忒者，無一畧也；中國夷狄之廣莫，所以録其交際而別其典禮者，無一遺也。故曰：『言天下之至動，而不可亂也；言天下之至賾，而不可惡也。』夫子之贊易者，即其所以脩春秋也。以區區一魯國之史，而兼紀周、齊、晋、宋諸國之事，其尊卑大小統屬之序，秩然無毫髮之不順，盡書治忽失得、陵僭亂賊之變，森然一循乎條理而無一之非法，故曰：非聖人誰能脩之？孔子觀西狩之獲而知天瑞之類應，聖人先天後天而天且不違，而春秋之終不外乎此也。孔子感麟而作春秋，或謂不然，如何？曰：春秋不害感麟而作，然麟不出，春秋豈不作？孔子之意，蓋亦有素，因此一事乃作，故其書之成，復以此終，大抵須有發端處，如畫八卦因見河圖、洛書，果無河圖、洛書，八卦亦須作。或問：麟、鳳和氣所生，太平之應也。鳳鳥不至，孔子曰『吾已矣夫』。而麟見獲於春秋之季，何也？曰：聖人之生，乃天地之交感，五行之秀會也，以仲尼元聖尚生於春秋之時，而况麟乎？」胡氏曰：「河出圖，洛出書，而八卦畫；簫韶作，春秋成，而鳳麟至。事應雖殊，其理一也。易曰：『大人者，先天而天弗違，後天而奉天時。』舜、孔子，先天者也，先天而天弗違，志壹以動氣也；伏羲氏，後天者也，後天而奉天時，氣壹之動志也。有見乎此者，則曰文成而麟至；無見乎此者，以爲妖妄而近誣。周南關雎之化，王者之風，而麟趾，關雎之應也；召南鵲巢之德，先公之教，而騶虞，鵲巢之應也。世衰道微，暴行交作，臣弑其君者有之，子弑其父者有之，夫子爲是作春秋，明王道，正人倫，氣志天人，交相感勝〔一二〕之際深矣，制作文成而麟至，宜矣。商王恭默思道，帝賚良弼，得於傅巖；周公欲以身代其兄，植璧秉珪，而武王疾愈。啓金縢之策，天乃反風；出罪己之言，熒惑退舍。至於勇夫志士，精誠所格，上致日星之應，召物産之祥，蓋有之矣。況聖人之心，感物而動，見於行事，以遺天下與來世哉！簫韶九奏，鳳儀于庭；魯史成經，麟出於野，亦常理耳。詩以正情，書以制事，禮以成行，樂以養和，易以明變，垂教亦備矣。則曷爲作春秋？子曰：『我欲載之空言，不如見之於行事之深切著明也。』『知我者其惟春秋乎！』何以約乎魯史？子曰：『我欲觀夏道，是故之杞，而不足徵也；我欲觀殷道，是故之宋，而不足徵也；我觀周道，幽、厲傷之，舍魯何適矣？』何以始乎隱公？三綱淪，九法斁，天下無復有王也。何以絶筆於獲麟？其以天道終乎？聖人之於天道，命也，有性焉，君子不謂命也。是故春秋天子之事，聖人之用，撥亂反正之書，考諸三王而不繆，建諸天地而不悖，質諸鬼神而無疑，百世以俟聖人而不惑，其於格物脩身，齊家治國，施諸天下，無所求而不得，亦無所處而不當，何莫學夫春秋！故君子誠有樂乎此也。由仲尼至於孟子，百有餘歲，若顔、曾則見而知之，若孟子則聞而知之。由孟子而來，至于今千有餘歲矣，其書未亡，其出於人心者猶在，蓋有不得已焉耳，則亦有不得已焉耳矣。」

校記：

〔一〕「子張」下，嘉靖本有小字注：「即叔孫輒。」

〔二〕此處，嘉靖本有小字注：「皆魯大夫。」

〔三〕「使」上，嘉靖本有「曰」字。

〔四〕此句下，嘉靖本有「則入于夷狄，自棄其美矣，是魯、吴之伐齊，伐義也」句。

〔五〕此句下，嘉靖本有「以説吴耳」四字。

〔六〕「以卒來赴」，嘉靖本作「之來赴以未得其賊」。

〔七〕此句下，嘉靖本有「則春秋非實録矣」句。

〔八〕「於」，原作「與」，據左傳改。

〔九〕「見」，據嘉靖本補。

〔一〇〕「加」，據嘉靖本補。

〔一一〕此句下，嘉靖本有「豈虚語哉」四字。

〔一二〕「勝」，原作「應」，據嘉靖本改。

春秋脩後魯史舊文

魯哀公

杜預云：「春秋止於獲麟，自此以下至十六年，皆魯史記之文，弟子欲存孔子卒，故并録以續孔子所脩之經。」

庚申 經：十有四年春，西狩獲麟。傳見前卷。

小邾射以句繹來奔。〔一〕

小邾射以句繹來奔，曰：「使季路要我，吾無盟矣。」使子路，子路辭。季康子使冉有謂之曰：「千乘之國，不信其盟，而信子之言，子何辱焉？」對曰：「魯有事于小邾，不敢問故，死其城下可也。彼不臣，而濟其言，是義之也，由弗能。」

夏四月，齊陳恒執其君，寘于舒州。

齊簡公之在魯也，闞止有寵焉。及即位，使爲政。陳成子憚之，驟顧諸朝。諸御鞅言于公曰：「陳、闞不可並也，君其擇焉。」弗聽。子我夕，陳逆殺人，逢之，遂執以入。陳氏方睦，使疾，而遺之潘沐，備酒肉焉，饗守囚者，醉而殺之，而逃。子我盟諸陳于陳宗。初，陳豹欲爲子我臣，使公孫言己，已有喪而止，既，而言之，曰：「有陳豹者，長而上僂，望視，事君子必得志，欲爲子臣。吾憚其爲人也，故緩以告。」子我曰：「何害？是其在我也。」使爲臣。他日，與之言政，説，遂有寵，謂之曰：「我盡逐陳氏而立女，若何？」對曰：「我遠于陳氏矣，且其違者不過數人，何盡逐焉？」遂告陳氏。子行曰：「彼得君，弗先，必禍子。」子行舍于公宮。夏五月壬申，成子兄弟四乘如公。子我在幄，出，逆之，遂入，閉門。侍人禦之，子行殺侍人。公與婦人飲酒于檀臺，成子遷諸寢。公執戈，將擊之。大史子餘曰：「非不利也，將除害也。」成子出舍于庫，聞公猶怒，將出，曰：「何所無君？」子行抽劍，曰：「需，事之賊也。誰非陳宗？所不殺子者，有如陳宗！」乃止。子我歸，屬徒，攻闈與大門，皆不勝，乃出。陳氏追之，失道於弇中，適豐丘。豐丘人執之，以告，殺諸郭關。成子將殺大陸子方，陳逆請而免之。以公命取車于道，及耏，衆知而東之，出雍門，陳豹與之車，弗受，曰：「逆爲余請，豹與余車，余有私焉。事子我而有私于其讎，何以見魯、衛之士？」東郭賈奔衛。庚辰，陳恒執公於舒州。公曰：「吾早從鞅之言，不及此。」

庚戌，叔還卒。

五月庚申朔，日有食之。

陳宗豎出奔楚。

宋向魋入于曹以叛。

宋桓魋之寵害于公，公使夫人驟請享焉，而將討之。未及，魋先謀公，請以鞌易薄。公曰：「不可。薄，宗邑也。」乃益鞌七邑，而請享公焉，以日中爲期，家備盡往。公知之，告皇野曰：「余長魋也，今將禍余，請即救。」司馬子仲曰：「有臣不順，神之所惡也，而況人乎？敢不承命。不得左師不可，請以君命召之。」左師每食，擊鐘。聞鐘聲，公曰：「夫子將食。」既食，又奏。公曰：「可矣。」以乘車往，曰：「迹人來告曰：『逢澤有介麇焉。』公曰：『雖魋未來，得左師，吾與之田，若何？』君憚告子，野曰：『嘗私焉。』君欲速，故以乘車逆子。」與之乘，至，公告之故，拜，不能起。司馬曰：「君與之言。」公曰：「所難子者，上有天，下有先君。」對曰：「魋之不共，宋之禍也，敢不唯命是聽。」司馬請瑞焉，以命其徒攻桓氏。其父兄故臣曰「不可」，其新臣曰「從吾君之命」。遂攻之。子頎騁而告桓司馬。司馬欲入，子車止之，曰：「不能事君，而又伐國，民不與也，祇取死焉。」向魋遂入于曹以叛。六月，使左師巢伐之，欲質大夫以入焉。不能，亦入于曹，取質。魋曰：「不可。既不能事君，又得罪于民，將若之何？」乃舍之。民遂叛之。向魋奔衛。向巢來奔，宋公使止之，曰：「寡人與子有言矣，不可以絶向氏之祀。」辭曰：「臣之罪大，盡滅桓氏可也。若以先臣之故，而使有後，君之惠也。若臣，則不可以入矣。」司馬牛致其邑與珪焉，而適齊。向魋出於衛地，公文氏攻之，求夏后氏之璜焉。與之他玉，而奔齊，陳成子使爲次卿，司馬牛又致其邑焉，而適吳。吳人惡之，而反。趙簡子召之，陳成子亦召之，卒於魯郭門之外，阬氏葬諸丘輿。

莒子狂卒。

六月，宋向魋自曹出奔衛。宋向巢來奔。

齊人弑其君壬于舒州。

甲午，齊陳恒弑其君壬于舒州。孔丘三日齊，而請伐齊三。公曰：「魯爲齊弱久矣，子之伐之，將若之何？」對曰：「陳恒弑其君，民之不與者半。以魯之衆加齊之半，可克也。」公曰：「子告季孫。」孔子辭，退而告人曰：「吾以從大夫之後也，故不敢不言。」

秋，晋趙鞅帥師伐衛。

八月辛丑，仲孫何忌卒。

初，孟孺子洩將圉馬於成，成宰公孫宿不受，曰：「孟孫爲成之病，不圉馬焉。」孺子怒，襲成，從者不得入，乃反。成有司使，孺子鞭之。秋八月辛丑，孟懿子卒，成人奔喪，弗内；袒、免，哭于衢，聽共，弗許；懼，不歸。

冬，陳宗豎自楚復入于陳，陳人殺之。

陳轅買出奔楚。

有星孛。

饑。

辛酉經：十有五年，春王正月，成叛。

春，成叛于齊。武伯伐成，不克，遂城輸。

夏五月，齊高無丕出奔北燕。

鄭伯伐宋。

秋八月，大雩。

晋趙鞅帥師伐衛。

冬，晋侯伐鄭。

及齊平。

冬，及齊平。子服景伯如齊，子贛爲介，見公孫成，曰：「人皆臣人，而有背人之心，況齊人雖爲子役，其有不貳乎？子，周公之孫也，多饗大利，猶思不義。利不可得，而喪宗國，將焉用之？」成曰：「善哉！吾不早聞命。」陳成子館客，曰：「寡君使恒告曰：『寡人願事君如事衛君。』」景伯揖子贛而進之，對曰：「寡君之願也。昔晋人伐衛，齊爲衛故，伐晋冠氏，喪車五百。因與衛地，自濟以西，禚、媚、杏以南，書社五百。吴人加敝邑以亂，齊因其病，取讙與闡，寡君是以寒心。若得視衛君之事君也，則固所願也。」成子病之，乃歸成。

公孫宿以其兵甲入于嬴。

衛公孟彄出奔齊。

壬戌經：十有六年，春王正月，己卯，衛世子蒯聵自戚入于衛，衛侯輒來奔。

衛孔圉取大子蒯聵之姊，生悝。孔氏之豎渾良夫長而美，孔文子卒，通於内。大子在戚，孔姬使之焉。大子與之言曰：「苟使我入獲國，服冕、乘軒，三死無與。」與之盟，爲請於伯姬。閏月，良夫與大子入，舍於孔氏之外圃。昏，二人蒙衣而乘，寺人羅御，如孔氏。孔氏之老欒寧問之，稱姻妾以告，遂入，適伯姬氏。既食，孔伯姬杖戈而先，大子與五人介，輿豭從之。迫孔悝於厠，强盟之，遂劫以登臺。欒寧將飲酒，炙未熟，聞亂，使告季子，召獲駕乘車，行爵食炙，奉衛侯輒來奔。季子將入，遇子羔將出，曰：「門已閉矣。」季子曰：「吾姑至焉。」子羔曰：「弗及，不踐其難！」季子曰：「食焉，不辟其難。」子羔遂出，子路入。及門，公孫敢門焉，曰：「無入爲也。」季子曰：「是公孫也，求利焉而逃其難。由不然，利其禄，必救其患。」有使者出，乃入，曰：「大子焉用孔悝？雖殺之，必或繼之。」且曰：「大子無勇，若燔臺，半，必舍孔叔。」大子聞之，懼，下石乞、孟黶敵子路，以戈擊之，斷纓。子路曰：「君子死，冠不免。」結纓而死。孔子聞衛亂，曰：「柴也其來，由也死矣。」孔悝立莊公。莊公害故政，欲盡去之，先謂司徒瞞成曰：「寡人離病於外久矣，子請亦嘗之。」歸告褚師比，欲與之伐公，不果。

二月，衛子還成出奔宋。

春，瞞成、褚師比出奔宋。衛侯使鄢武子告于周曰：「蒯聵得罪于君父、君母，逋竄于晉。晉以王室之故，不棄兄弟，寘諸河上。天誘其衷，獲嗣守封焉，使下臣肸敢告執事。」王使單平公對，曰：「肸以嘉命來告余一人，往謂叔父：余嘉乃成世，復爾禄次。敬之哉！方天之休。弗敬弗休，悔其可追？」

夏四月己丑，孔子卒。仲尼既告老去位，猶書「卒」者，魯之君臣宗其聖德殊而異之。魯襄二十二年生，至今七十三也。此以下無復經。

夏四月己丑，孔丘卒。公誄之曰：「旻天不弔，不憖遺一老，俾屏余一人以在位，煢煢余在疚。嗚乎哀哉！尼父，無自律。」子貢曰：「君其不没於魯乎！夫子之言曰：『禮失則昏，名失則愆。』失志爲昏，失所爲愆。生不能用，死而誄之，非禮也；稱一人，非名也。君兩失之。」

右自獲麟而後至孔子卒，凡二十五條，皆魯史舊文，孔子所未筆於經者也。杜預云：「弟子欲存孔子卒，故録以續脩經之後。」今觀其文詞、書法，與經何異？由是言之，則經爲因魯史舊文而筆之，孔子未嘗有所損益，而義則竊取焉，斷乎而無疑矣。故曰：「其事則齊桓、晋文，其文則史。其義則丘竊取之矣。」後之儒者乃以爲一字即存褒貶，皆經聖人之手所筆，是以創爲義例之説，而聖經始晦，其違聖人灑然之心始遠矣。世之君子或爲舊説所惑而不信，吾今本孟子之説以求春秋之指者，盍亦請觀於此脩後之舊文乎！嘉靖甲午四月六日，後學甘泉湛若水謹識。

校記：

〔一〕此句下，嘉靖本、四庫本、江户寫本有小字注：「句音鈎，射音亦。」

附答門人高簡春秋正傳辯疑〔一〕

竊校正傳而兩讀之，見〔二〕先生之於是經也，真有以得千載不傳之秘，而孔子光明正大之心，如秋陽皜皜者，不可得而支離穿鑿之，不可得而附會深刻之，燦然若星斗在天，而人之望之者，咸知其孰爲經、孰爲緯、孰爲災、孰爲祥，而無事乎深爲推測，以累乎天之無心焉耳也。於乎！孔子無心之心，晦之千餘年矣，而先生乃獨契之，蓋先生之心，即孔子之心；孔子之心，即吾人虛明純白之本心，諸儒者不以其本來者契〔之〕〔三〕，而鑿之使深，宜乎先生之獨得之也，所謂百世以俟聖人而不惑者，其在兹乎！然中間有所請者，願得而辯之。

正傳序曰：「筆者其所書也，削者其所去也。」而傳内又有所謂「春秋爲魯史之文，而非仲尼削之」。

答云：此「削」字猶言「改」也。凡有誤作「削」字者可改作「改」字。

又有所謂仲尼無所損益者，不知前謂「其所書」、「其所去」者，指仲尼邪？抑魯史邪？

答云：所書所去，正謂仲尼，非魯史也。

抑謂魯史書之，而仲尼亦書之邪？魯史去之，而仲尼亦去之邪？

答云：非也。魯史不止此，書不書，去取在仲尼也。

若曰筆削盡由於魯史，而仲尼無所加損，則所謂春秋成而亂臣賊子懼者，孰成之而使之懼邪？

答云：非謂筆削盡由於魯史也，謂魯史中有關於是非者，仲尼則筆之於册，今春秋是也。無甚關於是非者，仲尼則削之而不存於册。然其所筆，皆魯史舊文，仲尼未嘗改其文，但取其義耳，所謂「無加損」者，不加損魯史之文也。其餘則削去而不筆之於書者多矣，今觀左傳有而經則無者，可知矣。

然謂游、夏不能贊一詞，則孟子所謂筆削云者，又似專指孔子矣。

答云：此非孟子之言也。

簡以是細詳先生之意，毋乃以謂筆者，魯史之所已筆爲綱也，孔子因而筆之，而未嘗削而損焉。其所削者，魯史之所約爲提綱，而削其事以附於綱下者，乃其記事之法，孔子亦因而削之，而但無用附諸綱耳。是先生之所謂無所益也，如此乎哉！

答云：非是之謂也。筆削謂仲尼，非謂魯史也。削事附綱下，尤未明。春秋者，魯史之總文，如董狐書「趙盾弑其君」，而其弑之之跡，則當時别有緣由，如左傳所云「出不越竟，入不討賊」者，乃其實事也。

若是，則春秋一部書，信爲魯史之文矣，而非全文也。

答云：此句當改云「未具事實」也。

其不用全文處，即孔子竊取之義。

答云：當〔四〕改云「孔子竊取之義，則具於事實」。

而所謂成春秋者，亦在此乎？此與譬如今之士人讀史書然，既讀其提綱，又讀其記事矣，卻將提綱録出成一部書，而無所增減，其記事不用録之，而使後之人讀其所録，而考諸記事，以見是非乎云耳。此則孔子作春秋之意也，不知先生正傳之作，果如此乎？

答云：正是如此。

抑所謂筆削云者，筆固仍魯史之舊矣，而削則有二義，其不書魯史之所記事，則孔子削之。

答云：非有二義，削即去之，不存于經者也。

其奪人之爵，不具時、不書即位之類，則史之舊也，而非孔子之所削乎？如此以觀先生之意，則既謂其所去，又謂無所削者，庶乎前後不悖矣。

答云：無所削者，謂不改魯史之文也。此「削」字當改作「改」字。

然簡竊以爲既因史氏而筆削之矣，後之觀春秋者，或經中所載是非顯然者，固得以知其實，其有難見是非者，必考於傳而後知之，則孔子胡不依議而筆削之矣〔五〕？

〔答云：正謂竊取而不顯然取之，而其事實則當時必有詳具始末如左傳者是也。〕〔六〕

〔豈孔子之意，知記事之書必傳於後世，吾但特提其綱要而使後之人知吾取義在此，則是非得失人自求之於心而不可掩焉耳。審若是，是孔子敦厚含弘、廣博深沉之意實寓諸春秋而在夫人之自得焉者乎！譬諸天地覆載萬物而高卑貴賤莫不悉具，其所以高、所以卑、所以貴、所以賤，人自求之而人自得之，而天地無心成化之意固渾乎其中矣。故莊周云：「聖人議而不辯。」先生之意，其或在此矣乎？〕

〔答曰：但書一事，令人考其跡，則知其善惡矣。不必引莊周之言。蓋聖經尚簡，若當時作春秋亦如後之綱目，則不勝其煩而非經之文矣。〕

〔抑先生謂春秋爲魯史之文，而非仲尼之文，固本諸孟子也。然春秋十二公，記者非一手，今詳觀春秋之文，如出於一人之手，何也？豈史官記事之法世世相傳，故其文詞書法不甚相遠矣乎？〕

〔答云：正謂如此。所謂史有三長，書言書事，自有其法。古之史官，子孫皆世其業，安得不如出一手？昨考得脩後舊史之文二十五條附於經末。杜預謂弟子欲存孔子卒故録之。試取觀之，與今春秋之文無異，益可見春秋爲魯史之文，無疑矣夫！

〔唯其不出於一人之手也，是故其中有缺時而不書者，有當書即位而不書者，有缺文而存疑者，有序爵而或先或後者，有序事而或詳或略者，有或書爵或書人者，有名不名者，有或薨或卒者，孔子皆因而筆之。而唯竊取其義在經吾録出者乎？〕

〔答云：正是如此。〕

〔凡此皆簡所疑而未決焉者，伏乞批示釋之，勿使後之讀春秋者復如簡之所惑，則先生善繼孔子之志真昭昭于千載之下矣。〕

校記：

〔一〕此標題下，嘉靖本、江户寫本署：「甲午四月十六日」，四庫本署：「甲午四月十一日。」

〔二〕「見」下，嘉靖本、江户寫本、四庫本有「老」字。

〔三〕「之」，據嘉靖本、江户寫本、四庫本補。

〔四〕「當」，四庫本作「今」。

〔五〕此句，嘉靖本、江户寫本、四庫本作：「則孔子胡不依史氏附其事於下，而使後之人坦然易明而莫之疑乎？何乃第筆其綱而已也？」

〔六〕據嘉靖本、江户寫本、四庫本補，下同。

跋

族祖明宫保、尚書、文簡公爲理學名臣，事蹟具載明史，著有古易經傳測、尚書問、詩經釐正、春秋正傳、二禮經傳測、節定儀禮燕射綱目、古樂經傳、古文小學、古本大學中庸論語孟子、格物通、遵道録、安南録、白沙詩教、天關問答、甘泉前後集諸書。耄年致仕，僑居粤城。二百餘年，遺書散佚，僅存甘泉集十五册藏於家。乾隆壬戌，伯祖濬波明經於金陵肆中得格物通一書，攜歸付梓。癸丑，祖貴需次京師，恭閲欽定四庫全書目録，見春秋正傳、格物通二書（四庫全書目録載：春秋正傳三十七卷，明湛若水撰，大旨以春秋本魯史之文，不可强立義例，汩以臆説，因作此書以釐訂諸家。其曰「正傳」者，謂正諸傳之訛也。又載：格物通一百卷，明湛若水撰，體例亦仿大學衍義，而以致知併於格物，統誠意、正心、脩身、齊家、治國、平天下，各分綱目，引證祖訓，而參以諸儒之説，大致與邱濬書相近，惟濬多徵往事，此多引前言。）俱蒙採入。竊思春秋正傳目所未睹，乃請於典守中秘者，倩工鈔録。祖貴承乏永寧，公餘之暇，輒爲校訂，付諸剞劂。海内通經之士得是以資參考，未嘗無裨益焉。乾隆六十年乙卯夏五月，族孫湛祖貴謹跋於江西永寧邑署之古香書屋。